中国历代帝王传记

丛书主编◎邹屿晨

清世宗雍正传

杜诗瑀◎编著

河北人民出版社

石家庄

图书在版编目（CIP）数据

清世宗雍正传 / 杜诗瑀编著 . -- 2 版 . -- 石家庄 ：
河北人民出版社，2018.8
　　（中国历代帝王传记 / 邹屿晨主编）
　　ISBN 978-7-202-13021-6

　　Ⅰ．①清… Ⅱ．①杜… Ⅲ．①传记文学－中国－当代
Ⅳ．① I25

中国版本图书馆 CIP 数据核字（2018）第 064337 号

书　　　名　中国历代帝王传记——清世宗雍正传
　　　　　　ZHONGGUOLIDAIDIWANGZHUANJI QINGSHIZONGYONGZHENGZHUAN
丛书主编　邹屿晨
编　　著　杜诗瑀
策划编辑　马　丽
责任编辑　赵　威
美术编辑　李　欣
封面设计　格林文化
出版发行　河北人民出版社（石家庄市友谊北大街 330 号）
印　　刷　三河市三佳印刷装订有限公司
开　　本　710 毫米 ×1000 毫米　1/16
印　　张　16.5
字　　数　186 000
版　　次　2018 年 8 月第 2 版　2018 年 8 月第 1 次印刷
印　　数　1-5 000
书　　号　ISBN 978-7-202-13021-6
定　　价　36.00 元

目录

天朝史鉴

在五千多年的人类文明历史长河中，中华文明是一个伟大的奇迹。

从公元前221年开始，中国就以一个统一的多民族集权帝制国家屹立在世界的东方。在之后漫长的两千多年里，中国一直是当时世界上最发达的国家之一，并有着几段辉煌时期，包括汉朝、隋唐、元朝和早清时期，在公元13世纪达到顶峰，成为当时世界上最繁荣的文化及贸易中心。以指南针、造纸术、印刷术及火药为代表的众多中国古代发明对世界的历史与科技发展有着重要的贡献，同时中国在漫长的发展过程中还拥有发达的农业及手工业。

"普天之下，莫非王土；率土之滨，莫非王臣"，中华帝国长期的优势形成了巨大的文化优越感：根据中国封建社会的传统观念，中国是"天朝上国"，是世界文明的中心，中国皇帝就是"天下共主"。翻开世界历史，这个观点在16世纪以前，的的确确是一个事实。

拿破仑曾经对英国外交家阿美士德说过："中国是一头沉睡的狮子，一旦被惊醒，世界将为之震动。"拿破仑一生纵横欧洲，数次把多国联军踩在脚下，如此叱咤风云的人物为什么会对当时的中国有这样的论断，他的根据从何而来？

翻开世界近代史，我们会发现，在拿破仑所处的时代，曾经拥有优秀远古文明的区域大多四分五裂，各自为政，欧洲如此，非洲也如此；

而拥有广袤土地的大国又大多没有久远的文明，俄罗斯如此，美国亦然；真正能将久远的文明和辽阔的疆域结合在一起的，仍然只有中国。拿破仑一直试图统一欧洲，因为他深知：只有将文明的力量与辽阔的疆域结合起来，才能造就伟大的帝国。

纵观世界五千年的历史，我们可以得出这样的结论：中国的文明能够这样伟大，中国的力量能够这样让人不敢轻视，一直以一个大一统的国家形式存在是至关重要的决定性因素。

作为一个多民族集权帝制国家，所有的权力集中在皇帝一个人身上。时势造英雄，英雄造时势，雄才伟略的皇帝完全有可能改变历史的进程。在中华帝国的历史上有四百多个帝王，其中十三位杰出的帝王以其丰功伟绩而彪炳史册，在中华帝国史上，甚至世界史上打下了深刻的烙印。

封建社会时期的中国，一直都以一个大帝国的姿态屹立在世界东方，各民族用各自的历史共同谱写出一部中华风云史。秦汉时期，中华帝国把匈奴赶到西方，引发了欧洲的一系列大动荡；唐朝时期，中华帝国又把突厥赶到西北，又引发了中亚和东欧的动荡。至于秦、汉、晋、隋、唐、宋、元、明、清这一系列的朝代更替，以及各个朝代中的叛乱分裂或者起义，都只不过是这个延续两千多年的帝国的内乱而已。

现在我们回顾这段伟大的中华帝国史，秦始皇，无疑是这个大帝国的最初缔造者，也就是开国皇帝。正是由于他的雄才伟略，才奠定了整个中华民族大一统的所有基础。

在中华帝国的历史上，公元前221年是真实意义上的帝国元年。"千古一帝"秦始皇一统天下，废分封，设郡县，同文、同律、同衡、同轨，修驿道，筑长城，大一统的中华帝国有了一颗"统一的心"。从此，中国人以高度的政治智慧与独特的文化内涵，把"大一统思想"作为整个社会和个人的至高理想永恒地留在了所有中国人的血液中。秦始皇也当之无愧成为中华帝国的始皇帝。

中国封建帝王"皇帝"的称谓由秦始皇开始，他叫"秦始皇"，就是希望大秦帝国会有接下来的二世、三世，直至千万世，如此永远继承下去。这一点，虽然秦始皇的子孙没有做到，但从另一个意义上讲，中华帝国后来所有坐拥江山的皇帝何尝不是秦始皇的继承者？

史家有个说法叫"汉承秦制"，意思就是刘邦建立汉朝之后，继承和发展了秦朝的大一统制度，从这个意义上来说，刘邦才是秦始皇的第一个继承者。秦末天下大乱，项羽首先在争夺天下的霸业中胜出，但遗憾的是项羽根本没有建立中央政权的意识，而是把诸侯全部分封到各自的领地为王，他的做法实际上是让中国再次回到战国时代的大分裂中去，这无疑相当于一种历史的倒退，所以最后他败给刘邦也就不足为奇了。从这个角度来说，与其说是刘邦战胜了项羽，不如说是统一战胜了分裂。

楚汉争霸同时也开创了帝国的另外一个游戏规则，皇帝轮流做，英雄不问出处。这个规则的结果就是"成王败寇"，完美地解决了帝国内部改朝换代的"正统性"问题，在一定程度上保证了最有能力的人成为开国皇帝，带领帝国一次又一次走向辉煌。

汉武帝即位之后，罢黜百家独尊儒术，又为日后中国两千余年的统一打下了坚实的思想基础，儒家思想中的"三纲"和"五常"都有力地促进了"大一统思想"在百姓心中扎根。"英雄风流不尽数，刀马所至皆汉土。"汉武帝北击匈奴，南平两越，西通西域，奠定了现代中国辽阔疆域的初步基础，他又大力提倡中西交流，数次派人出使西域，促进了民族融合，中华帝国也开始有了广泛的世界影响，汉文化圈开始形成。

"天下大势，合久必分，分久必合。"东汉末年，中国大一统的格局第一次长时间分裂。也正是这次分裂，唤醒了中华民族强烈的统一意识。

曹操年轻时，曾得当时名士许劭"治世之能臣，乱世之奸雄"的评价，而他也的确没有辜负这一番品评，一身功业让后人又叹息又嫉妒。曹操统一北方之后，权势已经到了人臣之极，但他却没有称帝，究其原因，正是深受维护正统的观念影响。随后他又立即率领大军南征，尽管最后功败垂成，但是他在北方实行的诸多政策都为日后的晋朝奠定了深厚的基础。西晋武帝再次统一中国，最大的功劳当属曹操，这也是曹操被认为是晋祖的原因所在。在维护统一这一点上，曹操不愧为历史上最伟大的政治家之一。

三国时期是一个英雄辈出的时代，刘备以其独特的人格魅力成为中国历史上最有人缘的平民皇帝。刘备本人即是汉朝宗室，又仁慈爱民，所以在东汉之末的乱世中是人心所向的。他也正是凭借着这两个条件，从一个一无所有的卖草席之人变成蜀汉的开国君主，他的一生也都在为了再次统一天下兴复汉朝而努力，由于时代所限，他也没有成功，但他建立的蜀汉却在开发西南、促进民族融合方面做出了很大贡献。刘备能够三分天下得其一，在很大程度上是沾了"正统"的光，而"正统"的本质就是统一。

历史进入唐朝，在中华帝国建立九百多年之后，唐太宗李世民将这个古老的大帝国推向了辉煌的巅峰。中国历代皇帝中，唐太宗是极少数上马善打天下、下马能治天下的英主。他在位期间，居安思危，任用贤良，虚怀纳谏，实行轻徭薄赋、舒缓刑罚的政策，并且进行了一系列政治、军事改革，最终出现了社会安定、生产发展的升平景象，对周边少数民族，他实行开明政策，安抚首领，鼓励民间交流，被尊为"天可汗"。

千百年来，李世民开创的"贞观之治"一直是人们倍加推崇的封建社会治世榜样，他本人也成为后世帝王竞相效仿的一代明君。在他的治理之下，中国对世界的影响也达到了前所未有的高度。

和李世民的出类拔萃相比，武则天可谓丝毫不逊色。她以女儿之身，在封建社会男尊女卑的大环境下可以坐上皇位，让天下所有男人俯首称臣，本身就绝非常人能及。但她的即位，又不仅仅是一个女人的胜利，她开创的"武周革命"局面是中华帝国在唐朝时期的一个重要过渡。政治上，她上承"贞观之治"，注重富国安民，她的夺权过程虽然残酷，但百姓生活却不但没有受到什么影响，反而更加富足，这就为后面的"开元盛世"奠定了坚实的基础。

在中华帝国这个大舞台上，宋太祖赵匡胤的出彩之处更多地集中在制度的完善上。宋朝之前的大一统政权，无论是汉朝还是唐朝，都在后期饱受地方势力作乱的困扰，原因就是地方势力拥有军队，可以很轻易地对中央政府产生威胁。宋太祖登上皇位之后，第一个动作就是使用怀柔手段削去大将的兵权，使军队全部掌握在皇帝手中，杜绝地方势力叛乱的可能性。同时，宋太祖还是个重视文化的皇帝，宋朝的经济繁荣和文化昌明也为历朝所罕见。

经历了南宋与辽、金、西夏并立的分裂局面之后，以成吉思汗为首的蒙古人再次统一了中华帝国，这不但是中国少数民族第一次统一全国，也使中国的少数民族再一次震惊全世界。成吉思汗天生就是一个战争之王，他的一生从头到尾都在战争中度过，中原、漠北、西域、中亚都留下了他征服的足迹。成吉思汗在位时表现出了强大的征服性，所以，成吉思汗理所当然地也成为对世界影响深远的中国皇帝之一。

明朝时期的中国，仍旧是大一统的局面。朱元璋统一中国之后，撤销丞相一职，又大开杀戒，几乎将开国功臣赶尽杀绝，此外又开设锦衣卫，监视大臣以及百姓言行，封建皇权在他的手中发展到了一个新的巅峰。在朱元璋的一系列举措之下，中华帝国几乎发展成了他的家天下，无论中央还是地方，再也没有能与皇帝权势相对抗的大臣，这不能归咎于朱元璋一个人，应该说是制度的弊端，已经实行了一千五百余年的大一统式封建专制逐渐走到了尽头。明朝在重修长城一事上最下功夫，这也说明明朝的抵御外族能力最低，在朱元璋的影响之下，明朝后来的皇帝都只专心内斗，不思进取，明朝的世界影响力也随之下降，中华帝国的疆域也降到一个低谷。

清朝由女真族建立，这也是少数民族第二次统一中国，而大清王朝中最雄才大略的皇帝当属康熙帝。康熙是中华帝国历史上最后一个文治武功都很出色的皇帝。康熙采取了一系列有利于国计民生的政策，使耕地面积迅速扩大，粮食产量有所提高，经济作物也被广泛种植，最终促进了农业经济的发展，奠定了"康乾盛世"的基础。康熙又平定了准噶尔叛乱，将西藏、新疆和台湾牢牢纳入中国版图，又和沙俄签订《尼布楚条约》，有效抵抗了沙俄对东北地区的侵略。康熙时期是中华帝国的又一个顶峰，但是由于故步自封、闭关锁国，中国已经跟不上世界发展的脚步，近两千年的大帝国在最后的回光返照中走向没落。

中国的封建专制制度发展到雍正时期，君主集权达到最高峰。雍正的即位过程可谓将中国古代的太子夺权斗争发挥得淋漓尽致，他即位之后，规定以后的皇帝必须把继承人的名字写成诏书封存，这就从根本上解决了皇室继承人纷争的问题。雍正又设军机处，作为皇帝的秘书班子，为皇帝出主意、写文件、理政务，"军国大计，罔不总揽"。雍正对经济发展的贡献也不能忽视，正是由于他在中间的拨乱反正，使得康熙的一些有效政策得以延续，也使得康熙开创出的盛世局面得以延续。

雍正之子乾隆是"康乾盛世"的收官者。乾隆在位六十年，前期，他政治颇为清明，在康熙、雍正两朝的基础上，将"康乾盛世"局面推向了顶峰。到了执政后期，乾隆将清政府积累下来的上百年家底挥霍一空，对外又实行闭关锁国的政策，进一步耽误了中国与世界的同步发展，时有英国人形容清朝为"一艘破烂不堪的头等战舰"，从这种意义上讲，乾隆也是整个中华帝国的收官者。

…………

英国女王伊丽莎白直言不讳地说：西方之所以长久以来对中国心存疑虑，就是因为中国一直是一个统一的大国。

"统一"就是打开中华文明唯一的钥匙。从公元前221年秦始皇统一中国后，无论是后世的哪一个封建君主，争取统一或者维护统一都是他没法抵挡的诱惑，也是他无法摆脱的宿命。一国不容二主的观念在这块土地上是如此深入人心，真正成了中国人的民族基因，也是中华文明历久而弥新、中华民族能够傲立世界的真正原因。

何君　于北京

2015年3月

前　　言

　　打开清朝的画卷，"康熙盛世"和"乾隆盛世"耀眼夺目，正所谓"双峰"现象。相比于前后两个超过60年的盛世王朝，雍正王朝只有短短的13年时间，因而，雍正名声远不及自己的父亲，也不及自己的儿子。然而正是他，形成了一个过渡期，建立了一个政绩显著的雍正王朝。雍正对清朝的最大贡献就在于：使康熙开创的盛世由后期的停滞再度走上发展之路，并为乾隆鼎盛局面的到来奠定了雄厚的基础。所以正确的称谓应是"康雍乾盛世"。

　　雍正是一位权谋家，能隐能忍、能大能小、城府深厚，完全掩盖了自己。真是不飞则已，一飞冲天；不鸣则已，一鸣惊人。雍正名为爱新觉罗·胤禛，是乌雅氏所生之子，1698年被封为贝勒，1709年晋封雍亲王。由于康熙儿子多，所以他的皇位继承人之争也是中华帝国历史上最复杂最残酷的。雍正在康熙的众多皇子中并非最具有实力的一个，雍正在皇子争储的事件中能够高瞻远瞩，凡事从全盘考虑，既不踌躇不前，又能把握住一个度字，做到适可而止，最终以其超凡的智慧终于夺得了皇位。1722年，已经45岁的雍正即位登基。

　　雍正算得上是中国历史上少有的政治强人。他在即位时已届不惑之年，人生阅历和政治经验相当丰富。尤其是在争夺储位的斗争中，深切地感受到政治的险恶性，体察到世情的炎凉冷暖，认识到现存制度和政治上的缺陷。这种锻炼和经验在历代守成之君中是不多见的。"凡臣下之结党怀奸，夤缘请托，欺罔蒙蔽，阳奉阴违，假公济私，面从背非，

1

种种恶劣之习,皆朕所深知灼见,可以屈指而数者。""较之古来以藩王而入承大统,如汉文帝辈,朕之见闻,更远过之。"

雍正资质聪颖,善于思考和观察,审时度势,抓住事物的主要矛盾,具有非凡的政治鉴别力、洞察力和敏锐性。其性格刚毅、果断,具有强烈的政治抱负和历史责任感,是兴利除弊的创造性人物。他在执政期间实施了一些带有历史总结性的重大改革:确立秘密立储制度,解决了长期以来皇位继承惯例制度的弊端;创设军机处,理顺君相关系,标志着两千年传统君主专制制度的空前完备;实现"台省合一",从理论上取消谏官制度,是对中国传统君主专制制度的补充形式和软制约制度的最后否定;首创"朝考",重才能轻出身的用人政策,是对传统科举取士的部分否定和修补;实行摊丁入亩,从法定意义上完全取消人头税,标志着中国传统的经济剥削制度由赋役制转向租税制,解放了社会生产力;实行"耗羡归公"和"养廉银",变附加税为正税,普调官员薪俸;发布"除贱为良"政令,是宋元以来有功于社会平等与公正的可贵的努力。

雍正富有时代性、历史性的改革事业不但对清朝的稳定、发展、繁荣有着十分重要的现实意义,同时在漫长的历史长河中亦占有重要的位置。其生前,大臣们秉承其意志,盛赞他有六个"自古未有"的君道,即:"敬天之诚""孝德之隆""用人之当""莅位之勤""爱民之仁""求言之切"。

雍正世事洞明,凡事都喜亲力而为。"夙夜祗惧,不遑寝食,天下几务,无分巨细,务期综理详明……为社稷之重,勤劳罔懈耳。"雍正可谓历史上最为勤政的帝王,日夜忙于御门听政,接见群僚,批阅奏章。雍正在位13年，于日理万机之余，亲写朱谕、朱批，少则精简十字，多则上千言，用各种语调笔墨一挥而就，总字数达220余万，可谓多产，亦是其勤政的有力旁证。雍正认为"国家设官分职，各有专司，而总揽万机，全在一人之裁决"。也正因雍正这种夙兴夜寐、朝乾夕惕的精神，方能够成功实行一系列政治经济变革，成为康乾盛世的政治强人。

杜诗瑀

2015年8月8日

第一章

夺储大战

第一节　康熙子多

在中国历代皇帝中，康熙帝的子女是最多的，共有35子、20女。

康熙35个皇子中，颇有几个非凡人物。这其中最有威望的当属二阿哥皇太子胤礽、大阿哥胤禔、三阿哥胤祉、四阿哥胤禛（雍正）、八阿哥胤禩和十四阿哥胤禵等。康熙两次废立太子，这几个皇子都有问鼎皇位的可能，直接导致了中国历史上最复杂的储位之争。

二阿哥胤礽是正宫孝诚仁皇后所生，在两岁的时候即以嫡长子的身份被立为太子。胤礽聪明伶俐，起初颇受康熙喜爱。

大阿哥胤禔是惠妃所生，虽年长于胤礽，因不是嫡子，所以未被立为太子，但他曾随康熙远征噶尔丹，立下了赫赫战功，所以取胜机会也是很大的。

三阿哥胤祉是个饱览群书的博学之士，厚道安静，一直颇受康熙赏识，康熙"每有余暇，常去三阿哥府上走动"。

八阿哥胤禩素有心计，精明干练。特别是他能以仁爱自励，善于笼络人才，收买人心，因此有礼贤下士的美名，受到朝野内外许多人的拥护。

十四阿哥胤禵是雍正的同母兄弟，聪明骁勇，擅长领兵打仗，性格耿直，颇有大将之才。康熙晚年曾非常重视胤禵。

二阿哥胤礽生于康熙十三年，因为是嫡长子，所以两岁的时候，康熙正式册立他为皇太子。康熙特别关心皇太子的成长，从他幼小的时候就开始悉心教导，随着太子的长大，让多位大学士辅导他并亲自向他传授治国之道。胤礽天资聪颖，学业进步很快，文武双全，8岁时武能左右开弓，文能背诵四书。太子20岁刚过，就能代父皇处理朝政。

由于胤礽是皇位的未来继承人，致使许多大臣趋附到身边，结成太子党，积极帮助他谋取帝位。但太子身份逐渐助长了胤礽的骄傲任性，受到其他兄弟的嫉妒与排挤。胤礽原来聪明勇武，其聪明才智为众兄弟所不及。因此，康熙曾最宠爱这个儿子。但正是康熙的溺爱，逐渐滋长了胤礽骄傲自大、飞扬跋扈的习气。由于太子的身份地位，胤礽并不把众兄弟放在眼里，时日一久，就遭到了众兄弟的敌视和反对。而胤礽非但不知悔改，反而变本加厉，与众兄弟作对。这些导致他最终被孤立了起来，成为众人攻击的目标。众皇子每每向康熙进言，攻讦指责胤礽，无疑会影响康熙对他的看法，产生了极坏的印象。

胤礽又狂悖无礼，目无尊长，出言行事极是乖张狂妄、刚愎自用。这是康熙最不能容忍的。同时，康熙在位时间比较长，到第一次废太子的时候，胤礽已经等待了33年。胤礽周围的人，包括胤礽自己都急于抢班夺权。胤礽就曾说过："古今天下，岂有四十年太子乎？"

康熙在亲征噶尔丹时，因日理万机积劳成疾，在途中生重病。当时他非常惦记在京理政的太子胤礽，派人传旨太子急往前方探视。当时，胤礽见到重病的康熙，面无忧色。康熙见到胤礽这般情状，非常失望伤心。

康熙痛恨太子，却先期把太子的狂悖归结到一向亲近太子的诸大臣身上，以"结党妄行，议论国事"的罪名把其首领大学士索额图收监候审，囚死在狱中。索额图曾出任大学士，后改任领侍卫大臣，此人系满洲人氏，又是胤礽的生母孝诚仁皇后的叔叔，当时权倾朝野。康熙处死索额图的意思就是想削弱太子党，让太子汲取必要的教训。

太子非但没有汲取教训，反而更加激烈地进行活动，到了康熙四十七年（公元1708年），康熙在忍无可忍的情况下，在木兰围场的布尔哈苏台行宫，召集诸大臣和诸皇子一起，郑重宣布废黜皇太子。康熙对胤礽说了4句话17个字："不法祖德，不遵朕训，惟肆恶虐众，暴戾淫乱。"史书记载康熙在当众宣布他这个谕旨的时候"且谕且泣"，就是一边宣谕，一边哭。

康熙朝时沿用汉族朝廷的皇位由嫡长子继承的制度，所以虽然废除了胤礽，但因为他是嫡长子，又考虑到诸皇子争夺储位的斗争愈加严重等多方原因，又勉强将其复立为太子。后来，康熙仍然忍受不了胤礽的恶劣品行，意识到了如果让胤礽继承皇位，必然会导致江山不稳、群臣攻之的局面。于是他痛下决心，于康熙五十一年将胤礽永久废除。

在太子胤礽被废后，诸阿哥为了夺储而非常激烈，以大阿哥胤褆、八阿哥胤禩为首的众皇子纷纷登台亮相。他们一方面攻讦诋毁胤礽，另一方面又公开培植党羽，积极谋取太子位，以至于发展到手足相残的程度。

八阿哥胤禩在兄弟们中堪称才智第一，特别是他礼贤下士、谦恭仁慈的作风，颇受朝中诸大臣的拥护，因此他的势力非常庞大。胤禩虽然颇有作为，但其生母却是辛者库贱籍。所谓辛者库，亦即奴隶的意思。在等级森严的封建社会里，胤禩的这种出身无疑会给他争夺皇位带来极坏的影响。由于他是胤禔的生母惠妃一手带大的，两人兄弟情深。他起初采取了支持大阿哥胤禔的策略。

有了八阿哥胤禩这个强有力的支持者，大阿哥胤禔便越发明目张胆起来。急于求成的胤禔一方面捉拿了太子胤礽的手下，严刑逼供，企图迫使他们承认胤礽有篡位的居心；另一方面又向康熙进密言，声称假如父皇想处死胤礽又怕落不慈之名，他可以替康熙下手。

当时胤禔曾向康熙进言说："今欲诛胤礽，不必父皇亲自出手，儿臣可代劳也。"康熙听罢大为震惊，为之不寒而栗，指斥胤禔："似此不谙君臣大义，不念父子至情之人，实为乱臣贼子，天理国法皆不能容也！"三阿哥胤祉就在这个节骨眼儿上揭发大阿哥与蒙古喇嘛巴汉格隆相勾结，企图利用邪术咒死胤礽一事，康熙听后派人追查，巴汉格隆果然招认了与胤禔相勾结的事实，同时还交出了十几个身上扎满银针、背后写有胤礽名字的小木人。人赃俱获，康熙革去胤禔王爵并将其终身监禁。

当时与以索额图为首的太子党公开作对的是大阿哥的舅舅、大学士明珠。明珠联络了户部尚书佛伦、刑部尚书徐乾学和大学士余国柱等人结成阿哥党。他们的命运因之更惨，康熙同样罢免了这些人的官职，并处以重罪。

大阿哥胤禔失宠后转而开始支持胤禩。他说："相面人张明德曾相胤禩日后必有大贵。"希望借命运说打动康熙。不想这句话引起了康熙的疑虑。一查之下，发现了胤禩等人的阴谋。震怒之下的康熙凌迟处死了张明德，并以"知情不报，妄蓄大志"的罪名，革除了胤禩的爵位，同时还给九阿哥胤禟、十四阿哥胤禵以相应的惩戒。

康熙之所以这么做，主要是因为任何一个阿哥结党，都会危及他的皇权。在君权至高无上的封建社会里，帝王只能是一统天下。胤礽最大的不智，也就是不应该与父皇康熙争权夺势。

康熙废黜胤礽之后大病一场，身体更加虚弱。为后事计划，康熙想重新立一个太子，于是召集满朝文武商议："朕躬近来虽照常安适，但渐觉虚弱。人生难料，托付无人，倘有不虞，此基业非朕所建立，关系甚大，因踌躇无代朕听理之人，乃至心气不宁，精神恍惚……尔等皆朕所信任，荐擢大臣，行阵之间，尔等尚能听命，今令尔等与满汉大臣等会同详议，于诸阿哥中举奏一人。大阿哥所行甚谬，虐戾不堪，除他之外，于诸阿哥中众议属准，朕即从之。若议时互相瞻顾，别有探听，俱属不可。"

在这样的情况下，八阿哥胤禩及其党羽没有及时收敛，反而变本加厉，暗中串联，公然悖逆康熙的指示。胤禩的死党阿灵阿、鄂伦岱、揆叙、王鸿绪等私相密议，并与诸大臣暗通消息，在手心里写"八"字互相传看。至此，所有的大臣就尽皆公推胤禩为皇太子了。

物极必反，太聪明了就是傻。八阿哥胤禩的确有过人之处，那就是他善于笼络人心。他不但结交了朝中一大部分文武官员，而且还与九阿哥胤禟、十四阿哥胤禵、大阿哥胤禔等人结成了死党。表面上他们这一帮人气势极大，但骨子里却犯了一个最大的错误。在废太子事件后，康熙已清醒地看到了皇子拉帮结派所产生的恶果。康熙看到众人皆推举胤禩，当时非常震惊，他没想到在太子胤礽之外，八阿哥胤禩居然有这么庞大的势力。而皇子结党，必然会对他的皇权造成威胁。胤禩的积极营求储位，恰恰触动了康熙的龙须，招致康熙的抵触情绪。因此，胤禩是聪明反被聪明误了。

另外，饱读诗书、为人宽仁的三皇子胤祉，因其许多思想和政见与康熙较为相近，也深得康熙的宠爱，康熙经常邀胤祉一起读书谈话。而且胤祉也不太喜欢搞党派，争夺储位也表现得不很积极，这反而让康熙非常赏识。但是后来，康熙发现胤祉对手下人管教不力，没有威慑力，手下人甚至瞒着他去外面索要钱财，因而康熙对于胤祉也失去了信心。

胤禛在众多的皇子中并不是最具有实力的一个，然而，胤禛却在这场谁也无法预料结果的夺储大战中成为最后的赢家，那是因为胤禛在这系列皇子争储的事件中能够高瞻远瞩，凡事从全盘考虑，既不踌躇不前，又能把握住一个度字，做到适可而止，最终以其超凡的智慧夺得了皇位。

第二节　坐看虎斗

在这一系列争夺事件中，胤禛一直在冷静观察形势，在认真分析胤礽、胤禩、胤祉、胤禔的失败原因之后，他找到了其中的真谛，那就是要将自己伪装起来，外表显示无争，内在却要猛争。因此，他在皇帝、皇兄及自己亲信面前都掩饰得很好，仿佛他是对皇位无所谓的人。

当胤礽被废时，胤禛并没像大阿哥胤禔、八阿哥胤禩一样急于跳出来争夺储位。因为在当时的情况下，大阿哥胤禔夺储呼声高涨，此后八阿哥胤禩离储位也似乎只有一步之遥。在这样的情况下，胤禛既没做牵制老大、老八的势力的事，也不对胤礽落井下石。他知道自己既没有大阿哥那样多的支持者，也没有八阿哥那样高的声望。假如他跳出来与老大、老八争衡，无异于以卵击石。

正所谓大智若愚，大勇若怯。与八阿哥胤禩的锋芒毕露不同，胤禛表现出一副与世无争的样子，终日里大谈禅定虚无。从这次斗争中，胤禛发现储位虽贵，但不是可以硬抢的，因为父皇康熙过于精明，稍有风吹草动，必会疑心大起。胤禔和胤禩的教训深刻。既然不能霸王硬上弓，那只有攻心为上。胤禛主要的策略是以退为进、韬光养晦。

受封雍亲王的时候，胤禛就向康熙禀奏说，"我现在的爵位已经很高，现在又封亲王，可是弟弟胤禟、胤䄉他们都还只是个贝子。同是兄弟，这样厚此薄彼，恐怕会有人说闲话。还是请父皇降低我的爵位和赏赐，分给兄弟们，以提高他们的地位，我的心里会好受一些。"

康熙本来正被储位的事情弄得焦头烂额，后来大病一场，看到儿子们仍然明争暗抢，心里正不是滋味。而胤禛这番话，无疑是针对康熙心病的一剂良药，正符合康熙的心意。所以康熙表扬了他一番，不但没有把胤禛的爵位降低，反而更加重用他了。

胤禛的这种策略，不但麻痹了康熙，同时还避免了其他皇子的攻击诋毁。由此看来，韬光养晦之术有时比锋芒毕露更高一筹。正如古人所讲，刚则易折，柔则长存。在韬光养晦的日子里，胤禛一方面写着《园居》《山居偶成》《一世歌》和《题布袋和尚》等，或陶情沉性，或愤世嫉俗，或嬉笑怒骂的文章，一方面却在悄悄培植着羽翼。

其间，《园居》写道：

懒问沉浮事，间娱花柳朝。

吴儿掉风曲，越女按鸾箫。

道许山僧访，棋将野叟招。

漆园非所慕，适志即逍遥。

好个"懒问沉浮事""适志即逍遥"！从这首诗里，谁又能发现胤禛的雄心大志呢？倒像是一个没有志向、贪图享乐的人。隐藏了他的目的，众人就不会把他当竞争对手来打击和落井下石了。

其《山居偶成》则颇有陶潜诗风格：

山居且喜远纷华，俯仰乾坤野兴赊。

千载勋名身外影，百年荣辱镜中花。

金樽潦倒春将暮，蕙径葳蕤日又斜。

闻道五湖烟景好，何缘蓑笠钓汀沙。

世事洞明，人情练达，既然千秋功名都如身外影，百年荣辱都像镜中花，那世间还有什么更值得追求的呢？恬淡自然、与世无争的心境也在里面表达得十分明白。谁也不会猜想到他也是在深思熟虑谋取皇位，却更技高一筹的人。

胤禛与众皇子的争夺中，一直都是暗争而不明夺，也就是采取中立立场。其实，胤禛不仅在动，而且八方活动，左右逢源，一方面哪派都不介入，一方面谁也不得罪，另一方面又假装替他们考虑，处处关心他们，使得他们觉得这位四阿哥既不是对手，又对自己非常有利，所以谁都没在乎他。这样就为他的争储斗争创造了有利的条件。那么，胤禛又是如何处理这一系列关系的呢？

首先，对家人至亲至孝。康熙是父皇，对他的亲孝能赢得康熙对自己的好感。康熙在亲征噶尔丹取胜之后，因为疲劳过度而伤风感冒，到五台山去疗养。胤禛正好跟在身边，对康熙照顾有加，让康熙非常感动。

在太子胤礽被废后，诸王的争斗非常激烈，以至于发展到手足相残的程度。当时，康熙面对这种情形，急痛攻心，一病不起。据史料记载："康熙病倒后，拒不服药，惟求速死。"这时，胤禛和三阿哥胤祉再次表现出他们的过人之处。两人来到康熙的病榻前，苦苦相劝："父皇圣容如此清减，不令医人诊视，进用药饵，待自勉强耽延，万国何所依赖。"之后两人又进一步说："臣等虽不知医理，愿冒死择医，令其日加调治。"这句话就带有强制性的意思了，意思是说我们虽然不通医术，却愿意冒着被杀的危险要请求您看病，这病你看也得看，不看也得看！当然，这种强制是康熙最乐于接受的，因为他从中看到了胤禛、胤祉的一番孝心。康熙病好后，立即为胤禛和胤祉加官晋爵，并当着满朝文武表扬了他们。胤禛不仅对康熙亲孝，对尊长和兄弟也是如此。他对皇太后和母亲懿皇后也特别好，也就博得太后和皇后的喜欢，也等于给自己撑了腰。对兄弟，他明处不落井下石，还极力打抱不平，为兄弟求情，赢得了康熙的首肯，认为他念及手足亲情，可褒可嘉。

第二，胤禛能不计前嫌，暗中帮助皇太子胤礽。胤礽第一次被废时，大阿哥胤禔、八阿哥胤禩是夺储实力派人物。在当时的情况下，胤禛根本无力与老大、老八抗衡。同时，假如老大、老八中任何一人被立为太子，对胤禛都是不利的。因为他们一旦被立为太子后，就再难被扳倒了。因此，胤禛暗中采取了支持胤礽的立场。支持胤礽有两方面的好处：一是康熙是在盛怒之下废除胤礽的。因此，废除胤礽不久，康熙就有了反悔之意。胤禛摸透了康熙的心思，采取了支持胤礽的策略。这样，他就再次不露痕迹地获得了康熙的好感。二是胤禛支持胤礽，必然会使胤礽感激倍至。如果胤礽今后再被立为太子的话，对胤禛就会有绝对的好处。所以事情真相没出来之前千万别把事情做得太绝。

康熙在囚禁胤礽之后，开始着手起草"废太子告天文书"，并将告天文书给被拘禁的胤礽观看。胤礽看后说："我的太子位是父皇给的，父皇要废，何必告天？"此时，大阿哥胤禔、九阿哥胤禟以及胤禛负责看押胤礽，急于夺取储位的胤禔当即就把胤礽的话回报了康熙，致使康熙大怒，并传口谕："做皇帝乃是受天之命，如此大事，岂不有告天之理。胤礽悖逆，以后他的话不必奏闻了。"于是，胤禔将康熙谕旨传达给胤礽，胤礽担心被诸兄弟陷害，因此再三求告："父皇若说我别样不是，事事皆有；惟弑君一事，我实无此心，须代我奏明。"众皇子对胤礽的求告多半无动于衷，唯独胤禛力排众议，极力坚持替胤礽回奏。而康熙听了回奏，非但没怪罪胤禛，反而认为他这样做是顾念父子手足亲情，因此对胤禛加深了一层好感。

第三，不得罪众兄弟，立场持中。这样，他既不攻击对方，也不会遭到对方的攻击，还有，众兄弟都想拉拢他，因而对他都有好感，想方设法让胤禛对自己有所帮助，这就是胤禛采取此措施的目的所在，他巴不得有这样的结果。而且，胤禛明里持中立立场，暗地里却算计对方，这都是阴谋者的通略。

胤禛的过人之处，就在于他既不像大阿哥胤禔、八阿哥胤禩那样公然地谋取储位，同时也不像三阿哥胤祉那样釜底抽薪拆老大、老八的台。相反，他表面上曾一度向大阿哥、八阿哥集团靠拢。另外，他也知道八阿哥胤禩等人企图行刺太子之事，但他并没向康熙揭发这个阴谋。胤禛不揭露老八胤禩的阴谋，就被胤禩等人看作了友善。而老三胤祉虽然因揭发自己的兄弟而取得了康熙的信任，同时却在兄弟中间树立了强敌。

由此看来，雍正这种不愠不火的持中立场，远胜于老大、老八的急于求成，更为老谋深算。正所谓螳螂捕蝉，黄雀在后。胤禛的这种持中立场，使他能够居高临下，坐山观虎斗，达到了不战而屈人之兵、坐收渔翁之利的目的。

胤禛非但不揭露老大、老八的阴谋，相反，在老大、老八事发后，他还极力在康熙面前替他们求情。在当时诸子争位互不相让的气氛中，胤禛的这种大度作风，再次让康熙感觉到雍正是个深明大义、气量过人、注重手足亲情的皇子。在人际关系上，胤禛欺骗了父亲康熙和所有兄弟，他的阴谋一直没有泄露。既骗取了康熙的信任"惟四阿哥性量过人，深肖朕躬，似此居心行事，洵称伟人"，在兄弟方面，他一个也不得罪，私下是跟每位兄弟套近乎，减少了竞争对手，瞒过了众人的耳目。

胤禛在众皇子中地位不是很高，应当说处于弱势处境，但胤禛能韬光养晦，能在纷繁复杂的太子之争中，处变不惊、慎重行事，不趋利而行，不争风吃醋，而是采取以退为进、以静制动的策略，从而赢得了康熙的赏识。在众皇子中，只有胤禛做到了这一点，所以胤禛也就当之无愧地成为后来的皇帝。

第三节　暗中使劲

胤禛认为"若非深知灼见，不可草率行事"，就是凡是做事都应深思熟虑，而不应草率行之。在力量和条件有限时，不轻举妄动，而是暗寻途径，借机而动。因此，胤禛能表面上容忍胤礽、胤祉、胤禩，内中却在密谋行事，暗中使劲。

太子胤礽被废除之后，便引起新一轮的太子争夺战。比较有影响力的有八阿哥胤禩、三阿哥胤祉、十四阿哥胤禵和四阿哥胤禛。胤禩为八皇子，其人性情豁达，好施舍，广结人缘，因而有一个人数众多的党派支持他，朝廷内外的许多官员都向康熙皇帝保举胤禩，有的甚至还向皇帝施压。

康熙看到胤禩的身后竟然有如此庞大的集团，他感到了威胁，不但没有立胤禩为太子，还将其革去爵位，令其反省。由此也可看出，康熙是非常敏感的，他意识到了皇储之争的可怕性，并不断告诫皇子们不许结党营私，说道："诸阿哥中如有钻营谋为皇太子者，即国之贼，法断不容。"

看到皇八子胤禩如此的下场，雍正十分冷静，认为只有韬光养晦、脚踏实地，才能有取胜的把握，风光太足反而会败落得更快。因此，胤禛处处注意自己的言行，谨小慎微，以不肯表露出有争储之心，即使是他身边的人，他也对其隐藏自己的心事。

胤禛目睹胤禩聚集了众多党羽，非常难斗，而且势力遍布各处。但胤禩太明目张胆，他广交朋友，笼络人心，四处贿赂，正好犯了康熙的大忌。且胤禩的目标也过于明确，其最后的结果是欲速而不达。在当时众皇子争夺储位中，胤禛明白不能硬夺，只能智取。因为众皇子都非常有作为，而且有些人比他有优势，先跳出来的必定会首先遭到打击。胤禛是个城府很深的人，他很少做表面文章，更不会像八阿哥胤禩那样轻易暴露自己的实力。因为他明白，父皇康熙是个睿智的君主，稍有不慎，露出破绽，就有可能招致康熙的打击。所以他采用了"暗度陈仓，巧中取胜"的策略，外表柔和，内里却暗自动作。胤禛的这种暗度陈仓的智谋，在他与心腹戴铎的通信中便可见一斑。戴铎在信中这样写道：

当此君臣利害之关，终身荣辱之际，奴才虽一言而死，亦可少报知遇于万一也。谨据奴才之见，为我主子陈之：

皇上有天纵之资，诚为不世出之主；诸王当未定之日，各有不并立之心。论者谓处庸从之父子易，处英明之父子难；处孤寡之手足易，处众多之手足难。何也？处英明之父子也，不露其长，恐其见弃；过露其长，恐其见疑，此其所以为难。处众多之手足也，此有好竽，彼有好瑟；此有所争，彼有所胜，此其所以为难。而不知孝以事之，诚以格之，和以结之，忍以容之，而父子兄弟之间，无不相得者。我主子天性仁孝，皇上前毫无所疵，其诸王阿哥之中，俱当以大度包容，使有才者不为忌，无才者以为靠。昔者东宫未事之秋，侧目者有云："此人为君，皇族无噍类矣！"此虽草野之谚，未必不受此二语之大害也。奈何以一时之小愤而忘终身之大害乎？

至于左右近御之人，俱求主子破格优礼也。一言之誉，未必得福之速，一言之逊，即可伏祸之根。主子敬老尊贤，声名实所久著，更求刻意留心，逢人加意，素为皇上之亲信者，不必论，即汉官宦侍之流，主子似应于见面之际，俱加温语数句，奖语数言，在主子不用金帛之赐，而彼已感激无地矣。贤声日久日盛，日盛日彰，臣民之公论谁得而逾之。至于各部各处闲事，似不必多于闻也。

本门之人，受主子隆恩相待，自难报答，寻事出力者甚多。兴言及此，奴才亦觉自愧。不知天下事，有一利必有一害，有一益必有一损，受利受益者未必以为恩，受害受损者则以为怨矣。古人云：不贪子女玉帛，天下可反掌而定。况主子以四海为家，岂在些须之为利乎！

至于本门之人，岂无一二才智之士，但玉在椟中，珠沉海底，即有微长，何由表现！顷闻奉主子金谕，许令本门人借银捐纳，仰见主子提拔人才之至意。恳求主子加意作养，终始栽培，于未知者时为亲试，于已知者恩上加恩，使本门人由微而显，由小而大，俾在外者为督抚提镇，在内者为阁部九卿，仰籍天颜，愈当奋勉，虽未必人人得救，而或得二三人才，未尝非东南之半臂也。

以上数条，万祈主子采纳。奴才身受深恩，日夜焚祝。我主子宿根深重，学问渊宏，何事不知，何事不彻，岂容奴才犬

马之人菖荛之见。奴才今奉差往湖广，来往似需岁月。当此紧
要之时，诚不容一刻放松也！否则稍为懈怠，倘高才捷足者先
主子而得之。我主子之才智德学素俱，高人万倍，人之妒念一
起，毒念即生，至势难中立之秋，悔无及矣。

胤禛在给戴铎的回信中却写道："语言虽则金石，与我分中无用。
我若有此心，断不如此行履也。"

事实上，胤禛对于戴铎的话是非常首肯而愿意接受的，但是由于他
的戒备之心，使他故意如此回复戴铎。因为此时的他，只有处处隐忍，
不露风头，夹住尾巴，才不会被击败。

在众多强大的竞争对手之中，胤禛的优势并不明显，胤礽以其年
长，有学识，深得康熙的重视和宠爱；十四阿哥胤禵身居要职，握有
兵权，并且曾立下大功。因此胤禛从不敢妄想，认为康熙会将皇位传给
他。当他听到外面流传说皇位将可能传给八阿哥胤禩、十四阿哥胤禵
时，心中有说不出的苦恼与不快，但他终究不敢明斗。他所采取的是另
一种手段，即外松内紧的策略。

从表面上看，胤禛在激烈的争储中处于超脱的位置，他经常与僧衲
往来，建设寺宇，把自己打扮成"天下第一闲人"，并写了《悦心集》
一书，书中尽述其愿与僧侣为伍，过一种清静无争的恬淡生活。例如书
中的《隐居词》《知足歌》等，都是一些向往田野生活，教人与世无争
之词。胤禛在此时所写的这些诗词，一方面起到了蒙蔽对手及皇帝的作
用，标榜自己的清高，使别人不对自己起疑心，另一方面也是其在权力
争夺中失意的表现。

　　而实质上，胤禛是决不会甘于寂寞，放弃争储的大好机会。

　　戴铎曾对胤禛说过，做英明的父亲的儿子难，因为"过露其长，恐其见疑；不露其长，恐其见弃"。就是露长也不是，不露长也不是。那怎么办呢？胤禛根据自己的理念，根据兄弟之间争夺皇位斗争的教训，根据幕僚们对他参谋的意见，实施多种方法，扩大自己的力量，赢得更多的机会。这主要有如下几点：

　　一、要想方设法取得康熙的宠爱。取得皇帝的宠爱是争夺储君至关重要的一步。胤禛深知此中利害，并且他对康熙的性格脾气摸得极熟，即不能太显露自己的争储之心，更不可操之过急，只能慢慢地建立自己的形象。因此胤禛在康熙面前总是非常小心，从不露出任何急躁、争权的痕迹。

　　二、谨慎地处理好与其他皇兄弟之间的关系。在其他的皇兄皇弟面前，胤禛从不显露自己，虽然大家心中也都是十分清楚谁都有夺位的欲望，但是胤禛却处处表现出自己的亲切和善，以便麻痹他们。例如，当皇位的强有力竞争对手胤禩在康熙五十三年遭到皇帝谴责时，胤禛多次上奏折，为胤禩说好话，希望康熙不要追究胤禩的过错。康熙五十五年时，胤禩得病，此时胤禛正陪同康熙在外巡视，但是他却向皇帝请示，要求回京探视胤禩。

　　对于以前的皇太子胤礽，雍正也是一样表示极其拥戴和尊敬，甚至被认为是太子党，当胤礽再次被废时，胤禛也曾上奏请求皇帝复立胤礽为太子。

　　胤禛在兄弟面前的种种假相，起到了很好的隐藏作用，为自己赢得了时间，扩大了自身的实力。

三、加强联络文武百官，无论其权位高低都进行笼络，以便在朝野内，造成一种舆论，胤禛是首选皇储；同时又大力培养自身的党羽，并将这些人安放在各个职位上，为其夺取皇权打好基础。

暗中培植党羽，是其中最厉害的。胤禛就是按照这个策略做的。比如年羹尧，此前曾是胤禛府邸的下人，因胤禛的举荐而步步高升。到戴铎写上面那封信时，年羹尧已位至晋川陕三省总督，手握重兵。再比如戴铎，原是胤禛府中的一个奴才，因得胤禛的赏识而成为福建知府。此后，胤禛又进一步鼓励他："将来位至督抚，方可扬眉吐气，若在人宇下，岂能如意乎？"

胤禛这种暗中许官的做法，恰到好处地利用了人类的贪婪心理，将戴铎更加牢固地拴在自己这驾夺储的马车上。戴铎在几年之后荣升四川布政使，其兄戴锦则位至河南开封道台。他手下的另外几个得力干将，如沈廷正升为兰州知府，哈尔齐哈任清江理事同知、博尔多官至内阁中书侍郎……

胤禛在这一系列的斗争中，做的最重要、最关键的一件事便是培养心腹，控制人才。在胤禛身边有个小集团，这帮人不仅帮他出谋划策，还四处为他卖命。控制这么一个小集团，不仅表现出雍正善于识人用人，更重要的是这些人控制了从中央到地方的政权和兵权，为他的夺储奠定了坚实的实力基础，而这是其他皇子所不具备的。

胤禛按照戴铎在信里提出的暗中培植党羽的策略，为自己的亲信出钱捐官，使他们占据国家要职。更重要的是，这些人是由胤禛一手栽培出来的，因此他们多对胤禛忠心耿耿。而胤禛无疑基本认同戴铎所说，但他站得更高，在施行这些手腕时，表面上丝毫不露声色。胤禛在多年经营下，到康熙末年，已经形成了一个自己的小集团。其主要成员有：

年羹尧，汉军旗人，胤禛旗下，康熙十八年生，康熙三十九年进士，康熙四十八年出任四川巡抚，五十七年升任四川总督，康熙末年又升任川陕总督，深受康熙信任；年羹尧的妹妹嫁给了胤禛，是胤禛的侧福晋，所以雍正和年羹尧既是郎舅关系，又有主仆之义。

隆科多，太子胤礽第二次被废的时候，担任步军统领，后来又兼任理藩院尚书，掌管北京城内外九门，统率八旗步兵。虽然官品不是很高，但是职位重要，在胤禛看来，自然大有利用的价值。本来隆科多是胤禔的党羽，胤禔党瓦解后，他一度失意，转而投靠胤禩。到了康熙末年，看到胤禩前途渺茫，又转而投奔胤禛。两人一拍即合，暗中勾结，胤禛看中了隆科多的职权，隆科多也把未来赌注压在了胤禛的身上。

胤祥，康熙第十三子。在第一次废太子的事件中遭到打击，但和胤禛关系密切。后来胤禛继位以后，胤祥成为兄弟中他最亲信的一个。

魏经国，康熙末年出任湖广总督；常赉，任官副都统；博尔多，举人出身，后任职内阁中书；傅鼐，藩邸亲信……

胤禛为了能多拉拢一些官员，经常邀请官员上府套近乎，并让手下人帮他一起积极与官员们联系，唯恐漏过一个。有一次，胤禛想拉拢礼部侍郎蔡珽，就派手下人去请他来自己府上。蔡珽是一个极其小心谨慎的人，担心卷入夺位战争中，并且康熙也曾下过命令，不许结党营私。于是蔡珽便以自己身份不便与王府来往为理由回绝了。

过了一段时间，胤禛又派年羹尧去邀请蔡珽，可是蔡珽仍然十分固执地不接受。胤禛在几次碰壁之后，仍然不放弃，继续寻找机会见蔡珽。终于，在一次蔡珽去热河行宫向皇帝辞行的机会中，胤禛见到了蔡斑。他与蔡珽交谈时，推心置腹，并热情地将左副都御史李绂介绍给他。从此蔡珽便成为胤禛的心腹，为其争储立下了汗马功劳。

在胤禛周围，他精心挑选人才，形成了一个小集团。集团内的成员虽不多，但是个个精明能干。例如总督年羹尧、布政使戴铎，以及步军统领隆科多都是雍正的死党。

以隆科多为例，隆科多是雍正养母即孝懿仁皇后的弟弟。他先前与胤禔亲近，胤禔倒台后，他转而投靠强大的胤禩集团，后来他发现胤禩不被皇帝看中，感到前途渺茫，在康熙末年时，他才选择了胤禛，并立即获取了胤禛的信任和重视。胤禛也是看中了隆科多的步军统领职位，认为他大有可用之处，而隆科多也将赌注压在雍正的身上，一旦胤禛当上皇帝，自然有他升官发财的一日。

从后来的情况看，胤禛与隆科多的结合，确实都达到了双方的目的，胤禛在隆科多的暗中帮助下，获取了胜利。隆科多在雍正当上皇帝之初，也确实得到了重用。

就这样，神不知鬼不觉地，胤禛将自己的心腹手下逐渐安插到政府各部门，使他们窃居了国家要职，成为雍正最终夺取皇位的中坚力量。

胤禛这步棋走对了。他广结羽翼，既不像胤禩那样明目张胆，也不像胤祉那样约束不严。他能知人善任，发挥每个人的特长，还不时恩宠有加，关心备至，许诺厚禄让他们为自己死心塌地地卖命；同时又用国家大法和严肃的家法来统驭他们，使他们完全听命于自己的指挥。

出其不意，攻其不备，这既是兵法中的原则，也是政治斗争的原则。胤礽被废后，胤禛在韬光养晦的同时，已经悄悄开始动作了。只不过他并不像其他皇子那样大张旗鼓，只是积极而秘密地为自己做着种种准备。因为只有这样才不会被康熙觉察，只有这样才能够保全自己，不为兄弟们攻击。

皇太子胤礽被废，大阿哥胤禔因为密谋杀害皇太子也同样倒台，八阿哥胤禩本来非常看好，但因为搞朋党和耍阴谋犯了康熙的大忌。而胤禛就不同，胤禛暗中拉帮结派，其手下的人也完全服从他的命令。胤禛虽然也向人施恩，但同时他还懂得如何对手下人施威。这样，在胤禛身边，才聚集起一个以他为核心的小集体，而这样的小集体才是最有凝聚力的。胤禛的手下戴铎曾拿胤禛与胤禩做了个比较，称："胤禩柔懦无为，不及我四王爷聪明天纵，才德兼全，恩威并济，大有作为。"从事实上看，戴铎这番话还是客观的。

纵观当时的争位情形，八阿哥胤禩原本是占尽先机的。首先，朝野上下一致看好胤禩，其次，康熙也认为胤禩堪当重任，在胤礽被废后，立即命胤禩署理内务府事务。由此可见，康熙当时曾对胤禩寄予厚望。胤禩错就错在太明目张胆和急功近利了，被胤禛利用朋党和迷信之事扳倒。算命先生张明德揣度出胤禩的心意，说胤禩大富大贵，日后必能位至极尊。也正因为如此，大阿哥胤禔才在康熙面前提到八阿哥胤禩是大富大贵命，不想引起康熙的疑虑，震怒之下的康熙凌迟处死了张明德，并以"知情不报，妄蓄大志"的罪名，革除了胤禩的爵位，同时还给胤禟、胤䄉以相应的惩戒。而胤禩刚刚接管内务府，就急着为自己网罗人才，大肆收买人心——当时，前内务府总管凌普案发，康熙严令胤禩查处凌普。

凌普乃是太子胤礽乳母的丈夫，他借助太子的势力，贪婪不法。胤礽为了收买人心，竟然包庇昔日的冤家对头，草草了结了此案。康熙得知这件事后大为恼火，直斥胤禩是"到处妄博虚名，凡朕所宽宥及所施恩处，俱归功于己，人皆称之"。康熙由此看到了胤禩比二阿哥胤礽更危险，即："二阿哥悖逆，屡失人心，此人之险恶处，百倍于二阿哥也。"

随着时间的流逝，大阿哥胤禔、太子胤礽、八阿哥胤禩在激烈的夺储斗争中相继落败，三阿哥胤祉成为胤禛的又一个强劲对手。

与大阿哥胤禔、太子胤礽、八阿哥胤禩相比，胤祉不仅有年长的优势，而且为人颇为老成持重，自始至终没被康熙抓住过把柄，因此颇受康熙喜爱。而且胤祉喜欢读书和钻研学问，学识非常渊博。同时，在储位斗争中，他又能表现得相对中立，因此被封为诚亲王。众所周知，康熙是个非常有作为的皇帝，学识也非常广博，又极力主张仁政爱民，因此，他与三阿哥胤祉在许多方面见解相似，这就使父子之间关系较为融洽。

特别是到了康熙晚年，众阿哥争取储位的斗争把康熙搞得焦头烂额，他与众阿哥之间的关系自然非常紧张。在这样的情况下，渐渐老迈的康熙便自然而然地把目光投向胤祉了，而胤祉恰恰能投其所好。他多次请康熙到诚亲王府做客，使年老的康熙有幸享受到父慈子孝的天伦之乐。时间一久，胤祉与康熙的关系就更加亲密无间了。至此，胤祉被康熙委以重任，每次巡游，都将胤祉带在身边。于是，胤祉的大红大紫成了胤禛的又一威胁。那么，胤禛又是怎样击败胤祉的呢？

胤礽被废太子后，想争取大将一职表现自己，以求重新夺回太子位，岂料他弄巧成拙，被康熙发现这一企图，于是所有参与此事的人都一律被治罪，而揭发这件事的人是三阿哥胤祉。胤祉的好处是得到了康熙的信任，但也成为其他兄弟的众矢之的。胤禛虽然没有出面活动，但他怂恿胤祀去做，以此把事情搞浑、搞大、搞砸，最后对双方当事人都不利，而胤禛却没有受到打击。

同时胤祀有他不可避免的性格缺陷。那就是，胤祀虽以和善博学著称，但他却缺乏驭下的能力，不能保证他手下的心腹不犯错误。而胤禛则不同，他不但可以严格要求自己，而且也能从严约束自己的部下。因此，虽然当时胤禛身边已形成了一个以年羹尧、隆科多为首的小集团，但这个小集团的活动却非常缜密，而且已暗中控制住了京城内外的兵权。

在与胤祀斗法的这段时期里，胤禛一方面勤于政务，将康熙分派给他的任务处理得头头是道。另一方面，他也开始注意学习三阿哥胤祀的怀柔政策，不断请康熙去王府里做客，以使康熙尽享天伦之乐。

为了取悦康熙，胤禛还抛出了一张王牌——爱子弘历。弘历也就是后来的乾隆皇帝。这张牌在历史中的分量，没有人能够估得清。

弘历生于康熙五十年，自幼聪颖过人，而且颇有勇谋，人又俊逸。老人总是喜欢孩子的，康熙也不例外。当他第一次见到弘历时，就喜欢上了。祖孙二人颇为投缘。同时，弘历的聪明机灵也使康熙感到后继有人，于是大悦，随即带弘历入宫，随侍左右，以享天伦之乐。此后，有一次康熙带弘历去打猎，祖孙二人当场射杀了一头狗熊。当时，康熙要弘历再补一枪，枪响之后，倒地的黑熊突然跃起，向弘历扑来，在这种危险的场面下，少年弘历却不慌不惧，灵活地躲开了狗熊的致命一击。这件事发生后，康熙更加喜欢这个孙子了，并在公开场合讲，弘历比他福气大。这张皇孙牌，打得非常巧妙，不但借此拉近了与康熙的关系，同时还等于向康熙暗示了大清王朝后继有人。也就是说，只要胤禛能继承皇位，那么，弘历有一天也会坐上宝座。

后来胤禛果然当上了皇帝，有人说是康熙看中了弘历才这么决定的，这只是一种臆测，真实情况不得而知。但从中可以看到胤禛的绝妙心机，让康熙看好弘历，也必然会看好自己。"抛砖引玉"，胤禛这张"王牌"打得极其到位正确，是一智招。

在这场惊心动魄的夺储大战中，胤禛的胜利正是因为其能够在变化多端的局面中，分清主次，把握住重心，外弛内张，以柔克刚，使得他面面俱到，八面玲珑。事实果真如胤禛所想的那样，太子胤礽、大阿哥胤禔、三阿哥胤祉、八阿哥胤禩一个个倒台，剩下就是他和十四阿弟胤禵了。既保证了自己不受打击，又扩大增强了实力，在这场斗争中胤禛稳稳地把住了自己的舵，以逸待劳，非常轻松地就使对方自行削弱实力。

第四节　雍正登基

胤禛在众阿哥纷纷倒台之后，才算遭遇到十四弟胤禵这个真正的强手。胤禵排行十四，比胤禛小10岁。他与胤禛是一母所生。两人虽是同胞兄弟，但胤禵却与胤禔、胤禩和胤禟保持着非常密切的交往。

胤禵曾极力保奏八阿哥胤禩，结果遭到康熙的怒斥。但康熙其实很欣赏胤禵那种直率的性格，兼至胤禵天生神勇，尤其喜欢研究兵法。因此，西北战事一起，他就把注意力集中到这个儿子身上，准备授予"大将军"衔。胤禵在很多方面甚至比胤祯的优势更大，他曾立下许多战功让康熙对其十分喜爱，有一段时间，就有传言说康熙决定将胤禵立为太子。

胤禵要获得这个位置的关键就在于，如何击败胤礽，战胜胤祯。胤禵首先利用胤禩的势力，以向康熙告密的形式揭穿了胤礽的阴谋，致使胤礽案发后而一败涂地。随后，胤禵又在胤禩、胤禟等人的帮助下，积极联络朝中大臣，以扩大他们的影响和声势，并借此与胤祯抗衡。

1715年，策妄阿拉布坦公然派兵抢掠新疆哈密。次年又派遣大将策凌敦多布率领一支6000人的部队奇袭西藏，击败了清朝支持的西藏军队，占领了拉萨，屠城3日，然后扶植傀儡政权，控制了西藏政局。拉萨失陷的消息传到京城，康熙决定使用武力彻底解决西北问题。他曾一度考虑再次亲征，但无奈年岁不饶人，他不能再亲自指挥千军万马。所以康熙一直在考虑从诸皇子中选择一个文武兼备的阿哥替自己挂帅出征，平定策妄阿拉布坦的叛乱，为大清江山打下一个牢固的基础。

胤祯虽然也积极向康熙献计献策，谋取大将军这一职——因为在这最后的节骨眼上夺取大将军之位也就意味着离储位不远了。但行军打仗毕竟不是儿戏，需要真正能够通晓兵法而又极富韬略的将才。虽然康熙对胤祯的见解表示赞同，但仍然对他的军事才能表示怀疑。在这一点上，胤禵恰恰高出胤祯一等。因此，康熙五十七年（1718年）十月，胤禵被正式任命为抚远大将军。十二月，康熙授胤禵为大将军王，命他率师西征。后来，康熙又降下一道圣旨，称："大将军王乃朕皇子，确系良将，朕深知其能，故命其掌生杀重任，尔等或军务，或正细事项，均应谨遵大将军王指示……"

胤禵到达前线后，果然没辜负康熙的重托。他一方面开始整顿军务，加强战备，另一方面则积极策划对敌方针。此后，在胤禵的率领下，清军分两路出兵西藏，重新夺回了拉萨。接着又挥师北上，采取步步为营的打法，逐渐控制了新疆的局势。胤禵的节节胜利，对胤禛无疑是个巨大的打击。至此，夺储战线成了双雄对峙之势。

胤禛在这场争夺大将军的较量中输给了胤禵，使胤禛夺储的希望变得越来越渺茫了。此后的几年间，胤禛一直没有改变被动的局面。胤禵的崛起曾使胤禛一度心灰意冷，甚至产生了消极退避的情绪。

胤禵在出任大将军一职之后，在战场上取得了节节胜利。但胤禵并未因此而自满。相反，他明白自己势单力薄，比不上其他几个兄长多年来结党众多。所以，他一方面要借助胤禩、胤禟等人的势力，另一方面则加紧培植自己的党羽，积极招揽人才，大力收买人心，并派人到京城去拉拢党羽。同时，他还知道自己以武见长，因此非常注意结交文士，以取长补短。在这段时期里，胤禵一度尝试拉拢康熙手下的宠臣、理学名家李光地，结果遭到拒绝。此后，他又想方设法结交李光地的门人，并将其门人陈万策拉到自己门下。他对陈毕恭毕敬，见面总要称先生。

胤禵的积极活动，取得了不小的收获，他一时间声名鹊起。加上他在西北战场上取得的一系列胜利，康熙对十四皇子更加刮目相看了。胤禵后来者居上，又是封王又是领兵，以至于当时朝野内外一致盛传胤禵将被立为皇太子。可以想见，当时的胤禛已陷入进退维谷的境地。进，有崛起的胤禵挡道；退，此前所有的努力必将前功尽弃！这种两难的选择才是最艰难的。而最艰难的时刻也往往最能考验一个人的信心和毅力。此时此境，两强相逼，勇者胜。

当胤禛的手下多因渺茫的前途而悲观颓废之际，胤禛却重新振作了起来。当时，在福建为官的戴铎曾写密信给胤禛，劝他考虑退路，并称台湾远在海洋中，土地肥沃，政治也安定，是个可以割据为王的好地方。因此，戴铎请求胤禛帮他活动，以谋求台湾道台一职，以便使雍正万一在夺储失败之后，可以退身自保。从表面上看，戴铎的这一建议不失为高明。但胤禛比他看得更高，他知道一山不容二虎，一国不容二主的道理。他还知道在当时的情况下，后退只能是一条绝路。因此，他只能下定破釜沉舟、背水一战的决心，即：不是鱼死，就是网破。

胤禵离开京师远征西北边疆，对胤禛来说，既是不幸又是万幸。当时最看好的皇位继承人只剩下他和胤禵了，而且康熙也非常看重胤禵，夺得大将军之位也就意味着继承皇位有望，所以胤禛为此感到惋惜。但不幸中的万幸是他掌握了京师局势，以此坐镇京师，并控制了北京内外的军队，还有一大帮心腹在帮他秘密行事，这就是他的最大优势。而胤禛正好掌握了这个优势，利用对手远征的机会掌握了主动权。

胤禛的最佳表现是在与十四弟胤禵争夺西北用兵主帅挫败后的策划。此后，胤禛独辟蹊径，来了一计瞒天过海的暗招。这就是：利用隆科多控制京城，利用年羹尧控制西北局势，阻碍胤禵与京师联系，恰恰只有他一个人在京城有实力，可以随时发动政变，夺取皇位。

首先，在胤禛的操纵下，隆科多在康熙病重后，统率八骑营约两万名官兵，顺利地控制了京城的治安和局势，使其他阿哥不能发动政变。隆科多是胤禛养母孝懿仁皇后的弟弟，时任步军统领兼理藩院尚书、步军统领一职，掌管着北京城内外九门关防，因此胤禛笼络住隆科多就等于控制住了京城的军队。

此外，为了防止胤禵回归、兴兵作乱，川陕总督年羹尧控制住了重镇西安，扼断了胤禵与内地的联系，使胤禵的部队难于进入关中，更不要说兴兵侵犯北京了。年羹尧是胤禛的另一个亲信，胤禛为了笼络年羹尧，娶了他的妹妹做侧福晋。在争夺皇位的过程中，年羹尧起了至关重要的作用。因为当时的他手握晋川陕三省大军兵权，能够有效地抵制其他皇子的阴谋叛乱。

而戴铎则立即向巡抚蔡珽表示，如果胤禵闹事，四川应该出兵丁钱粮支持胤禛。蔡珽在听到这个建议后，立即向胤禛上书，表示绝对忠于胤禛。

这样一来，京中诸皇子被束缚住了手脚，手握重兵的胤禵又被扼断了归路，致使他不敢妄自兴兵。因此，胤禛才通过各种手段顺顺当当做了皇帝。

雍正的一生充满着神秘色彩，他的继位及死亡都是清代历史上著名的宫廷疑案。雍正是通过夺储斗争而登台的，至死也未能消除世间对其登基合法性的怀疑和猜测。

关于康熙之死和雍正继位的真相，历来有许多说法。其一，被雍正进参汤毒死的；其二，被雍正扼死的；其三，被雍正气死的。如此等等，不一而足。关于雍正继位真相，也有许多说法。其一，隆科多将"传位十四阿哥"中的"十"字加了一横，下面挂一钩，就成了"传位于四阿哥"了，此说显然属伪，因为过去用"於"而不是今天的"于"字。其二，据说胤禵原名胤祯，隆科多将"传位于十四子胤祯"改为传位于四子胤禛（即雍正）。其三，有人说康熙病重后，雍正趁进参汤之机，暗下毒药，康熙觉察后，将一串佛珠掷向雍正，之后七窍流血而死。而雍正则以佛珠为信物，声称康熙已传位于他了。

无论雍正的继位符不符合封建社会的传统道德，都无损于他的一世英名。因为，立嫡长子为储君或由皇帝指派某位皇子继位，都不符合现代人的观念。而且，从历史上看能够用非法手段夺取帝位的，一般来说都是有能力有作为的君主。假如雍正是以谋略取得帝位的，恰恰能证明他的英武决绝。而事实上，雍正也的确是凭自己的实力得到这个位置的。此后的13年中，他又以同样的实力向世界和历史证明了他的确堪当皇帝这个重任。

康熙六十一年十一月十三日（1722年12月20日），康熙病逝，终年69岁，庙号圣祖，谥号"合天弘运文武睿哲恭俭宽裕孝敬诚信功德大成仁皇帝"。7日之后，45岁的胤禛正式登基，年号雍正。

胤禛取胜了。这是他智谋的取胜，是他审时度势，巧借时机，反意而行，瞒天过海的胜利。打蛇打七寸，而胤禛就是在最危险的时刻，凭着他过人的胆识和智慧，抓住了对手的要害，从而化被动为主动，一举击溃貌似强大的胤禩。

第二章

凌逼弟辈

第一节　允禵守陵

任何一个政治集团上台，如果想取得长期稳固的发展，必须要先求稳定，安民心，待自己的政局巩固之后再施行改革措施。那么，在稳定之初，他首先得有开明的政策、宽松的环境、可靠的信誉度。

雍正即位后，一方面要澄清吏治推行新政，另一方面还要防止允禩、允禵集团的疯狂反扑。但由于雍正刚刚即位，根基还不甚稳固，若立即就对政敌进行全面打击，不但政治地位得不到巩固，而且会适得其反，极有可能出现意想不到的恶果，甚至有可能危及雍正的统治地位。因此，雍正在即位之初，采取的是徐图缓进、拉打结合、软硬兼施的策略。

雍正在正式登基之前，就宣布任命八阿哥允禩、马齐、十三阿哥允祥和隆科多四人为总理事务大臣，并称自己在居丧期间，心绪不宁，所有启奏诸事，俱交送四大臣处理。总理事务大臣位高权重，是新朝的核心人物，但雍正在任命亲信的同时却破天荒地也任命了允禩及其党羽马齐居此重位。这无疑是个惊人之举，会让满朝文武认为雍正乃是一个大度宽容、有容人之量的君主。因此，雍正此举收到了稳定人心的效果。同时，由于隆科多和允祥是雍正的心腹嫡系，所以允禩和马齐即便手握重权，也做不了手脚，而且还会受到允祥和隆科多的监督制约。这一绝招，也只有雍正能使出来，堪称是驭下用人的大手笔。

对于允禵，拥兵在外，手握重权，就要想办法把他调回来，剥夺其兵权。因此，雍正在处理允禵和其他人，如允禩、允禟、允祯、允祉等人的问题上，的确有假公济私的倾向。即巧借公正的名誉，达到剪除异己的目的。当时，雍正说：皇考的丧事，若允禵不能亲临，恐怕内心一定不安，因此还是让他急速回京吧。从表面上看，雍正是为允禵着想，但实际上却是为了削夺其兵权。在调回允禵的同时，雍正随即命辅国公延信赶赴甘州军营，接管了允禵的帅印，并命川陕总督年羹尧协助延信处理西北军务。

由此可见，允禵是在迫不得已的情况下回京奔丧的。当时，他没有发动兵变挥师南下的原因很多。首先是受到年羹尧川陕军队的牵制，他不敢贸然行动；其次是因为雍正已任命允禩为总理事务大臣，这必然会使允禵觉得雍正没有加害他们的居心，因而失于防范。另外，雍正当时采取的是怀柔政策，也使允禵觉得自己师出无名，如果贸然采取行动，反会招致朝野大多数人的声讨。由此，我们便可以看出雍正当时所采取稳的策略是相当高明的。他利用允禩这枚具有号召力的香饵，钓回了允禵这条手握重兵的大鱼，为最终除掉心腹大患迈出第一步。

果然，允禵万不得已交出兵权，匆忙赶回京都奔丧。在尚未到达的时候，他先用公文向雍正请示，是先去景山寿皇殿拜谒康熙灵柩，还是先去庆贺新皇帝的登基？允禵这是存心给雍正出难题，如果雍正要他先去拜谒康熙灵柩，他就大闹灵堂，给这个新皇帝一个下马威，让其难堪；如果雍正要他先去庆贺新登基，无论是什么借口，他都可以抓住雍正不孝的把柄，违抗其命令。

雍正没有上当，对允禵早有防备，命允禵先拜谒梓宫，自己也正在那里。允禵虽觉得委屈，但君臣之分已定，也万般无奈，只好含愤忍辱，但无论如何也不肯向新皇帝表示祝贺和亲近。雍正为表示自己器量宽宏，大度能容，于是便向前去将就他，但他还是不动弹。当时在场侍卫的蒙古人拉锡看见出现这样的僵局，赶忙拉着允禵走上前去。等到一离开皇帝，允禵就责骂拉锡。他还到雍正面前去告状，控诉拉锡无礼，说自己是皇上的亲弟弟，拉锡只是一个掳获来的下贱人。如果他有什么不是之处，求皇上处分；如果他没有不是之处，求皇上将拉锡正法，以正国体。允禵这样做表面上是在攻击拉锡，实际上却是把矛头指向了雍正，正中雍正下怀。雍正恰好借此发难，严厉地斥责他并削去了他的王爵，将其降为贝勒。

雍正元年（1723年）初春，雍正送康熙灵柩至遵化县景陵享殿，并于此时传旨训诫允禵。遵化的事情完毕以后，雍正摆驾回京，而留下允禵看守景陵，谕令副将李如柏限制允禵的行动，这实际上就是把允禵囚禁起来了。雍正这样做的目的就是要把允禵和允禩两人分开，使其不便互相联络，商议对策，事事被动，只能听任摆布。

雍正采取严厉手段，大力惩治诸位皇子，打击反对势力，这一举动异常坚决而坚定，这就难免在宗室、王公、满汉文武大臣中引起震荡，有不少人设身处地对他们的处境表示同情，对雍正的刻薄寡恩心怀不满。这种情绪波及天下。

当时有位自称为正黄旗的滦州人蔡怀玺，前往景陵，求见被囚禁于该处的允禵。允禵害怕招来雍正的进一步迫害，不接见他。蔡怀玺就写了"二七便为主，贵人守宗山"的字条扔于允禵的院内，还说什么

"十四爷的命大，将来要做皇帝"。蔡怀玺的意思十分清楚，就是要推翻雍正的统治，把允禵推上皇帝的宝座。蔡怀玺的活动被监视允禵的马兰峪总兵范时绎发现。范时绎一面报告雍正，一面将蔡怀玺逮捕，投入监狱。

与此同时，天津人郭允进自称遇到了洪觉禅师，得其传授韬略。为此他书写了一份"十月作乱，八佛被囚，军民怨新主"的传单，由浙江欧秀臣刊刻出来，到处张贴，广为散布。在传单中，允禩被视为佛，"八佛被囚"是指责雍正监管允禩。传单内还说：自雍正即位以来，旱涝饥荒等连续不断，上天就要降下灾祸等。这些事件的发生，表明当时社会上的确有一股反对雍正继位的势力。

允禵与雍正是同胞兄弟。雍正生母乌雅氏总共生有3个儿子，即皇四子胤禛、皇六子允祚、皇十四子允禵，其中皇六子允祚在6岁时夭折。她生的老四和十四子都为康熙帝所重视，两人都有坐上龙椅的可能。对于她来说这自然是天大的喜事，然而这两个儿子又是势不两立的冤家，互相忌妒和仇视。作为他们的生母，遇到这种无法改变的情况，内心痛苦，身体也就容易出毛病。据《清世宗实录》记载，她于雍正元年五月二十二日得病，第二天就去世了。她从生病到去世，前后才不过十几个小时。

皇太后逝世后，雍正颁发了一道谕旨，其中说：贝子允禵"无知狂悖，气傲心高，但朕为了安慰皇妣皇太后在天之灵，着晋封允禵为郡王。如果他从此能改过自新，朕自然会不断地对他施加恩泽；如果他继续作恶，不知改悔，那么为了维护国法，朕也不得不将他治罪。"这就表明，雍正对某些兄弟的打击是出于公心，而非出于一己私念。

诸王大臣曾奏请将允禵"即正典刑，一彰国法"。但为了避免落个诛戮兄弟的罪名，雍正还是对自己的同胞兄弟允禵来了个"法外施恩"。雍正称允禵虽是罪人，但只是秉性糊涂，行事狂妄。雍正又因允禵在马兰峪居住时，发生了蔡怀玺投书一事，认为他已不宜在那里居住，下令将其移居景山寿皇殿禁锢，因寿皇殿是供奉父皇和母后圣容之处。雍正令允禵在那里"追思教育之恩，宽以岁月，待其改悔"。

作为极有权力欲的一代霸主，雍正始终认为允禵是一个很强的对手，是重点打击的对象。允禵不仅在康熙晚年嗣位呼声最高，而且在雍正即位之初，允禵由于战功卓著，劳苦功高，影响力比八阿哥允禩还要大，号召力极强。假如不立即对允禵下手，人们可能会乘机向他靠拢，这样整个局面就不好收拾了。

第二节　徐图允禩

雍正要巩固自己的统治，必须先稳定和自己多年争斗的兄弟，内无忧才能外无患。雍正采取的是拉拢怀柔政策，使之先归附自己，并且可以利用他们手中的势力，去稳定下边，然后一步步分化、瓦解、利诱，最后为自己所用。既化解了敌我矛盾，又笼络了人心。因而他一上台就稳定了政治局面，这又是进一步打击对手的可靠保证。只要稳定，就是他一个人的天下，接下来就是逐个消灭对手了。

刚继位不久的雍正并未对允禩本人急于发起实质性的进攻，这主要是因为雍正认为时机还不够成熟。为了稳定，他不能立刻就大开杀戒，把对手和劲敌杀得一干二净。因为那是不明智的做法，如果不成功的话，反会被众敌围攻，把他拉下马。还有一个原因就是都是兄弟，雍正不愿落个诛杀兄弟的骂名，因此他还是采取了稳中求进的分化策略，即分而化之、各个击破、拉打结合，于是允禩的羽翼就做了声东击西的牺牲品。

雍正二年（1724年）五月十四日，雍正以苏努、勒什亨父子顾念旧日同党，袒护允禩等人，"扰乱国家之心毫无悛改"为由，革去苏努的贝勒爵位，撤回公中佐领，发遣他与其子同往左卫居住。没隔几天，又下旨斥责允禩及其党羽，指出七十（人名）、马尔齐哈、常明等，"到今与朕结怨；亦即此故，今廉亲王之意，不过欲触朕之怒，多行杀戮，使众心离散，希图扰乱国家耳"。又说："古人云：乱臣贼子，人人得而诛之，皇考每引述此语，特指廉亲王言之。"这又为进一步打击允禩及其朋党制造了舆论。接着他动了真格，当日，即革掉七十职务，直抄其家产。六月二十七日，又将七十及其妻子发配到黑龙江依兰去了。雍正还把矛头指向鄂伦岱，说他与阿灵阿二人是允禩党的首领，罪大恶极。并说："朕即位后，命他为领侍卫内大臣、都统，他也毫无感激报效的念头。朕有朱批谕旨与阿尔松阿，让他转交，他竟在乾清门当着众人把谕旨掷在地上。每当朕召诸王大臣颁发谕旨时，他没有一次颔首心服，有时还低头冷笑。"就此，雍正将此二人革去了职务。

八阿哥允禩是这个集团的领袖，最具有才能和号召力，不容易扳倒，所以在把他外围的人清除之后，接下来就是要解决这个集团的得力干将九阿哥允禟。

康熙驾崩时，雍正在痛哭，允禵却突然跑到他面前，傲慢无礼地在康熙的尸体前对坐，没有一点做臣子的礼节。在灵前举哀时，允禵却一滴眼泪也没有。当雍正问他时，他却公然与雍正争辩。另外，允禵的生母也为雍正所厌弃。她受康熙的宠爱，一向不知礼让。她见到雍正时，也不顾他已经是当今皇上，还不识时务地摆出一副母妃的架子。雍正对她本人虽然不便制裁，但也决定马上拿点颜色给她和允禵瞧瞧。

为了打击允禵，雍正还下令将为允禵料理家务的秦道然逮捕。雍正说他仗恃允禵的势力为非作恶，家中积累了许多非分之财，要他拿出10万两银子到甘肃去充当军饷。两江总督查弼纳奉命到他家去查抄家产，结果他的全部财产加起来也不值1万两银子。由此可见，雍正对这些人的打击，多是欲加之罪，故意找茬。雍正这样做的目的，只是为了做给允禵看。先一一铲除允禵的爪牙，最终将允禵制服。

不久，雍正开始向允禵本人开刀了。他将允禵从西北前线调回来后，就以军中需人为理由，命允禵立即前往西宁，又不给允禵治军权力，并且不许他有任何延宕，毫不客气地迫令他火速前往。允禵无可奈何地到了西大通。年羹尧秉承雍正的旨意，将西大通城内居民迁出，并加派兵丁监视允禵，实际上是将他囚禁起来了。除此之外，雍正还特别指示年羹尧，要他随时注意士兵的动态，不要让他们被允禵收买了去。随后，雍正又以允禩党人、领侍卫内大臣勒什亨庇护允禵、代他支吾巧饰为名，将其撤职发配西宁。勒什亨之弟乌尔陈因同情其兄，也被一并允禵到了西大通不久，就上表奏请回朝。雍正见到奏章后，只批了"知道了"三字，根本不予理睬，并暗中指示年羹尧不放他回京。允禵因在青海遭到囚禁，又不准回京，就采取秘密方式与八阿哥允禩、十四阿哥允禵通信联络，并相约阅后即行销毁。他在给允禵的信中说："时机已失，追悔莫及。"表现出既不甘心失败，又无力抗争的无可奈何的心情。他还将家财带到西宁，购买物件时听人索价，还把一些类似西文字母的符号编为密码，并将信纸缝于骡夫衣袜之中，暗中传递信息。他还把资财藏于外国传教士穆经远处，让他找妥当的人开设店铺，以便把京中的消息从铺中秘密传出。由此可见，允禟等人当时对雍正是持极端敌视的态度，而且寻机谋变的，这也就难怪雍正要对他们采取周密的防范措施了。允禟自以为聪明，然而他的行动几乎完全被雍正的耳目发觉了。结果，允禟的行动非但没有达到预期的目的，反而成了雍正狠治他的把柄。

在年羹尧、隆科多案未结之前，雍正曾命大臣楚宗前往西大通约束允禟，但允禟却不按规矩出门迎接圣旨。楚宗传旨时，允禟竟公然宣称："圣旨说得都对，我还有什么可说的，反正我已想出家当和尚了，还能有什么乱行之处？"因此，雍正痛斥允禟不遵守君臣大义，又说他与允禩实属大不敬。此后，山西巡抚伊都立参劾诺岷包庇允禟，称允禟的护卫乌雅图路过山西平定州时，殴打地方生员，诺岷却对此隐瞒不报。这时，年、隆案已基本完结，于是雍正当机立断，借这一事件将诺岷革职查办，同时革去了允禟的贝子衔，并行文陕西地方政府，称："允禟不知收敛，犹以九王爷自居，朕已革其贝子职，尔后若有再称其为九王爷者，定从重治罪。"这样一来，允禟被废为庶民了。

后来，雍正将允禟从西大通押至保定时，直隶总督李绂奉命将其"圈禁"在高墙之内，每日派人把守，并封闭门窗——当时正值盛夏，酷暑难当，一名皇室贵胄又如何经得起这番折磨。于是不久之后，李绂就向雍正奏称允裪病死了。

第二个开刀的是允䄉，他是允禩集团外围一个比较重要的人物。掌管正黄旗满洲、蒙古、汉军三旗事务。

康熙为了树立皇帝的权威，以原有八旗都统副都统"起家微贱、专意循庇、耽于安逸、旷废公务"为由，曾指定十皇子敦郡王允䄉接管正黄旗事务。康熙帝派皇子管理旗务，兼任都统，意在削弱王公大权，使八旗军权进一步直属皇帝统辖。然而雍正即位后，却不允许这种局面继续存在。

那么，雍正是怎么剥夺他们的权力的呢？早在雍正称帝前，允䄉就依附允禩而与之对立，危险性很大。因此在雍正继位之后，允䄉就被自然而然、首当其冲地被列为打击对象了。雍正即位10天后，开始着手全面撤换正黄旗满洲、蒙古、汉军三旗都统，并命自己的亲信马尔萨、伊都善等人分别接管了正黄旗事务。这样，允䄉就被孤立起来了。此后，喀尔喀蒙古首领哲布尊丹巴呼土克图进京拜谒康熙灵枢，一病不起，死在北京。雍正于是借此时机命允䄉护送哲布尊丹巴呼土克图的灵龛赴喀尔喀，以将他与其他皇子分开。

当时允䄉不愿意离京，先是以没有力量准备马匹行李为借口来进行推托；等到出发以后，走到张家口就不肯再走，就在那里住了下来。得知此讯，雍正向当地的总兵官许国柱下了一道密旨，要许国柱不要给他一点体面，若他下边人稍有不妥，即可一面将其捉拿，一面上表奏闻。并反复交代务必给允䄉找出几件过错来，不可以徇一点儿情面。在雍正的授意下，张家口总兵官许国柱不久奏报：允䄉属下旗人庄儿、王国宾"骚扰地方，拦看妇女，辱官打兵"，已经锁拿看守。并奏报说：允䄉奉旨派往蒙古，不肯前往，还到处滋扰生事。

雍正借此机会给八阿哥允禩出难题，命令他议奏处理。允禩提出，立即给允䄉下令催促继续前进，并责罚与允䄉同行而对其逗留张家口不加劝阻的长史额尔金。雍正对允禩处分允䄉的建议非常不满。

让允禩拿主意，雍正其实也别有目的。如果处理得轻，雍正将说他偏袒允䄉，也就找到了惩治允禩的借口；如果处理得重，当然是雍正希望看到的，而他又可推托骂名，说是允禩的处理意见。这就等于是借刀杀人，一举两得。因此，在万不得已的情况下，允禩只好奏请革去允䄉的郡王爵位，抄其家产，并交由宗人府永远监禁。

雍正派人抄没允䄉的家产，结果竟查出金银60多万两，房屋器皿尚不计算在内。这就是说，此前允䄉离京时声称无钱买马原本就是一种托词，是故意同雍正对抗。

雍正之所以狠治允䄉，还因为允䄉不是允禩、允禟集团的核心人物，对他严厉惩治非但不会引起事端，而且还会起到杀鸡儆猴的震慑作用。这样，那些允禩、允禟集团的核心人物，就再也不敢盲目追随他们的首领了。孤立主敌，敲山镇虎的策略继续生效。就在允䄉被处罚前后，总理正白旗及镶黄旗军务的十二皇子允祹，和总理正蓝旗军务的允祐也先后被剥夺了兵权。但雍正这一回并不拉硬弓，而是又打又抚。在解除此二人军权的同时，为了拉拢他们，曾将允祹由贝子提升为履郡王以示恩宠。但允祹知其有司马昭之心，似乎并不感激雍正，结果不久被雍正以"不知感激效力"而革去了王爵，仍命他在"固山贝子一职上行走"。

至此，雍正总算把允禟允䄉两个允禩集团的得力干将，消灭了，之后雍正又采取拉打结合的办法把允禩周围的人几乎全部清理掉了。这样，允禩即使再有本事，也是孤掌难鸣了，成为雍正下一个重点打击的对象。

第三节　御制朋党论

雍正考虑到允禩是这个集团的首领，必然先给予宠信，笼络和控制他，以防发生变乱；允禵在朝野上下支持的人较多，性情又强悍，不囚禁不足以制裁；对允禟、允䄉等人的打击，实是杀鸡儆猴，令其党人产生恐惧心理而有所收敛。对于即位之初的雍正来说，他需要的是时间，把必然会来的动荡尽可能地后推，等坐稳了江山再说。因此，政敌晚一些生事比早一些要好，越晚他就越有力量，越有主动权。

由于雍正正确地运用了打拉结合、戒急用忍的政策，因而在他即位三年末至四年初时政局日趋稳定。一方面已经成功地平定了青海罗卜藏丹津的叛乱，另一方面，政局基本稳定下来，尤其是国家财政状况从严重的危机窘境中摆脱出来，这两大心腹之患的缓解，标志着雍正的皇位基本稳固。而且，多年来允禩一伙的敌对情绪有增无减，使雍正已不能再容忍下去。在这样的情况下，雍正认为对自己的政治对手转守为攻的时机已经到来，这就意味着：雍正这就要着手向允禩发起进攻了。

当时，允禩、允禵以及年羹尧、隆科多等人都私结党羽，构成了各自的党派，对皇权威胁很大。为了孤立他们、瓦解他们并最终击败他们，雍正炮制了《御制朋党论》一文，怕满朝文武不明白自己的真实用意，雍正还再三告诫诸臣要"洗心涤虑，详玩熟体"，要人们深刻地领会他的精神。

朕即位后，于初御门听政日，即面谕诸王文武大臣，谆谆以朋党为戒。今一年以来，此风犹未尽除。圣祖仁皇帝亦时以朋党训诫廷臣，俱不能仰体圣心，每分门别户，彼此倾陷，分为两三党，各有私人。一时无知之流，不入于此，即入于彼。朕在藩邸时，黾勉独立，深以朋党为诫，不入其内，从不示恩，亦无结怨。设若朕当年在朋党之内，今日何颜对诸臣降此谕旨乎……

夫朋友亦五伦之一，往来交际，原所不废。但投分相好，止可施于平日。至于朝廷公事，则宜秉公持正，不可稍涉党援之私。朕今朋党论一篇颁示，尔等须洗心涤虑，详玩熟体。如自信素不预朋党者，则当益加勉励。如或不能自保，则当痛改前非。务期君臣一德一心，同好恶，公是非，断不可存门户之见……

朕之用人加恩，容有未当之处，或不能保其将来。至于治人以罪，无不详慎……夫朕用一人，而非其党者嫉之，罚之一，是其党者庇之，使荣辱不关于赏罚，则国法安在乎？嗣后朋党之习，务期尽除。尔等须扪心自问，不可阳奉阴违，以致欺君罔上，悖理违天。毋谓朕恩宽大，罪不加众，倘自干国法，朕虽未必尽行诛戮，或千人之中百人，百人之中十人，尔等能自保不在百人十人之列乎？

在《御制朋党论》中，雍正逐条指斥朋党之争造成的危害性，并历数了由此而滋生的诸种弊端。在文中，他这样写道："朕惟天尊地卑，而君臣之分定。为人臣者，义当惟知有君。惟知有君，则其情固结不可解，而能与君同好恶，夫是之谓一德一心而上下交。乃有心怀二三，不能与君同好恶，以至于上下之情睽，而尊卑之分逆，则皆朋党之习为害之也。""夫人君之好恶，惟求其至公而已矣……人臣乃敢溺私心，树朋党，各循其好恶认为是非，致使人君惩偏听之生奸，谓反不如独见之公也。朋党之罪，可胜诛乎？"

他还以欧阳修的《朋党论》为靶子，十分严厉地驳斥了结党营私的小人行为："宋欧阳修朋党论专为邪说，曰君子以同道为朋。夫罔上行私，安得谓道？修之所谓道，亦小人之道尔。自有此论，而小人之为朋者，皆得假同道之名，以济其同利之实！朕以为，君子无朋，惟小人则有之。且如修之论，将使终其党者，则为君子，解散而不终于党者，反为小人乎？朋党之风至于流极而不可挽，实修之罪也！设修在今日而为此论，朕必诛之以正其惑世之罪！""朕愿满汉文武大小诸臣，合为一心，共竭忠悃。与君同其好恶之公，恪遵大易论语之明训，而尽去其朋比党援之积习。庶肃然有以凛尊卑之分，欢然有以洽上下之情。虞廷赓歌扬拜，明良喜起之休风，岂不再见于今日哉！"

雍正的这番话，引经据典地从理论上宣扬了皇帝绝对专权的必要性和合理性，并指出了朋党的危害性和不法性质。从本质上看，他以君主的身份讲述这些问题，多切中时弊，直指朋党的危害，但也不乏强词夺理之言，也就是说雍正想借着这篇《御制朋党论》给允禩等人扣上一顶帽子，以此达到击倒他们的目的！

在多种场合，雍正开始谴责允禟、允禩、允禩等"俱不知本量，结为朋党，欲成大事"——也就是公开说，他们结党是为了争夺皇位。此后雍正又说允禩自受命总理事务以来，"所办之事，皆要结人心，欲以恶名加之朕躬"，即说，允禩的所作所为都是为了笼络人心，并给皇帝制造恶名的。既然允禩这样"不怀好意"，那雍正自然也就不必对他客气了。于是他最终发出上谕，称："自亲王以下，闲散人以上，若有归附允禩结为朋党者，即为叛国之人，必加以重罪，决不姑贷，亦断不姑容也。"意即：所有上下人等，若再有与允禩靠近的，就按叛国罪论处！这样一来，除了允禩的几个死党之外，就少有人敢跟允禩来往了。

雍正二年（1724年）四月，雍正当着满朝文武，指斥允禩说：自康熙四十七年以来，允禩等人结成朋党，胡行妄为，以致父皇晚年无比忧愤、肌体消瘦，气血衰耗。朕即位后，不论允禩从前诸罪，惟念骨肉兄弟之情，将其优封为亲王，委任以要职。但他仍不知痛改前非，不以事君事兄为重，仍驱使允禵、允禟等为其效力，怀抱私心。

雍正三年（1725年），雍正服丧期已满，允禩与允祥、马齐、隆科多四个总理事务大臣上表辞职。雍正在谕旨中，极力表扬怡亲王允祥诚心效力，并另赏给他一郡王爵衔，让他在其诸子中任择一人担任，并让诸王大臣对他"从优议叙"；对隆科多、马齐二人"亦着议叙"，并有赏赐；唯独对廉亲王允禩则大加痛斥，说他是有罪无功，"自委任以来，诸事推诿，无一实心出力之处，无一有裨政治之言"。并故意让诸王大臣讨论是否给他议叙，也即奖赏。诸王大臣自然见风使舵，秉承雍正的意思行事，最后不予议叙。

当年四月十六日，因工部所制阿尔泰军用的兵器精劣问题，雍正再次谴责管工部的廉亲王允禩。他借题发挥，说他与允禩有君臣之分，兄弟之谊，但今天允禩对于他"则情如水火，势如敌国"。这就是说雍正也公开表明了自己与允禩势不两立、水火不能相容了。而且其他案件基本处理完毕，雍正腾出手来，决定正式向允禩开刀。当时宗人府参奏称：廉亲王允禩因其护军将士鸠石陆不听从他指使，命令3名太监将其打死。于是雍正借此事传旨，命令允禩从杖杀鸠石陆的3名太监中选出一个抵命；并命上三旗侍卫每日派出四人"跟随在允禩左右"。至此，实质上允禩就等于被监禁了。

雍正四年（1726年）正月初，雍正连连降发谕旨，揭露八阿哥允禩、九阿哥允禟等人的往事、近事，发动了强大的舆论攻势。从前，康熙曾说过"朕与允禩父子之恩绝矣"的话，雍正一度想公开这道谕旨，以威胁允禩。允禩"痛苦叩首，再三恳求"，请求不要这样做，不然，将无脸见人。至此，有关允禩的康熙谕旨尽行发出。同时，雍正于正月初五下令将允禩、允禟及其宗室党羽的黄带子撤去，消除他们在玉牒上的名字。不久，遣官告祭奉先殿，正式将允禩、允禟削籍，不入宗室。大臣们看透了皇帝的意向，随即合本参奏允禟，请求严加治罪。雍正对此心中很畅快，但没有立即表态，反倒将处分允禟之事交于允禩、允䄉，让他俩"各出意见陈奏，毋得互相商酌"。这一招很阴毒，实际上是继续折磨允禩、允禟、允䄉。

为了整治允禩、允䄉党人，使其彻底不再妨碍他的统治，雍正还发表上谕历数允禩的种种罪状，如："廉亲王允禩狂道已极，朕若再为隐忍，有实不可以仰对圣祖仁皇帝在天之灵者"，意思是说允禩对不起康熙的在天之灵。再如："是年二阿哥有事时，圣祖仁皇帝命朕同允禩在京办理事务，凡有启奏，皆蒙御批，奏折交与允禩收藏。后向允禩问及，允禩云：之前，皇考怒我，恐有不测，彼时寄信回家，将一应笔记烧毁。此御批奏折藏在佛柜内，遂一并焚之矣。"这就是说，允禩犯了焚毁康熙御批奏折的大罪，从而被雍正抓住了把柄，以大不敬罪论处。

从雍正对允禩的上述指责来看，翻的多是陈年旧账，而且多是顾左右而言他之词。既明明攻击允禩，又一再表明允禩是对不起祖宗和康熙的。雍正这样做，主要原因就是想使众朝臣明白，他打击允禩，是出于公心的，是在替康熙清算老账、为康熙惩处不肖子孙，甚至是在替天行道。有了这套说辞，雍正在打击允禩时，用的就是借刀杀人的策略。即借先帝康熙这把刀，除掉允禩。但这样做毕竟难以服众，于是雍正又进一步指出，朕自即位以来"允禩总以未遂大志，时怀怨恨，诡诈百出，欲以摇惑众多，扰乱国政……三年以来，朕百般容忍宽免，谆谆训诫，犹冀其悛改前愆。宗人府及诸大臣交劾，议罪之章，什百累积，朕一一宽贷，乃允禩诡谲阴邪，日益加甚"。

从雍正指责允禩及其党羽的种种罪状来看，他数次提到了"朋党"一词，并声称自己即位前就十分厌恶朋党之争——这就是雍正要利用朋党问题来整治允禩的关键所在。

雍正认为允禩始终怀异心，并不悔改，是其妻乌雅氏唆使的结果，于是将乌雅氏休回娘家，由娘家另给房屋数间居住。并令人将其严加看守，不许她与允禩往来。四月十八日，又命将允禟、都统楚宗、侍卫胡什里、驰驿带来京师，允禟的妻子则由该地总督、巡抚等派兵看守。

雍正对允禩等政敌只是拘禁，而不妄加杀戮，是因为他不敢杀。雍正意识到，对手之所以敢明目张胆地同他对抗，或背地里给他出难题，就是为了触怒他，使他对他们中的一些人做出过分的处置，这样不仅会使他得到一个"凌逼弟辈"的恶名，还可能激起事端，使他们有机可乘。然而仅拘禁又不足以解雍正心头之恨，雍正对允禩、允禟等人采取了大加侮辱的手段。他说："允禩心中已无祖宗君上矣。允禩既自绝于祖宗，自绝于朕，宗姓内岂容有此不忠不孝大奸大恶之人乎？"罪名既已确定，就此，雍正宣布，像允禩这样的不肖子孙是应当被开除出宗籍的！于是雍正遵照前朝削籍离宗的旧例，撰文祭告奉先殿，将允禩革去黄带子，削除宗籍。允禩的同党允禟、苏努等，也以"结党勾逆，靡恶不为"的罪名，受到了与允禩同样的处分。

四年三月初四，正蓝旗都统音德上奏说，允禩、允禟等既被削去宗籍，编入该旗，应该更改旧名。雍正命允禟、允禩及其子之名皆由其自己书写。允禩既已削职为民，就将自身的名字改成了"阿其那"，将其子弘旺之名改为"菩萨保"。"阿其那"为满语，其确切的含义今日已不很清楚，有解释说其意思为狗，是雍正故意侮辱他的这个弟弟，将其看作畜类；有的则说其引申意思是"畜生"；有的则说其引申意思是把某人像狗一样赶走，表示讨厌。五月十四日，允禟自西大通返回后，将其名改为"塞思黑"。"塞思黑"也是满语，其含义有人说其意为猪，有人说意为"迂俗可厌之人"。

这时雍正对允禩、允禟采取的是攻心战——即用侮辱的手段来摧毁他们的意志，迫使他们的精神完全崩溃，并因此产生生不如死的念头！这就是说，雍正想用摧毁敌人意志的手段，达到摧毁敌人生命的目的——雍正这么做，主要是不想落个诛戮兄弟的罪名。

雍正对允禩等人的处理，人们私下议论他是"凌逼弟辈"；就连他惩治一些不法之徒，人们也说他是"报复私怨"。甚至就连当时的朝廷重臣，也有许多人对雍正的行为表示不满，只是惧于威势而敢怒不敢言。为此，雍正指责众大臣说："在廷诸臣为廉亲王所愚，反以朕为过于苛刻，为伊抱屈。即朕屡降谕旨之时，审察众人神色，未尝尽以廉亲王为非。"此后，他又说道："朕于诸王大臣前降旨训诲允禩，视诸王大臣之意，颇有以允禩为屈抑者。"

翰林院检讨孙嘉淦曾公开上书，要求雍正"亲骨肉"。对此，雍正做了一个让人惊异的举动，他提升上书要求他"亲骨肉"的孙嘉淦为国子监司业。然后，雍正又专门就这件事下诏对文武百官说：朕即位以来，孙嘉淦总是直言进谏，朕并不觉得生气，反而很欣赏他这种作风。以后你们要以他为榜样，向他学习。雍正这一招之所以出得高明，就在于他要通过此举，向满朝文武表明，他也是赞成孙嘉淦的意见的，他也想去"亲骨肉"，顾念兄弟亲情。以后能不能亲，让不让亲，亲不亲得成，那可不由我说了算，就看这拨人的作为了！

尽管面对朝臣强大的阻力，雍正并未知难而退，他在众人的反对下，毅然决然地宣布："尔诸大臣内，但有一人，或明奏，或密奏，谓允禩贤于朕躬，为人足重，能有益于社稷国家，朕即让以此位，不少迟疑。"雍正的这番话，既表达他的自信，也表达了他的大度。同时，他的这番言词也有孤注一掷的味道，即以此向众朝臣施加压力，表明自己与允禩非此即彼，是势不两立的。此外，雍正这番话还暗含了另一层意思，即：只要没人奏称允禩贤于雍正，那我就要彻底地讨伐允禩，决不宽容他。威严之下，当然没人敢作声。

诸王大臣至此就必须做出选择了，即要么甘冒杀头之罪同情允禩，站到允禩这边来；要么支持雍正，共伐允禩之罪——在这种非此即彼的高压政策下，满朝文武也只能选择雍正。

于是众朝臣只好秉承雍正的意思，共同议奏了八阿哥允禩的罪状40款，九阿哥允禟的罪状28款，十四阿哥允䄉罪状14款，并请将此数人"即正典刑，以为万世臣子之炯戒"。

允禩的罪状主要有：欲谋杀允礽，希图储位；与允䄉暗蓄刺客，行为不轨；用允禟之财收买人心；擅自销毁圣祖朱批折子，悖逆不敬；晋封亲王，出言怨诽；蒙恩委任，挟私怀诈，遇事播弄……

允禟的主要罪状有：行止恶乱，谋望非常，暗以资财结买人心，使门下之人广为延誉；收西洋人穆经远为心腹，夸称其善，希图储位；结交内臣，密行伺察探听朝廷动向；令秦道然各处称其宽宏大度，慈祥孝悌，图买人心，以谋大位；将其子认内侍魏珠等为外伯叔，窥探宫禁消息；别造字样，阴谋诡计，俨同敌国……

允䄉的主要罪状有：触怒圣祖康熙皇帝；与允禩、允禟密相往来；在任大将军时，纵酒淫乱；晋封郡王，并不感恩；蔡怀玺造言，不即奏闻……

在接到满朝文武的联名上书后，雍正立即于勤政殿召见了满朝文武和允禩，并假作宽厚地说："允禩，乃父皇之子，太祖太宗之裔孙，朕之兄弟。正因为于此，今日这一举动，朕的祖宗和父皇都在天上密切注视着。如果允禩不应该正法，而你们随便陈奏，以残害我祖宗和父皇的子孙，将朕陷于不义，你们的罪过还可挽回吗？朕想你们在联合参奏时，或许有人是随着众人列名而不是出于诚意者，所以特意将你们召入，当面加以询问。如果有人认为允禩不应正法，可以出列站于右边。朕今天如此当面询问，倘若众人中还是有心口不一，不肯据实陈奏的人，我祖宗、父皇在天之灵，必然要将其诛戮。"雍正正颜厉色地说这番话，主要是因为他知道像诛戮这样惨无人道的行为，必然引起社会上对他的非议，所以他要故意做出一副宽厚仁慈的面孔，使人认为诛戮允禩实在是诸王大臣请求的结果，而他则是万不得已而为之的。

此外，雍正此举达到另一个目的，即看看诸王公大臣中，还有没有未曾察觉的朋党——愿意带花岗岩脑袋公然站到允禩一边的人。结果满朝文武一致回奏，允禩的确恶贯满盈，应按国法，明正典刑。

从雍正苦心孤诣追求的效果看，他是应该对允禩处以极刑了。但他仍故作厚道，只下令将允禩降为民王，交宗人府囚禁，并在囚室外筑了高墙，以防止他与外界接触。但还没等到朝臣站出来说几句公道话，又有人奏称，允禩亦病死于禁所了！这无疑是个令人不寒而栗的结局，同时这也是瞒天过海毒计的妙用！

雍正在处理允禩时原意是想将对方置于死地，但大庭广众之下又改变了初衷，换成一副宽厚的面孔以掩盖自己的真实意图——这正是其外宽内严胸藏利刃的处世作风。他以娴熟的手腕操纵着政权，将允禩玩于股掌之中！由允禟病死，允禩悲死，允䄉被废，通过一步一步地打击，雍正步步为营，步步紧逼，足见其赶羊进死胡同的策略步骤，并通过蚕食侵吞，逐个消灭，最后致政敌于死地，从而达到他的政治企图。

在整治允禩的同时，为了巩固政治，拉拢人心，雍正不计前嫌，大胆起用允禩及其集团成员。在雍正继位不久，提拔了一大批允禩集团的成员，并对允裪的亲属格外优待。例如：赐允裪的儿子弘旺贝勒衔。
这是一个很高的荣誉，在雍正的诸侄中，当时只有允礽的儿子弘晳有这
种殊荣。允裪的母亲地位低贱，其舅噶达浑为辛者库奴仆，康熙时并未
因允裪及其母良妃而将他放出来，给予正常人的地位。雍正为了照顾允
裪，削去了噶达浑的贱籍，放为一般旗民，并赏赐世袭佐领世职，足见
其优厚待遇。

贝子苏努因与允裪勾结，二人私交深厚，同声一气，曾遭到康熙的
严厉斥责。而雍正在康熙去世的第三天，就将他晋爵为贝勒。不久，又
把他的儿子勒什亨委任为署领侍卫的内大臣。

佟吉图原是允裪管内务府广善库时的司官，也同允裪交情甚厚，后
来他退职闲居，声称自己是"藏器待时"，意在为允裪异日效力。雍正
即位后，说佟吉图"是个有才能的人，大可信用"，一下子把他提为山
东按察使，后又很快提升到布政使职务。另外，原来与允裪关系密切的
佛格、阿灵阿的儿子阿尔松阿、贝勒满都护，也都出人意料地得到了雍
正的重用。

允裪见自己的一批追随者加官晋爵，似乎比在先朝还要得意，不免
喜上眉梢，弹冠相庆。然而他却有所不知，在此情况下他们当中的有些
人必然会审时度势，逐渐脱离允裪集团，向雍正靠拢。允裪当时有所蒙
蔽，而允裪妻子乌雅氏看到问题的实质，对前来祝贺的人说："有什么
可喜的？不知道哪一天掉脑袋哩！"因此，允裪明白了这个道理后，也
对朝中大臣说："皇上今日加恩，焉知未伏明日诛戮之意？"非但不感激
雍正对他的恩典，反而对新君心怀敌意。

当时，允裪的死党阿灵阿的儿子阿尔松阿被雍正任命为刑部尚书。

谕旨传达给阿尔松阿时，阿尔松阿却坚决推辞不敢接受，因为他怀疑雍正是想利用这个职务加害于他。允禩夫妇、阿尔松阿这些参与过储位斗争的人的担心并不是多余的。他们心里都很明白，雍正是不会饶过自己的，现在所给予的"荣宠"，将来都可能变为获罪的根由。允禩及其死党虽然明白这些利害关系，但是由于当时雍正所采取的怀疑政策非常得力，这些人都无法对雍正采取强有力的手段。更确切地说，雍正对允禩集团所用的又打又拉的手段，允禩等人是拿他没办法的。

在解决允禩的前前后后，雍正屡屡强调："凡属匪党，若恃强必不肯解散者，朕立志不肯宽宥，必加诛戮，整理此国家之大害，皆其自取。尔等若肯实心知过解散，朕即开恩。"从这些言词来看，雍正既对群臣晓之以理动之以情，又用诛戮之类的言辞来进行恐吓，其目的无外乎暗示某些人应该及时趁早离开允禩以及年羹尧、隆科多几派，尽早加入到支持皇帝的这一边来。同时，雍正的上述言词，也表明了他打击朋党的决心和立场。

雍正靠对允禩等人的不断指责，借题发挥，借刀杀人，极力酝酿气氛，制造紧张空气，陷允禩等人于不仁不义，群起而攻之，一点一滴地蚕食掉允禩等人的实力，最终将他们孤立起来，逐个予以重击。这样，再没有人有实力与他对抗了。雍正为改革新政做好了铺垫。

在这一方面，雍正站在一个统治者的地位上，在铲除政敌斗争中态度非常强硬，的确做出了有些残忍的选择！兄弟已除，雍正也消除了多年来的一块心病。

第四节　重用允祥

对于众兄弟，雍正采用两手策略，打击一批，拉拢一批。允祉与允祺已经是亲王封爵，则赏赐封地。允祐因为腿残不能外出做事，但他对雍正一直友好，也授其淳亲王封号。允祥自不必说，雍正破例直接封他为和硕怡亲王，并且加封世袭罔替，允祥成为大清开国以来第八位铁帽子王。

在众兄弟中，雍正始终与十三弟允祥保持着亲密的关系。即使是允祥被康熙圈禁的时候，两人的交往依然密切。雍正继位，立即重用被圈禁多年的允祥，任命他为总理事务大臣，封怡亲王。元年设立会考府，命允祥全面负责此项事务。允祥同时奉命管理户部，成为雍正朝中的顶梁柱。雍正之所以如此器重允祥，把财政大权交给他，是因为他深刻了解他这个弟弟的为人。即使允祥权势盖天，他也会忠诚于自己，恪尽为臣之道，他是不会得势嚣张的。

雍正上台后，推行新政，革除旧弊，发号施令的方式多种多样，有时亲自进行，发布口谕，书写朱谕、朱批，有时利用大学士或亲重大臣颁布旨意。能够转传圣旨的人，在朝中都有极不寻常的地位。如雍正二年冬，年羹尧进京拜见，此时他正为雍正宠信，于是雍正让他向官员传达自己的旨意。允祥是经常传旨的亲王。雍正不仅让允祥转传旨意，而且特别通知某些官员，有什么事情、有什么不方便直接向皇上说的话，径直向怡亲王说，同怡亲王商量，再由怡亲王报告皇帝，听到旨意。也就是说允祥经常代表皇帝听取某些官员的报告，又代表皇帝发布命令。

奉谕旨出纳王命，是参与处理最高级政务的表现。加之允祥与雍正关系最密切，其他王公大臣不能不注意他的态度。

雍正前期，允祥以相当多的精力从事整顿财政、发展生产的事情，雍正对他非常满意，在赠他的诗中说："经理谋以需赞画，畴咨水土奏丰穰。""怡亲王之在户部，诺岷之在山西，李卫之在滇省，实系公忠体国涤弊清源，劳绩茂著。"充分肯定了允祥在理财方面的功绩。

允祥在整顿国家财政方面起到了重要作用。雍正初期，允祥以亲重大臣的身份主持会考府的清查经济。雍正任命的会考府主管人是允祥、隆科多、大学士白潢、吏部尚书朱轼。清查涉及吏部所管辖的官员，所以隆科多、朱轼要参加，允祥兼管户部，实际是会考府的主持人。雍正对他说：你若不能清查，最后朕要亲自清查。这句话既表示了他的决心，同时也表示把这件事交给允祥负责，办不好就要拿允祥是问。会考府查出户部钱粮的亏空，责令有关官员赔补，雍正催逼得很急，恨不得一两年内亏欠官员都能补交欠帑。

允祥认真领会雍正的意图，对实际情况透彻分析采取了许多灵活多变的做法，向雍正请求延缓赔偿时间。即使这样，由于触犯了贪官和本身并无贪赃而负有主管责任的官员，允祥被攻击是苛刻敛财的人，但他还是坚决地执行雍正指令。在此项事务中，允祥不仅在追查欠款上做得很出色，深得雍正的赞赏，而且体察民情，追查弊端，向雍正提出了许多建议，并为雍正采纳，如：取消加色、加平等不合理收费。原来户部收纳地方钱粮时，在规定数量之外，要加征所谓银两成色不足的"加色"费，分量不足的"加平"费。这是巧立名目的多征多要，目的是贪污，它无疑加重了老百姓的负担。允祥此项建议深得民心，同时雍正又接受允祥在户部增加三库主事、库大使，以增强处理业务能力的建议。"摊丁入亩"是雍正推行新政的一项，允祥在推行中也起到了积极的作用。

允祥为人谦和，身居重位，却从不嫉贤妒能，"为国荐贤之处甚多"。为雍正广求人才，向雍正推荐允礼便是极具胆识的举动。康熙第十七子允礼一直被雍正认为是允禩党人，原因是隆科多曾向雍正汇报，康熙去世的那天夜里，隆科多护送大行皇帝遗体，在西直门大街遇见允礼。隆科多告诉他先帝命雍正继位的事，允礼听了大惊失色，回府之后再也没有出来。雍正继位后，惩罚允礼到遵化守康熙陵。允祥更了解允礼，他向雍正举荐，称其"居心端方，乃忠君亲上深明大义之人"，雍正采纳了允祥的意见。雍正二年册封允礼为果郡王，管理理藩院事务。几年之后因他实心报国，操守清廉，赐给他亲王俸禄，并按亲王编排侍卫。不久晋封他为果亲王。以后雍正又任他掌管工部、户部事务，任宗人府宗正，办理苗疆事务。允礼于是成为雍正王朝赫赫有名的凛不可犯的贵族。同时，雍正在宗室中多了一个亲信兄弟，对改变他在兄弟问题上的不利形象很有好处。雍正之所以有此一举两得的做法，用雍正的话说是"朕之用果亲王者，实赖怡亲王之陈奏也"。

允祥还因推荐李卫而被雍正感念在怀。李卫在康熙末年任户部郎中，雍正不知其人，后来允祥在雍正面前极力推荐李卫，说李卫人品才能俱佳，可以委以重任。雍正这才把李卫提拔为布政使，雍正三年授为浙江巡抚，成为国家栋梁。经允祥保荐的人很多，像福建总督刘世明，等等。

允祥忠正不阿又富有远见，当年雍正任年羹尧为大将军，命他平定青海叛乱，长时间未见成功，隆科多便从中生事，阻挠朝廷对年羹尧重用。允祥针锋相对，对雍正说："军旅之事，既已委任年羹尧，应听其得尽专闻之道，方能早获成功。"这一建议，坚定了雍正的信心，挽救了西北战事，使年羹尧专心于作战。不久青海便传来捷报。

雍正在推行新政过程中，性情急躁，经常惩治一些官僚，允祥从中分析利害得失，屡加谏阻，避免了雍正的许多错误。追赔户部积欠时，允祥也多次奏请，使雍正做出减免决定。

在政事之外，允祥还主持皇宫和雍亲王府邸遗留事务。雍正三年京畿闹水灾，雍正派允祥和朱轼去了解灾情，十二月命令他们总理京畿水利。允祥经过实地调查，把直隶各个水系绘制成图，建议在营田水利府下面设立4个营田局，负责直隶全境的水利建设。允祥和朱轼治河的同时，在直隶提倡广种水稻，得到雍正的支持。雍正七年，雍正发动对准噶尔部的军事进攻，设立军机参与军务，任命允祥为军机大臣。

雍正对允祥十分信赖。直隶总督李绂因为允祥在督导营办水利事务，上奏请示是否立档。雍正立即批示说，怡亲王办的事情，哪里用得着你的府衙来设立档案以备查阅。你们这些大臣，朕自管放心任用，但成百上千地加在一起，也不如对怡亲王一人的信赖。你们必须以此勉励自己，效法怡亲王摒弃私心杂念，忠心爱君，才能赢得朕像对怡亲王那样的信任，才能保全为臣一生的名节。允祥正因为"纯然忠爱"，才赢得了雍正的百般信赖。总之，允祥恪尽臣弟之道，忠贞不二地为雍正既当大臣又当仆人，在雍正前期的政治生活中起了重要作用，为雍正的全力从政提供了较多方便。他更有一个特点是不居功，极其谦抑，"每承恩礼，益加谦畏"。这一点，当然为极端强调君权的雍正所喜欢。因此他能保持宠眷不衰。

第三章

政治强人

第一节　城府深厚

雍正素以刻薄寡恩，冷面肃杀著称，他做事非常讲究策略，注重权谋，先思之而后行，是一位非常有心机的皇帝。登基之初，为了打击对手，雍正连对手手下太监也不放过。

雍正对九弟允禟异常蔑视，说他"文才武略，一无可取"，斥之为"塞思黑"。雍正整治允禟，从其身边的太监动手。康熙死后没过几个月，雍正就找茬说，允禟生母宜妃的太监张起用违禁做买卖，发往土儿鲁耕种。"允禟之太监何玉柱，一至微至贱之人，而使有家产至数十万"。没收其全部家资财产，何玉柱本人发往三姓地方给穷披甲人为奴。允禟的另一太监李尽忠，则发往云南边境充当苦差。雍正指令，张起用、何玉柱、李尽忠等几位太监，必须立即前往发配处所，如不愿前赴边地，就命其自尽，但仍要把尸骨送往发遣之处。打狗是给主子看的。紧接着，允禟就被发配到青海西大通，交年羹尧看管起来。

对允禟的管事太监，雍正更是大作了一番文章。据档案记载，大约在雍正初年，"塞思黑管事太监李大成及秦成、名五、雅图、偏儿等，倚势横行，在山西一带殴打百姓，抢夺财物，不法已极"。此案于雍正三年（1725年）七月二十九日，由山西巡抚伊都立奏报，雍正以"李大成乃允禟家下为首紧要太监"，谕令"将太监李大成捉往晋省，明白对质，务将实情审出"。这一案件牵连了不少晋省大员，原山西巡抚诺岷"以失察去官"。山西布政使高成龄在雍正五年秋审此案时，把原来法司拟定的将李大成等斩监候的处罚意见，改为"以缓决具题"。雍正认为高成龄"枉法宽纵"，将其解任。至于允禟的首领太监李大成等，终于没有逃脱受刑被斩的命运。不仅如此，雍正还进一步借此事向允禟发难，派遣都统楚宗前往西宁，传旨斥责允禟"纵容属下骚扰地方，殴打民人，妄乱行事"，追究主子允禟的责任。

雍正不仅通过惩处政敌身边的太监来打击、威慑对手，而且还利用太监进行监视告密活动。允䄉是康熙的第十子，当初曾与允禩等结党，也是雍正讨厌的对手。雍正即位后，即将允䄉革去郡王世爵，拘禁京师。对被圈禁起来的允䄉，雍正毫不放松，暗中派太监随身监视。

雍正五年（1727年）闰三月间，允䄉在禁所发生了"魇魅"之事。所谓魇魅，是指用祈祷鬼神，或暗中诅咒来害人的一种巫术。此事马上由太监孔进呈报上去。雍正便抓住不放，于雍正五年闰三月十四日颁谕："着顺承郡王锡保、公纳图阿布兰，将太监孔进等带去，问允䄉所行魇魅之事。太监孔进等俱实供出，朕将渠等之罪俱已宽免。"此案经宗人府会同刑部严审定拟，提出要"将允䄉照大逆例，即行正法"。就此，雍正于五月初二日颁旨：允䄉在拘禁之地仍敢为魇魅之事，被伊太监供出，伊亦自认不讳，又供出向来与阿其那等共为不法之事，本应即行正法，但念此等庸碌不堪之人，不能为国家之害。雍正下发的两道谕旨，都提到允䄉"魇魅"之事是由"太监供出"，而且，该太监等一开始就被宽免其罪。显然，雍正在利用太监充当政治密探。他对太监是又打又拉，一切在于为自己所用。

雍正对惩处诸弟兄家内太监之事，似乎是较为谨慎的，他不愿把事情弄得太大，搞得沸沸扬扬，更不想留下不必要的档案记录。在雍正元年二月初十的一道谕旨中，雍正说，对各弟兄家的不法太监，"朕若明正其罪，详审究拟，则牵连甚多，伊主亦不可当。朕念兄弟之情，特欲保全，不加明讯，将此辈奸恶小人免死发遣，以消释其事。曾谓勒席恒曰，此不过惩治家下恶奴，其事甚细，不必存记档案，而勒席恒显悖朕旨，记载档案，其意特欲后人疑为事不明白，漫将数人治罪，以此不令之名（令不美之名）归之于朕也……勒席恒不但不可在内廷行走，并不可在外廷行走，著革职发往西宁。"在同一天的谕旨中，雍正还对他惩治允禟等弟兄家内太监进行辩解说："代伊（指允禟）惩治家下奸恶太监，后谓朕凌逼弟辈，扬言无忌，悖乱极矣。"雍正这种自我辩解只能起到越描越黑的作用，他惩治"家下奸恶太监"，恰是给视若仇敌一般的弟兄们看的，是要使他的"弟辈"们服服帖帖地顺从他的摆布，而不得有丝毫非分之想，是为稳固他的帝位统治服务的。

君临天下，威势领先，行不行，先放"三把火"。雍正是改革的急先锋，他上台后大刀阔斧，革除积弊，创新机制，积极有为，真是难能可贵。而且，他更有一套治世的心机，这从整治"科甲党"中，就能看出雍正的良苦用心。

在传统社会里，科甲官僚讲究师生、同年、朋比。许多人"只知有科甲，而不知皇帝之谕旨；只知有科甲，而不知有上司之宪檄"。正因为如此，雍正才认为科甲之人居官，若作弊，"转不如非科甲之人矣。非科甲者作弊，易于败露，科甲之人作弊巧诈隐密，互相袒护，往往不易败露，其害转大"。由此认为，打击科甲党，意义即在"科甲彼此袒护之恶心，实有关于国计民生，人心风俗，是以朕极力化导，训饬谆谆，必欲尽革此弊，以为久安长治之计"。"今督抚已将地方事件料理次第，而来贪他人之功以为己利，无耻之甚，为国家臣子其可怀如此权宜之志以对君父也？"

谢济世在参劾田文镜之后，雍正随即就指出谢济世参劾的目的是：不过欲使天下督抚因循苟且，庸碌偷安，邀众人之虚誉，保一己之身家，而不为国家实心效力。而后，雍正又指责杨名时"性喜沽名钓誉，而苟且因循，置国家之事于膜外"。由此可见，雍正之所以惩治他们，是怪他们不务实政，不办实事，只知因循守旧，只看重一己的名利。

杨名时，字宾实，江南江阴人，康熙三十年进士，系理学名臣李光地的门生。其入仕时间较雍正朝许多著名官僚如朱轼、张廷玉、史贻直、李绂、魏廷珍等均早，故被科甲文人尊为前辈。而且，杨名时学问精深，品行端方，也深受普通士人推崇。所以他才成了在官僚士人中颇有影响力的领袖人物。

然而，雍正从他的政治需要出发，并不顾忌这些，却对杨名时这样身份特殊的官僚心存疑忌，密为防范，进而借机践辱，意欲使之声名扫地而后快。雍正拿杨名时第一个开刀，以此来向整个士林示威。雍正三年，雍正借杨名时被密奏之机有意刁难，下谕云贵总督高其倬："杨名时前日之题奏，朕看来只知有身而不知有君之人。内制端阳果锭赐你兼有赐杨名时、李卫者。杨名时若具本谢不可，他若必欲题奏，则是不欲受恩也。亦不必强赐，即不必与他罢。他若有口奏求你转达者，不必应他。大概汉人们着了急，丢了丑，即欲告退，你要着实劝导他可惜朕恩，抑且恐有身家之祸。"这段话践辱、刁难、捉弄全都在里边了。

身为一国之君，如此授权预谋地整治一个老臣，就是因为他作为大位的继承者，始终有种名不正言不顺的惶恐，总害怕别人小看。尤其对杨名时这类前朝老人怀有恐惧，然而越是心怀恐惧就越要想方设法地予以刁难、践辱和打击。雍正责其"明明欲收荐人之功于己，而不肯以用人之柄归之于上"，"怙恶不悛，大奸大诈，全无人臣之体"，将其交礼部严加议处。

更有甚者，在当年五月四日，鄂尔泰、杨名时各具本章庆贺黄河澄清。二人本章均不合定式，雍正将鄂尔泰免议，却将杨名时议处。并称："鄂尔泰公忠体国，其本章错误之小节，朕不但不忍加以处分，并不忍发与部议"，"至于杨名时巧诈沽誉，朋比欺蒙，从不实心办事，毫无亲君爱国之心，与鄂尔泰相去霄壤。今若以因鄂尔泰之事将就推及，宽杨名时之过，则赏罚不当，反失公平待下之道也"。很明显，雍正的上述言行的确是有失公允的，特别是从他对鄂尔泰和杨名时的不同态度来看，更让人觉得此举未免过于苛刻。

但雍正还是认为："若不将其处治，以为众戒，科甲习气实难消除。"因此雍正才对鄂尔泰说："杨名时五年来，朕以至诚格之，奈伊狼子野性，毫不知感畏。朕整理科甲积习，伊挺身乐为领袖，即一字一言皆怀诡谲强梁，一味讥讽文章。今海内李光地辈已逝，如杨名时者少矣。伊仗伊向来凤望，必固其党庇恶习，抗违朕意，即如朱轼、张廷玉现任大学士，莫不因伊前辈慑服尊重，此人若不先治其假誉，反成伊千百世之真名矣……此辈假道学，实系真光棍，诚为名教罪人，国家蛊毒，若不歼其渠魁，恶习万不能革。"

作为一名君主，雍正知道在政局可能发生意外的情况下，应该防患于未然，对于潜在的政敌要先下手为强，以削弱对方力量，但这也要以能把握争取时间，妥善运筹，绝对控制对方作为前提。雍正城府深、心机重、善权谋，因此总能先发制人，并且最终获得了成功。

第二节　密折

封建君主专制时代，皇帝深居皇宫，与外界联系的途径很少。因此，他们常常担心朝内外大臣为非作歹，把持重权，觊觎皇位。在这样的情况下，历代统治者无不广布耳目眼线，来洞悉臣下的一举一动。任何时代的专制政权，都离不开对官员、民众的监控。在这方面，雍正汲取了历代王朝的经验教训，完善了密折制度。

雍正初政，最重要的一项新举措，就是建立了"密折"制。所谓"密折"，其实就是"密奏"，即在给皇帝的奏折内附奏机密要事，主要是揭发一些贪官污吏的不法行为以及民情动向等等，这些密事只有皇帝一人知道，从而使官员们处于相互监督、彼此牵制的情况，人人自危，严防了官欲的恶性膨胀和腐败行为，同时也使政权牢牢控制在皇帝手中。

以奏折为正式公文的名称，起用于清代的顺治年间。在康熙手里，密折作为一种实际的政治工具有了进一步发展。不过，密折有一套完整的运作制度，还得从雍正王朝开始算起。清代君臣之间的"言路系统"大致是这样的：臣子们上的主要是"题本"和"奏本"。后来才添上了

"密折"。

凡是弹劾、钱粮、兵马、捕盗、刑名之事，均用的是题本，要加盖上公印，才算有效力；凡是到任、升转、代属官谢恩、讲述本身私事的，都用奏本，上面不用盖印。题本有两个阻碍君臣沟通的缺点：一、手续很烦琐。它规定用宋体字来工工整整地书写，必须备有摘要和副本，必须由内阁先审核。送皇帝看过后，又要用满汉两种文字来誊写清楚。如果有紧急的事情，很容易误事。二、题本要由通政司这个机构来转送内阁，最后才上呈天子，过目的人多，也容易泄密。明代的权相严嵩，让他的继子赵文华主管通政司，凡有对严氏集团不利的言论事情，他们都能先于皇帝知悉，而后报复仇敌，打击忠臣，销毁作恶证据，无所不用其极。题本的保密性差，并可能使权臣垄断朝政，须加以改革。奏本比题本稍好些，手续不那么烦琐，不过，它也得过通政司浏览这一关，所以保密性还是不强。

密折就不一样了，它不拘格式，可以自由书写，也不用裱褙、提要、副本这些东西，当然快捷很多；而且它可以直接"上达天听"，不用通过通政司、内阁，而由皇帝亲自来拆阅，保密度很高。这一条君臣互动的快速通道，对中国历代繁文缛节的文官政治，无疑带来了巨大的冲击。

密折制，实际上不是雍正的发明创造。早在康熙五十一年，已提出"密奏"的办法：要求朝廷内外大臣在各自向皇帝的"请安"折内，附奏机密要事，主要是揭发所见官员的种种不法之事，以及民情、政情的动向等。密奏之事，只给皇上一人看，其他任何人不得知道。康熙的本意，是针对那些贪官污吏而行此办法，并使各级官员处于相互监督之下，而权力统归于皇帝之手。雍正把"密奏"办法进一步具体化，作为一项制度加以推行。他规定：在京的满汉大臣、外省的督抚提镇等中央与地方官员，均实行"密折"制度。尤其是在京的科道监察官员每人每天上一道"密折"，一折只说一件事，不论事之大小，都要据实写明，即或无事可言，在折内亦必声明无事可奏的原因。密折几乎全有皇帝的朱笔批语，叫作"朱批谕旨"，批过的密折称"朱批奏折"。密折的发展经历了三个摸索阶段：

康熙早年上折奏者多为家奴、亲信。密折内容也大致无机密性可言，大多数为气候、作物生长情况，臣下谢赐等内容。康熙中叶时，重点才逐渐转移到这方面来。康熙曾给内务府出身、出任江苏织造的李煦下命令："近日闻得南方有许多闲言，无中生有，议论大小事，朕无可以托人打听，尔等受恩深重，但有所闻，可以亲手书折奏闻才好。"作风谨慎的康熙又千叮咛万嘱咐："此话断不可叫人知道，若有人知，尔即招祸矣。"到晚年，康熙才把这套办法慢慢发展为监视官场、通报民情的工具，而题奏人也从少数亲信扩大到大批的地方官员，并最后公然命令全体中央级的官吏一体摺奏。康熙五十一年，命令侍内大臣、大学士、都统、尚书、副都统、侍郎、学士、副都御史等，"一体于请安折内，交应奏之事，各罄所见，见列陈奏"。在康熙末期，加强密折的原因是中央和地方官吏朋比为奸，党同伐异，江南各地又有民众反抗。这些事本应由地方官报告，但地方官据实上奏的很少。康熙认为这种情况是很可怕的。他曾指出"为君者"若不能"见于几先"，则"渐使滋蔓，其弊不可胜言矣"。这里所说的"见于几先"的"几"字，就是事情的微小前兆。

康熙晚年已对密折政治对帝王带来的方便深有体会。他认为：这不但能使君王耳聪目明，对四方大事了然于心，而且"诸王文武大臣等，知有密折，莫测其所言何事，自然各加警惕修省矣"。也就是说，康熙看到：密折政治具有一种心理上的威慑力，负面成本不大，能更有效地"御下"。官员们生怕自己的不法举动被人写入密折，直接为最高统治者洞悉，那时无论如何"官官相护"也无济于事了。当然，康熙也知道"令人密奏并非易事，偶有忽略，即为所欺"。但康熙自恃"听政有年，稍有暧昧之事，皆洞悉之"。因此"人不能欺朕，亦不敢欺朕，密奏之事，惟朕能行之"。看来，康熙对自己的"圣明"是非常自信的！

不过，就密折制而言，雍正的手段还是青出于蓝的。雍正朝的许多重大改革，都是通过君臣在密折中商议后，决策并付诸实施的。所言正确，他都采纳施行，说得不甚妥当，他就把折子"留中"，不批转朝臣，不使任何人知道。如涉嫌报复，诬陷好人，他也能分辨清楚。

因为密折内容包罗广泛，既涉及政策的制定和执行，也涉及官员的取舍，所以雍正特别强调密折的保密性。雍正一再以此要求具折的人："密之一字，最为紧要，不可令一人知之……假若借此擅作威福，挟制上司，凌人舞弊，少存私意于其间，岂但非荣事，反为取祸之捷径也。""至于密折奏闻之事，在朕斟酌，偶一宣露则可，在尔既非露章，惟以审密不泄为要，否则大不利于尔，而亦无益于国事也。其凛遵毋忽。""地方上事件，从未见尔陈奏一次，此后亦当留心访问；但须慎密。"保密是写作密折的前提条件。这是要求具折人不要声张文件内容，同时要求领受朱批谕旨的人保守朱批的机密，不得转告他人，更不能交与他人观看，若私相转述，即使保密性较小的内容，也是非法的。

只有雍正特别指令告诉某有关人员时，才令其阅读，或转传谕旨精神。

对于不保守奏折机密的人，雍正采取了必要的惩罚措施。雍正初年，封疆大吏多半派亲属或亲信在京，拆看奏折，为的是了解朝中情况，看此奏折合否时宜，以便决定上奏与否。对于皇帝的朱批，他们也先行阅读，以便早作料理和应付。

雍正二年（1724年），雍正发现了闽浙总督觉罗满保、山西巡抚诺岷、江苏布政使鄂尔泰、云南巡抚杨名时等人的这种情况，决定停止他们书写奏折的权利，以示惩罚。杨名时等为此承认错误，请求恢复他们的密奏权，雍正也从政事出发允许了。雍正知道，制裁不能成为主要手段，重要的是制定奏折保密制度。他采取了四项措施：

一、收回朱批奏折。奏折人在得到朱批谕旨的一定时期后，应将原折及朱批一并上交，于宫中保存，本人不得抄存留底。奏折中的朱批，亦不得写入题本，作为奏事的依据。

二、打造奏折专用箱锁。雍正于内廷特制皮匣，配备锁钥，发给具奏官员，凡有奏折，均装匣内，差专人送至京城。钥匙备有两份，一给奏折人，一执于皇帝手中，这样只有具折人和皇帝二人能够开匣，别人不能也不敢私开。为具折人不断书写奏折的需要，奏匣每名官员发数个，一般为四个，它只作传递奏折用，凡所上奏折只能用它封装，否则内廷亦不接受。广州巡抚常赉的奏匣被贼盗去，只得借用广东将军石礼哈的奏匣，不敢仿制。

三、奏折直送内廷。奏折由地方直接送到北京，不同于题本投递办法，不送通政司转呈。若是督抚的折子，直接送到内廷的乾清门，交内奏事处太监径呈皇帝；其他地方官的奏折不能直送宫门，则交由雍正指定的王公大臣转呈。雍正说若小臣径赴宫门送折，不成体统，其实他是为具折的小臣保密，不让人知道除了朝廷大员以外有一些什么人能上折子。被指定转传奏折的人，有怡亲王允祥、尚书隆科多、大学士张廷玉、蒋廷锡等人。边远地区的小臣，还有送交巡抚代呈的，转呈的王公大臣都是雍正的亲信，他们只是代转，亦不得拆看，具折人也不向代呈人说明奏折内容。

四、雍正亲自阅看，不假手于人。折子到了内廷，雍正一人开阅，写朱批，不要任何人员参与此事。他说："各省文武官员之奏折，一日之间，尝至二三十件，多或至五六十件不等，皆朕亲自览阅批发，从无留滞，无一人赞襄于左右，不但宫中无档可查，亦并无专司其事之人。"雍正批阅以后，一般折子转回到具折人手中，以便他们遵循朱批谕旨办事，有少量折子所叙问题，雍正一时拿不定主意，就将它们留下，等到有了成熟意见再批发下去。

关于奏折制度的作用，雍正作过说明："（朕）受皇考圣祖仁皇帝付托之重，临御寰区，惟日孜孜，勤求治理，以为敷政宁人之本，然耳目不广，见闻未周，何以宣达下情，洞悉庶务，而训导未切，诰诫未详，又何以使臣工共知朕心，相率而遵道遵路，以继治平之政绩，是以内外臣工皆令其具折奏事，以广谘诹，其中确有可采者，即见诸施行，而介在两可者，则或敕交部议，或密谕督抚酌夺奏闻。其有应行指示开导及戒勉惩儆者，则因彼之敷陈，发朕之训谕，每折或手批数十言，或数百言，且有多至千言者，皆出一己之见，未敢言其必当，然而教人为善，戒人为非，示以安民察吏之方，训以正德厚生之要，晓以福善祸恶之理，勉以存诚去伪之功，往复周详，连篇累牍，其大指不过如是，亦既殚竭苦心矣。"

雍正把朱批奏折的作用归结为两点,一是通上下之情,以便施政;二是启示臣工,以利其从政。雍正每日看几十封奏折,书写千百言批语,对其作用自然清晰,不过有的话他不便明说,故未谈及。其实密折制度的作用,主要是利于他直接处理政务,强化其专断权力。事实也证明了这种密折制是行之有效的。雍正将此具体化并推而广之,要求各级官员都应当遵守密折制,鼓励他们每天都要上一道密折,要事无巨细,详略得当,雍正看完后都要在上面作批语,从而有因有果,使事情得以解决。对所呈密折雍正是一分为二地看待的:所言正确,他就采纳推广;说得不妥,就把折子扣在自己手中,并不将其转给朝臣,这样就能使官员们放言无忌,不心存疑虑了。

奏折制度,就其密察官员讲,也是一种告密制度。告密,是一般人所反对的,因为这是不正当的。雍正推广秘密奏折制后,就出现反对势力了。雍正在责备杨名时将奏折朱批叙入题本时,说杨犯错的根本原因,是"其心中以为不当有密奏密批之事耳"。这透露出不满奏折制度的力量的存在。

在雍正死后一个多月,谢济世代替伯爵钦拜书写《论开言路疏》,提出"欲收开言路之利,且先除开言路之弊"的呼吁,而所谓言路之弊就是奏折告密。文中说:"告密之例,小人多以此谗害君子,首先不知主名,被告者无由申诉,上下相忌,君臣相疑。"因此"请自今除军机外,皆用露章,不许密奏"。谢济世和钦拜的发难,是乘雍正之丧,代表反对奏折制度的势力要求取消这一制度。据说这建议得到乾隆的首肯,然而乾隆实际上仍坚持实行秘密奏折制,并进一步肯定了秘密奏折制度。

关于告密，雍正有时并不忌讳，他本人就曾公开讲过："朕励精图治，耳目甚广。"他所说的耳目不外乎四种人。一是科道言官；二是具有密奏权的诸官僚；第三种就指他亲自派往各地的侍卫或后补侍卫；第四种就是临时派遣到各地密访的官员。

据清人赵翼的《檐曝杂记》记载："雍正中，王云绵殿撰元日早朝后归邸舍，与数友作叶子戏，已数局矣，忽失一叶，局不成，遂罢而饮。偶一日入朝，上问以元日何事，具以实对。上嘉其无隐，出袖中一叶与之曰：'俾尔终局'，则即前所失矣。"这件事说明了雍正的耳目是果真厉害，无处不有的。

雍正八年（1730年），雍正派御史严瑞龙和旗人安某到江南、江西办事，又命他们顺路到浙江，"密访吏治民风，沿海战船营讯"。严瑞龙去过浙江后，又托其四川同乡、原任河工通判张鹏飞代为留心暗察。李卫报告了这件事，雍正避开严瑞龙、安某不谈，说早知道张鹏飞爱招摇生事，已令江苏巡抚尹继善查拿了。又说即位以来，"并无一差人密访之事"，今后或有人称密访者，"督抚即拿之，参之"。说得很凶，但并没有从严瑞龙、安某、张鹏飞开始究处，可见这是欺人之谈，由他派出是实。

密访人种类也多，他们干密察勾当则是明确的，如乾隆朝撰著的《啸亭杂录》记有：一位官员进京引见，置办了一顶新帽子，被熟人碰见，遂告诉他买帽子的缘故。次日引见时，免冠谢恩，雍正笑着说："小心，不要弄脏你的新帽子。"就是说置帽当天已有人报告了。还有一件事：王士俊离京赴任，大学士张廷玉向他推荐一名随从，此人做事细心。后来王士俊要入京面圣，他先告辞，王士俊问为什么要走，他说："我跟你数年，看你没有大错，先进京见皇帝，报告你的情况。"王士俊这才知道这个人是侍卫，是雍正通过张廷玉安置到身边监视他的。

从这些情况看，雍正之所以使用密探，是为了获得真实的情况，使大小官吏不敢做出欺君罔上的事情。但因此也可能导致偏听偏信、甚至误信妖言，因此雍正对耳目的话也并不是绝对相信的。如四川巡抚宪德上任之初，苦于无耳目了解当地实情，曾以此向雍正具折。当时雍正在宪德的折子上批道："耳目见闻之论，朕殊不以为然，若能用耳目，即道路之人皆可为我之耳目，否则左右前后无非蔽目塞听之辈。偏用一二人，寄以心腹，非善策也。朕御极之初，实一人不识，然彼时之耳目甚分且确。近数年来股肱心膂大臣多矣，而耳目较前反似不及。访察二字，不被人所愚弄甚属难事，至于用耳目，惟宜于求新。勉之，慎之！古云听言当以察于博采广咨中，要须平情酌理，辨别真伪，方可以言用耳目也。"

密折之所以被称为奏折或密折，一是因为它的保密，二是因为所奏内容书写要折叠成一定式样，然后密封上呈皇帝，所以才被称为密折。雍正即位后，为保密起见，立即下令收回前朝康熙帝所有的朱批谕旨，并说："俱著敬谨封固进呈，若抄写、存留、隐匿、焚弃，日后发觉，断不宽恕，定行从重治罪。"此后雍正为了完善密折制度，又下令就是自己批阅的密折，在当事人捧阅后也要立即交上来，不得私自存留，更不能互相传阅。如有违犯这一命令的必给以重惩。

为了使有题密奏折资格的官吏能妥善利用这一殊荣，雍正还反复强调密折的保密性质，称密折的意义是"慎密"二字最为紧要，"君不密则失臣，臣不密则失身"。雍正的这番话，既有要求臣下保密的意思，也是在暗示自己对有题奏折权的臣下的一种信任，这样一来，就强化了他们的责任心。由此看来，密折制首先起到了笼络人心的效果，是雍正驭下有术的又一极佳表现。

既然是密折，自然要以"密"字为最紧要，因为只有行事缜密了，才能收到出其不意、攻其不备的目的。例如查嗣庭案发后，雍正曾在李卫的奏折中批示，要求李卫和杭州将军鄂弥达火速派可靠亲信去抄查嗣庭的家。由于这是亟待执行的绝密命令，因此如果用颁布公文的形式，就有可能使被查抄人获知消息，先行做出准备。于是密折制度就显示出它的奇妙作用，即密令行事，使人防不胜防，并以此达到兵贵神速的目的。

在雍正看来，不能保守奏折机密的行为就是非法的。如原甘肃提督路振声将雍正的朱批中赞扬其弟路振扬的话转告了路振扬，于是路振扬就上表谢恩。结果，雍正大为气愤，并就此指责路振扬："朕有旨，一切密谕，非奉旨通知，不许传告一人，今路振声公然将朕批谕抄录，宣示于尔，甚属不合。朕已另谕申饬（路振声）。可见尔等武夫粗率，不达事体也！"由此可见，雍正对大小臣子保密行为的要求是非常严格的，特别是对小臣，雍正的教导更是不厌其烦，这主要是因他考虑到小臣得此密奏荣宠容易擅作威福，挟制上司和同僚，造成官僚间互相猜忌、政治混乱的现象，会对国家政治生活产生不良的影响。

为了实现密折的保密效果，雍正经过一番深思熟虑后，进一步完善了一套行之有效的保密制度：在雍正的大力推行下，密折人缮折、装匣、传递到批阅、发还和收缴都有条不紊地运行了。

雍正规定了密折所用纸的色泽纸质：素纸，即白纸，用来题写陈奏性质的密折；白绫面白纸是大丧时使用的密折；黄绫面黄纸用于请安或推荐他人为官的密折。这样一来，雍正一看到纸质色泽，就大体知道密折所题奏的内容了。对密折的套封也就是外包装，雍正也作了严格的规定。如请安折套封规定外用云龙黄绫，内用黄粉笺裱，长64寸，宽31寸，上下掩首各宽0.5寸；其白折套封大小与黄绫封同。雍正还规定了折匣的尺寸、颜色、装裱、锁样，这样，密折就不能造假，其他人也很难开启密折，这样也就不会泄密。由此可以看出雍正不但在处理大问题上能雷厉风行，而且在细枝末节上是思虑周详，谨慎而睿智。另外，至于什么人可以直接将密匣交给皇帝本人，雍正都有严格的规定。这样，一套完备的密折制度就初步形成了。这一完善的制度，无疑是雍正心智的结晶。

奏折成为正式官方文书，一切比较重大的事情，官员都先通过奏折请示皇帝，而这种奏折不通过内阁所属的通政司转呈，皇帝的批示完全出自御撰，不需要同内阁大臣商讨，这样奏折文书由皇帝亲自处理，就把内阁抛在了一边。正如雍正时内阁中书叶凤毛所说："国朝拟旨有定例，内外大臣言官奏折，则直达御前；天子亲笔批答，阁臣不得与闻。"内阁职能削弱的同时，封疆大吏的职权也有所下降，稍微大一点的地方事情，都要上奏折请示，秉承皇帝旨意办理。他们真的成为皇帝的膀臂，由中枢神经来支配，使中央与地方真正融为一体，在皇帝绝对统治下行使国家机构的职能。学者章学诚曾就此讲过："彼时以督抚之威严，至不能弹一执法县令，訾误之吏，但使操持可信，大吏虽欲挤之死，而皇览烛其微。愚尝读《朱批御旨》，而叹当时清节孤直之臣遭逢如此，虽使感激杀身，亦不足为报也！"那时督府虽威风八面，却不能随意弹劾一个小县令。因为只要小县令为官清廉，就算督府想排挤他，皇帝在御览其弹劾奏折时也能洞彻其中的细枝末节。这番评述不但说明当时的政令皆出自雍正之手，而且还说明奏折制对巩固皇权起到了至关重要的作用。奏折制为雍正行使至高无上的权力提供了必要的条件。

密折的制度化，还能起到令官吏互相监督的作用，即此举成了雍正控制各级官吏的一种手段。通过密折，可以在以下三个方面发挥监督作用：

可以借此命令上级监督下级。雍正二年（1724年）四月，河南巡抚参奏学道王某，称其"声名虽属平常，犹不至坏"。雍正三年（1725年）六月，新任川陕总督岳钟琪在密折中奏年羹尧被贬赴杭州，说他离陕时，"止有外委数十人出送，悉皆平日得年羹尧资财之人也，臣俱密记其姓名"。

可以借此命令下级密参上司。如雍正三年（1725年）五月，知府高璥密奏年羹尧为大将军时"威势赫奕，文武大小官见之无不胆战，出入用侍卫顶马摆对"。雍正三年六月，浙江布政使佟吉图参巡抚法海说皇上坏话："内外所用，俱属小人，惟年羹尧是豪杰。"浙江按察使甘国奎也参法海"轻忽主恩，恣行无忌"。

还可以在互不统辖的官员间进行纠察。如就在佟吉图、甘国奎参法海不久，福建巡抚毛文铨即奉密旨访查佟、甘二人居官操守，结果查得"佟吉图办理地方事务闻亦平常，又性情傲慢，待上无礼，是以事多壅滞，各属节礼查未收受，钱粮平头，以及署印谢仪都是要的"。"至于甘国奎，臣访得日日做坐功，遇有大案委属员代审得多，故此常有冤枉……又查得甘国奎执拗自大，上司属官都不相合，官民多怨"。

密折制其实扮演的角色也即上传下达、准确提供相关信息，为决策层提供依据。为了达到这一效果，雍正还设立了专门转呈接收密折的机构，由专门的奏事官员来接收转呈密折。这一机构称奏事处，分内奏事处和外奏事处两个职能部门。内奏事处负责接收京师内各类密折；外奏事处则负责接收外任官吏的密折。这两个奏事处的官吏皆由雍正的亲信御前大臣担任，专门负责接收、发还等一切事宜。同时，密折制度本身还收到了许多另外的妙用。"凡督府大吏任封疆之寄，其所陈奏皆有关国计民生，故于本章之外准用密折，以题本所不能尽者，亦可于奏折中详悉批示，以定行止"。雍正看到封疆大吏在陈奏政务时，因限于题本程式和保密性质的局限，很难如实全面地汇报当地情况。这样，皇帝一来无法彻底了解臣下的隐衷和下边的情况，二来皇帝的指示也因同样的原因而不能尽述。于是就产生了皇帝无从决策，下属无力奉行的怪现象。密折制则能很好地解决此问题。

雍正在位期间，写下了千万余字的奏折批文，堪称世界奇迹。雍正从密折制中锻炼出来的才智和思想影响了历史，使这种帝王文化精神一路沿承下来。

雍正用密折这种公文形式，使臣下和皇帝之间亮明观点，然后双方才能经过讨论，决定对策。从公文形式的层面来说，叙述活泼、内容多样、适应性强的密折具有解放文体的意义。雍正对密折保密所做的努力，是他勤政的表现，也是政治的需要。雍正正是通过密折这个工具，将百官操于自己股掌之中，实现了对他们的有效管理和监督，更重要的是使专制皇权高高在上，此皆赖密折制之力。

第三节 军机处

国家大事，政治举措，皆须有一套缜密的管理机制，循规而行。经过了几次政党之争和宫廷政变，雍正深知，要将一个慵懒、多弊的社会纳入有效管理的状态，使之政令通畅，令行禁止，有条有序，必须建立一个中央集权与君主专制两者合一的专制体系。

如果说设立"密折制"是雍正举起的左手，那么设置军机处便是他举起的右手。这两手可谓是雍正最具特色的专政策略。雍正坚定地扩张皇帝权力，搞中央集权制。他设置军机处，作为移动的纂述转达指挥机构，代行内阁职权，真正是"庶务事皆朝廷总之"了，为建立和发展专制体制铺平了道路。

雍正之前，历代王朝都以宰相统辖六部，于是宰相权力过重，使皇帝的权威受到了一定影响。

康熙朝后期，朝廷中党团增多，党争复杂，导致了各自分权、管理混乱的局面。雍正上台之后，为了巩固朝政，推行了一系列的改革，例如，改革赋役、整顿吏治、实行重农抑商等政策。雍正皇帝也因此成为历史上改革较多、较成功的皇帝。

雍正在即位之时，虽然掌管着国家的最高权力，但所有军国大政，都需经过集体讨论，最后由皇帝宣布执行，不能随心所欲自行其是，皇权受到了制约。雍正设置军机处，正是把自己推向了权力的金字塔顶端。雍正于当政的第七年，着手设立了军机处，并以此开始全面而直接地管理国家各种事务。就在这一年，准噶尔蒙古部落的策妄阿拉布坦发生全面叛乱，雍正决定对其发动平叛战争。为了使这场战争能够取得全面胜利，他采取了许多措施，设立军机处就是其中的一项。

当年六月，雍正发布上谕，称："两路军机，朕筹算者久矣。其军需一应事宜，交与怡亲王允祥、大学士张廷玉、蒋廷锡密为办理。"军机处，全称"办理军机事处"，是由雍正一手设立的政府中枢机构。那么军机处的性质究竟是什么呢？当时诸王公大臣并不知晓。因为雍正当时说得明白，即交与三人密为办理。由此看来，雍正在筹建或办理某些重大事件前，多采取秘而不宣的策略，只在心中暗自筹划，此后才交给个别亲信大臣来办理——这正是雍正为人谨慎的最佳体现。

军机处主要职责是辅助皇帝批复奏折，草拟诏旨。军机处的人员由皇帝从内阁、翰林院、六部、理藩院、议政处中挑选组成。在军机处内设有军机大臣，也称为办理军机大臣。

军机大臣从其性质来说，像是皇帝的"秘书"。每天要时刻跟随在皇帝身边，皇帝可能随时召见他们，让其处理紧急事务。因此军机处就设在乾清宫内，离雍正的寝宫养心殿非常近。

每日凌晨三点左右，军机大臣就要开始值班，早上如果有紧急公务，雍正也会召见他们，每日至少会召见一次，有时也会好几次。军机大臣张廷玉是雍正时期的重臣，据有人说："凡有诏旨，则命廷玉入内，口授大意，或于御前伏地以书，或隔帘授几，稿就即呈御览，每日不下十数次。"

军机大臣的主要职责有三方面：一是当皇帝要发诏书或拟复奏折时，由军机大臣执笔书写成文，皇帝当面口述，或者按照皇帝的意思写成文字，再转发下去；二是军机大臣参与商议国家大事。当皇帝遇到难以决策的事情时，就将其告诉军机处，让大臣们参与讨论，征求他们的意见。当然最后的决策权还在皇帝本人，军机大臣不过是提供意见和建议而已；三是保存文件。军机处负责将各种奏折以及皇帝处理的批复都复制出副本，并加以保存，这是一项非常枯燥而又庞大的工作。

军机处的设立，巧妙地使内阁的权力、议政处的权力逐步缩小。从表面上看，像是军机处的权力在增大，但实质上是皇权在加强，军机处的大臣只有参加议政的权力，却没有最后的决策权，因而通过这种改革，实质上是加强了皇权，制约了相权。

对雍正来说，军机处的设立一开始就不是临时性的，而是本着长远统治的需要，稳固皇权比西北用兵一事就更为重要。因为当时雍正虽已将诸兄弟打倒了，但散布于全国各地的他们的势力却仍如百足之虫，死而不僵——他们与传统的官僚机构仍有着千丝万缕的内在联系。内阁、六部及议政诸王大臣中仍可能有允禩等人的同情者或同路人。雍正本人对此当然非常清楚，但他本人毕竟不能把所有官僚机构统统推倒重来。在经过反复思量后，雍正便只好另起炉灶，重新创建一个可以囊括一切机要权柄又能服从他指挥的由亲信人员组成的新机构。这个机构，就是军机处。军机处的创设，起到了囊括一切机要权柄的作用。

军机处算不上是一级机构，它无定员，皆由皇帝根据实际需要随时增减。最初只有怡亲王允祥、大学士张廷玉、蒋廷锡。以后又有增加，最多时也未超过11人。其次，被选入军机处的官员，都属兼职，不设专职。雍正从阁臣、六部尚书、侍郎等官员中，选取"熟谙政体者，兼摄其事"，称为"军机大臣"。依他们原有的品级和地位，排定先后次序，以品级高、资历深者为"首席""首揆""揆席"。如他们中有的失去原职务或授予京城外的职务，其在军机处的兼职则被取消。军机处的属员，则由"各部曹、内阁侍读、中书舍人等充任，名曰军机章京"，俗称"小军机"。军机大臣互不统属，即无隶属关系，各自对皇帝负责。

军机大臣地位崇高，却没有六部等官员的实权。他们的职责是："掌书谕旨，综军国之要，以赞上治机务，常日直禁庭以待召见。"即使皇帝巡幸外地，亦如此。具体规定每天寅时（三点至五点），军机大臣入值，事完毕，由内奏事太监"传旨令散"。每天皇帝召见没有定时，或一次，或数次。召见时，皇帝"赐座"，将"未奉御批"的各处奏折进呈，等候皇帝钦批，"承旨"毕，即退出。所有皇帝的"明旨"，由军机大臣拟写，下发到内阁；所有不宜公开的"密谕"，经由军机大臣"封交"兵部后，视事之缓急，或"马上飞递"，或四百里、五百里、六百里不等，传送到各地。军机大臣的职责概括起来就是"承旨"，不过是上传下达，当面替皇帝起草文件，或记录皇帝的指令，向有关部门传达，实际是充当了皇帝的侍从秘书。军机章京有满人有汉人，负责缮写谕旨、记载档案、查改奏议。满人抄写满文，汉人抄写汉字。这也是文墨秘书性质。军机大臣和军机章京身处权力的核心，却无任何决策权，不能做任何决定，一切听命于皇帝，完成皇帝交办的事。

军机大臣的工作具有高度机构性或称为绝密。军机处不属一般的衙署，它需要保密，并时刻同皇帝直接联系，军机大臣要留在离皇帝最近的地方，以便随时而快速地应召入宫。因此，军机处便设在隆宗门内，靠近内廷，既与外廷隔绝，以杜绝人来人往泄密，又离皇帝居处甚近，而召见便捷。"军机为枢密重地，非有特许，不许擅入"。如敢私入，或私自会见军机处官员，必定严惩。军机大臣办公的地点，亦随皇帝的行止而定。如皇帝驻跸圆明园，其军机处则设在园内左如意门内；如在西苑，军机处设在西苑门内。如皇帝出京远行巡视，途中暂驻处，称为"行在"，或抵达目的地，其暂居处又称"行宫"，军机大臣皆随往，在行宫门"直房"。不管在何处"入直"，都属皇帝的禁区，离皇帝甚近。军机处没有固定衙署，具有机动性，只有在京城，才有较稳定的办公地点。皇帝召见军机大臣议事，都要求迅速、准确、不得迟误，所以选择专人，秘密行事，发挥高度效率。因此保持了此事的机密性，以致实行了"二年有余"，各省对此一无所知。

由此可以想见，雍正几乎把军机处看成了自己的一件随身物件，走到哪里带到哪里。也就是说，军机处领值班大臣和章京随时跟随皇上行动。由此，就更可知军机处在雍正心目中的地位了。

军机处创建初期，既无正式衙门，也无印信。雍正十年春才命大学士等议定军机处印信。议定后，经雍正批准，该印交由礼部铸造成形。该印由内奏处保管，印匙则由领班军机大臣随身携带。另外还打制了镌有"军机处"三字的金牌，由值日章京佩带。须用军机处印信时，由值日章京凭金牌到内奏处领取印信，之后凭金牌向领班军机大臣索取印匙，并在数人的监督下，才能打开印匣取出印信。印信用完后，金牌要交给领班章京，印匙要重新归还领班军机大臣，印信则要重新归还内奏处。规章制度虽然烦琐，却又是一套严密的管理模式。为了达到保密的目的，雍正真是下了苦心。

军机处地位烜赫，手握重权。由于这个机构的横空出世，清朝的政治格局将为之进行大的调整。整个政府的决策方式将发生根本的改变。

其一，军机处是皇帝的集权工具。从明到清，废除宰相制，皇权得到相应提高。

其二，军机处有高度的机密性。体现为对其印信管理极严。印信贮存初定由军机处自贮，为防止私用印信，加强管理，遂改贮他处。印信分程序管理，相互制约，互相监督，无论职位多高、权力多重的大臣，都无法私自动用印信。

其三，雍正对军机处管理得特别严密。他对军政大臣的要求也极为严格，要求他们时刻同自己保持联系，并留在皇帝最近的地方，以便随时应召入宫应付突发事件。皇帝走到哪里，军机处就设在哪里。雍正每次议事，只会分批独自会见一名军机大臣，让他无拘无束地谈自己对工作、对百官的一些看法，以便察言观色，去伪存真地选用人才。

军机处的设立，经历了不断发展以至完善的过程。当初是为满足对西北青海用兵的特殊需要而设，其职责是专办军务，以办事迅速而机密收到了显著效果。然而让雍正始料不及的是任用军机大臣，摆脱了朝廷中各官僚机构的牵制，更重要的是，他所发号的施令可以直接下达到任何地方任何部门，从而把国家机要大权牢牢地控制在自己手里。他可以随意运用权力而不受阻滞。因此，雍正将军机处专办军务逐渐扩大到国家政务，发挥它在国家政治生活中的指导作用。

军机处创设后，中央体制及其运行机制就发生了重大的变化。原先经由内阁等部承旨、承办的事，改为由雍正亲书谕旨或口授、军机大臣承旨撰拟，直接"廷寄"各地。原为朝廷权力中枢的内阁，自此变成有名无实的机构，大学士位阶甚高，却无事可干。同时，也把清初独创的"议政王大臣会议"制度置于无用之地，无大政可议，有其名而无其实。

每日凌晨三点至五点，军机大臣及军机章京就要进入值班房。早上如有紧急要务，雍正偶尔也提前接见他们，甚至一日要接见数次。特别是张廷玉，雍正召见的次数就更多，因为张廷玉是专门负责为雍正撰写谕旨的。军机处创建之后，张廷玉就更成了大忙人。特别是在大西北两路用兵时，张廷玉更是"自朝至暮，间有一二鼓者"。到了晚上一二鼓时仍不能休息。从张廷玉的繁忙情况来看，其他军机大臣之忙碌也就可见一斑了。

正因为这些军机大臣公务繁忙，一向驭下极严的雍正才给了他们许多格外的恩典。例如雍正不时将一些绫罗绸缎、应时果脯、各方土贡、鹿肉山珍等赐给张廷玉、鄂尔泰等亲近大员，又命每日入值的军机大臣、军机章京随御膳房吃饭；而满汉章京下班后还被允许去"方略馆"聚餐。如果雍正住在圆明园，那么就让这些人在圆明园外值庐用膳，以示恩典。

军机处成立初期，雍正与军机大臣商议的军机要务，多以西北两路用兵之事为重要内容。如雍正十年（1732年）二月，宁远大将军岳钟琪参劾副将军石文焯纵敌，雍正对处理石文焯的方案举棋不定，于是命令军机大臣提出他们的处理意见；同年，西路军大本营要移驻穆垒，雍正为此选定了六月初四巳时命部队启行，并于四月十三日提前命令军机处通知岳钟琪，"将一应事宜预先留心备办，但军营切宜慎密，以防漏泄"。其他方面的军政和八旗事务，也多由军机大臣办理。如雍正九年，雍正认为山东登州是滨海重镇，所辖地域辽阔，却只有6000兵丁，怕不够用。因此命军机大臣详细讨论，看看是否酌情增添兵丁等，不胜枚举。由此看来，军机处在创办初期，主要是处理战争、军政及八旗事务，而后才把范围逐步扩大到各种机要政务。

军机处的另一项任务是奉谕旨草拟文书，这是军机大臣最经常的一项工作。清代皇帝的诏令有数种，主要的则是"旨""敕""上谕"。其中的"旨"，就是指皇帝批复朝廷内外官员关于一般事务题本中的一种文书。"敕"，是颁给各地将军、总督、巡抚、提督、学政、总兵官的一种公文。这两种公文原来是交由内阁发给六科抄录，并宣示有关衙门和官吏具体执行，无多少机密可言。审议誊录保存公文，是军机处的第三项工作。每天军机入值处后，由各军机章京赴内府领取皇帝下发的奏折，并分送军机大臣审议。审议后再向雍正请旨，由雍正决定处理意见。此后，各军机章京就要将此类奏折及雍正的处理意见誊录出副本，并加以保存。这种录制副本的工作十分辛苦，颇类似于机械操作的性质。而雍正这样做的目的，一来是为了保存各种档案，二来则是为了便于将来查询各种资料。

无论从何处来说，军机处都发挥了特殊作用，尤其是在集权方面，在削弱乃至排除内阁与议政王大臣会议参与国家政务的决策权后，这些大权皆总汇于军机处；而军机处则牢牢地控制在雍正之手，如"人之使臂，臂之使指"，一切权力皆由雍正控制，军机处官员真正成了他的办事人员，唯雍正之命是从。如雍正所说："生杀之权，操之自朕。"

雍正设军机处，建立了君主高度专制的运行机制，保证了中央集权，实行了政治上与思想上的"一元化"统治，特别是最高层的统治集团维持了长期的稳定与统一，避免了由此而引起的政治动乱和社会的骚动，给百姓带来了持久的休养生息，推动社会向着繁荣的方向前进。因此，在当时的历史条件下，雍正创设军机处不无积极意义。设立"军机处"起到了意想不到的效果，以前每办一件事情或者有关的奏折，要经过各个部门的周转，最后才能够送达皇上。其中如扯皮、推诿、拖沓的官场陋习使办事效率极为低下，保密性也差。而自从设立军机处，摆脱了官僚机构的臃赘，使雍正的口令可以畅通无阻地到达每一个职能机构，从而把国家大权牢牢地控制在自己的手里。

雍正是一个有作为的君主，建立了君主独裁的政治体制，把封建专制推向了顶峰。比较明清两代的内阁与军机处，很明显，明时内阁，权力属于阁臣，对君权尚有很强的约束力。而清代军机处虽为政府权力的"总汇"，但其权力属君主，故对君权没有任何约束力，相反，军机大臣处于层层制约与皇帝的严格监视之下，无不小心谨慎，奉公守法。雍正开创的军机处被以后的皇帝继续延用，的确可见其早已突破军机即处理军务的界限了，而堂而皇之地成为一个政治集权的工具。

第四节　整顿八旗

满人入关，经历数十年的安逸生活后，八旗子孙依赖朝廷供养，贪图逸乐，不事生产，致使旗务废弛。雍正即位之初，将整顿旗务与整饬吏治联系在了一起，为了恢复满人往日艰苦奋斗的传统，决定整顿八旗。

对于八旗制度的改革，雍正取消王公管辖，由皇帝直接领导。雍正继位后任用自己的亲信兄弟和王公去管理掌握着军政大权的八旗事务，使皇权在八旗中得以行使。

雍正任用康亲王崇安管理正蓝旗的事务，任用皇十七弟果郡王允礼管理镶红旗事务。他以为这样任用亲信兄弟和王公管理八旗事务，就能平安无事，但在对八旗旗主的使用中，很快就又发现旗主和皇帝之间存在着很大的矛盾，而八旗内部官员之间也存在着很大的矛盾。旗主诸王同都统等官员的职权难分，往往互相摩擦，不免要常常耽误公事。同时管理旗务的诸王因身份崇高，影响皇帝对旗民直接统治的权力。为了解决这些矛盾，把旗务的控制权掌握在皇帝的手中，雍正又采取了一系列措施，改革旗内的事务。

雍正六年（1728年），雍正当机立断，减少八旗旗主，又取消了信郡王德昭、康亲王崇安以及锡保等人管理旗务的权力。之后，雍正又把在八旗中做旗主的王公改名为旗都统。雍正七年，雍正任命庄亲王允禄管理正红旗满洲都统事务。雍正十年（1732年），雍正又任命平郡王福彭管理镶蓝旗满洲都统事务。用庄亲王允禄、平郡王福彭为八旗中的都统，这是雍正将旗务的控制权掌握在自己手中的一个手段，为的就是加强皇帝的权威。

此外，雍正还严禁下五旗诸王勒索外吏。雍正认为，诸王门下人等一旦出任外吏，便成为皇帝手下的政府官员，其身份地位应与原来有所不同。因此，既不许旗主役使其子弟，也不许对其本人"肆意贪索"。

雍正即位前夕就降谕宣称："下五旗诸王属下人内，京官自学士、侍郎以上，外官自州牧、县令以上，该王辄将其子弟挑为包衣佐领下官，及哈哈珠子、执事人，使令者甚众，嗣后着停止挑选。其现在行走入内，系伊父兄未任以前挑选者，令其照常行走；若系伊父兄既任以后挑选者，俱着查明撤回。或有过犯该王特欲挑选之人，着该王将情由奏明再行挑选。"

雍正元年（1723年）六月二十九日，雍正又指出："凡旗员为外吏者，每为该旗都统、参领等官所制。自司道以至州县，于将选之时，必索勒重贿方肯出结咨部。及得缺后，复遣人往其任所，或称平时受恩，勒令酬报，或称家有喜丧等事，缓急求助；或以旧日私事要挟。下五旗诸王不体恤门下人等，分外勒取，或纵门下管事人员肆意贪求，种种勒索不可枚举，以致该员竭蹶馈送，不能洁己自好。凡亏空公帑罹罪罢黜者，多由于此。"

在这段话中，雍正指出，下五旗诸王不体恤在外省做官的门下，向这些门下过分勒取钱财，或纵容管事人员向他们大肆搜刮。为了除此弊端，他一方面允许这些被革职的官员上告，同时为了消除这些官员不敢上告的心理，准予他们封章密参。次年，有人上告八旗贵族星尼勒取属人王承勋几千两银子，雍正得知此事后，在上谕中说：星尼不过一个八旗贵族，而王承勋不过一个州县官，勒取数目便已达数千两之多。如果主人是王爷，属人为地方大员，则不知更要多少了。他就此事警告王公，若不悔改，必将旗内王府佐领下人"一概裁撤，永不叙用"。

雍正在削弱旗主权力、改变王公与属下私人关系的同时，还整顿了八旗旗务，这表现在对八旗的机构、体制、工作作风等方面的改革上。

主要有：

一、创设八旗衙门，集体办公。雍正朝之前，八旗都统等官各自在家里办事，所有行文档案堆贮家中，无人登记、管理，存在很大的积弊。雍正元年九月十五日，雍正下令："现今八旗并无公所衙门，尔等将官房内，拣皇城附近选择八所，立为管旗大人公所，房舍亦不用甚宽大。"

二、严格要求当值官员尽职尽责。雍正发现，有些都统、副都统，凭自己资格老、功劳大，"于旗务并不办理，唯以曾经效力为足倚恃"。因而雍正规定："若有人擅自不来办公，必将派人署理，代行旗务。而且八旗轮流，各当值一日，处理日常公务。值日大臣职名，应提前开列具奏。"

三、创制八旗新例。八旗则例，年久失修，雍正即位后，虽然对旗制多有改革，但并未形成新例，旗员亦多不执行，因此无法律约束力，臣下处理事务散漫、无所遵循。针对这种情况，于雍正三年令八旗大臣在原来的《现行则例》基础上，根据现实八旗情形，命允禄、鄂尔泰等人分别编写上奏，后编成了《八旗则例》《绿营则例》及《世宗宪皇帝上谕八旗》十三卷，《世宗宪皇帝上谕旗务议复》十二卷，《世宗宪皇帝谕行旗务奏议》十三卷。雍正十二年，又修订了《户部则例》，新例中的条款对旗民要求甚为严格。例如，条例要求旗民重视有关服饰、用具之定例。雍正谕令八旗大臣、步军统领衙门、都察院衙门严行稽查，如有服饰、用具不按品级、不遵定例者，即行指参。

四、严厉打击不法旗人。雍正五年四月二十九日，雍正谕令八旗都统及内务府总管等，内府庄头及乡居统一旗人，"有窝藏逃盗在家者，地方官差役搜捕，有抗拒者，即将窝家一并拿究"。为惩治不法旗人，于雍正二年在京城八门各设旗人监狱，犯罪的旗人照例关押、监禁。还于雍正四年八月决定：旗人犯军流等罪者，亦照汉人之例发遣。雍正五年，又设立重、轻和犯妇三大监牢，足以看出雍正对旗人的管理已经甚为严格。

五、开设宗学。宗学是民间同一宗族之内为教育本宗族子弟而设立的学校。雍正二年，雍正下令设立宗学，按八旗的左右两翼各设一所宗学，招收宗室子弟入学学习。宗学学习满文、汉文，演习骑射，由政府按月发放银米纸笔。雍正每年亲派大臣考试，按成绩优劣给予奖惩。至雍正七年，由于宗学不能容纳所有爱新觉罗氏子弟，雍正又命令各旗设觉罗学，招收觉罗子弟学习文化、骑射。雍正这样做，目的有二：一是八旗子弟年深日久享受特权，滋长了骄奢之风气，所以设学教育后代，"鼓舞作兴，循循善诱"，方能使后代"改过迁善，望其有成"；二是宗室中一些人员各怀私心，互相倾轧，把骨肉视为仇敌；更严重的是，他们"要结朋党，专事专营"。为改变这种恶习，须从教育开始。可见，雍正之所以兴办宗学，是为了消除八旗后患，预防宗室朋党的再起。

总之，为了解决八旗的种种痼疾，雍正对旗务进行了严格的整顿，健全了规章制度，约束了八旗旗民。整顿旗务，既巩固了皇权，打击了朋党，同时，又提高了满人的文化素质。这不仅是政治上的胜利，也是文化上的胜利。

整顿八旗制度的同时，雍正也加强了对太监的治理。种种历史经验和教训，使得雍正懂得如何制驭太监。他既不宠后妃，又不使用太监，后宫因而有序，不乱朝政，对国家的安定有着一定的帮助。

在继位初年，雍正就嫌太监们多半不懂规矩，从一些小事上找太监们的毛病，要求太监经过御座时要表现出敬畏的样子，对诸王大臣也要恭敬，见了诸王大臣必须起身站立，行走时要给诸王大臣让路，并不许光头脱帽，也不许斜倚踞坐。

雍正把太监的官职限定在四品之下。雍正元年九月谕令，将清廷专门管理太监的机构敬事房的大总管授四品官职，副总管授六品官职，随侍等处的首领授七品官职，其他宫殿各处的首领授八品官职。雍正四年六月，对有官职的太监实行加衔制，规定敬事房正四品大总管为宫殿监督领侍衔，从四品大总管为宫殿监正侍衔，六品副总管为宫殿监副侍衔，七品首领为执守侍衔，八品首领为侍监衔。雍正八年六月重新规定：太监官职不分正从。雍正一方面给太监头目授职加衔，以便安抚使用，另一方面，又把太监的官职严格限定在四品以下，意在防止太监干预朝政，是"以杜僭越"的具体措施。乾隆朝，在制定《宫中现行则例》时，把雍正的这一规定写了进去，太监官职不得加至三品以上成为制度确定下来。

雍正广为宣谕，严禁太监干预外廷事务。顺治朝，曾命工部铸成"铁牌"一块，立于宫中交泰殿内，上书："（中宫太监）以后但有犯法干政、窃权纳贿、嘱托内外衙门、交结满汉官员、超分擅奏外事、上言官吏贤否者，即行凌迟处死，定不姑贷。特立铁牌，世世遵守。"雍正对先祖此谕十分看重，他命人将"铁牌"上的敕谕抄录多份，在宫内各处悬挂。雍正亲自安排张挂的这些"敕谕"，就像一个个警告牌，告诫太监须安分守己，不可越雷池一步。

雍正还屡发谕旨，严令外臣不得钻营太监，大小太监不得欺蔽。雍正三年，有个叫傅国相的扫院太监向奏事太监刘裕打听，有一废官，欲求复职，不知是否保奏的事情。这是违法的，刘裕本应上奏，但他没有这样做，只是告诉了总管太监，总管太监也没有奏闻，就把这件事放在一边了。但世上没有不透风的墙，没有多久，雍正获知此事，很是愤怒。他颁布谕旨说："从前内外恶乱钻营之人紊乱法纪，朕知之甚悉……凡事无得欺隐，有钻营者断不宽恕，若被拿获，务必从重惩戒正法。"此案内大小太监，遇事"并不奏闻，甚属可恶"，雍正指示："著将总管太监并奏事太监刘裕问明情由，凡有关涉此案人犯俱行锁拿，查问明白。"雍正如此严肃地对待和处理这一起不太严重的太监事件，目的在于防微杜渐。

雍正通过法律条文，限定太监的行为规范。他针对太监中发生的问题，制定了许多"治罪条例"，这些"条例"在乾嘉时期得到了进一步的完善。其中有《太监犯赌治罪条例》《逃走太监分别治罪条例》《太监和女子自戕自尽分别治罪条例》《太监私藏军器治罪条例》《太监偷窃官物治罪条例》《太监偷钓园庭鱼虾治罪条例》《太监越诉治罪条例》《太监轻生将首领等分别治罪条例》等。这一系列"条例"，对太监是一种严格的束缚，使其不敢轻举妄动。

雍正认为年纪大些的人拉入宫内充当太监不好管教驯服。为此，于雍正元年二月间，通过副总管太监李成禄传达了一道上谕："嗣后十七岁以上太监不必收。"对宫内收取太监的年龄的上限作了新的规定。

另外，对赏出去的太监，必要时雍正还要收回。雍正八年，统管西北军务的宁远大将军岳钟琪进京陛见，雍正为鼓励他用心效力，赏给3名太监，让他带回西安军中役使。在这前后，岳钟琪自己也买了几个太监。雍正十年，岳钟琪因用兵不力，被革职囚禁。雍正这时又想起了两年前曾向岳钟琪赏赐太监之事，他传谕理署陕西巡抚史贻直，命他"查明送京"。史贻直遵旨查验，奏复说："查岳钟琪家内，现有皇上赏给太监三名，又有岳钟琪价买太监三名。"现一并"委员伴送进京"。这6名太监，遂又成为雍正眼皮底下的仆役。

太监作为封建皇权下的畸形附属物，其本身包含着必然的腐朽性。历数各朝各代受到君王赏识的太监，多是恃宠而骄。雍正对这点看得很清楚，他对太监管束严格，做到使用而不宠用，力防太监的骄横。

雍正再三重申，太监必须遵守一定的礼节规矩，对主子毕恭毕敬，时时处处表现出忠诚。雍正元年（1723年）六月，雍正发现有的太监不懂规矩，打扫之时，拿着笤帚，从宝座前昂头走过，没有表现出敬畏的意思，为此他谕令：凡有御座的地方，太监要怀恭敬之心，急走而过。这年八月十三日，雍正申明太监与朝臣见面的礼节：诸王大臣官员入大内，坐着的太监必须起身站立，正在行走的太监要让路，不许光头脱帽，也不许斜倚踞坐。在雍正的眼中，奴才就是奴才。

以往，从宫中放出为民的太监，往往潜住京师，为防止其利用特殊身份惹是生非，雍正严谕清理。雍正四年八月初九日，雍正颁谕说："内务府放出为民之太监，并诸王贝勒等门上放出为民之太监，潜住京师者不少，此辈皆系平昔怠惰不守分之人，既经放出，不许仍留京师居住。"雍正明确指令："著九门提督预行出示晓谕，速令回籍。如此晓示后仍潜住京师者，即系生事妄为之人，九门提督差役严拿，内务府亦责令番捕查缉，从重治罪。"

针对有的太监犯罪获遣后，到外地仍招摇撞骗，雍正谕令，"日后凡有此类太监人犯，即于当地正法。"在雍正七年（1729年）十月初八日，雍正通过内阁颁发谕旨说，从前由京城发遣边地之旗人、太监等，常有"沿途需索地方，强横不法，且捏造流言，鼓惑众听"之事。雍正指出，这些八旗包衣、宫中太监等人犯，本获发遣重罪，可是一旦到了外省，众人不知其来历，甚至认为是朝廷得力之人，又见他们妄自尊大，"遂群相畏惧，避其凶焰"，"隐忍应付，听其需索"，"令凶犯益得肆行无忌"。雍正在谕中明确规定：嗣后"弃发烟瘴军流人犯，倘若经过州县及安插地方，或凌虐解役、需索驿站，或行凶生事、造作谣言、不安本分、不守规条，着本管解役即禀明地方有司，详报督抚，据实具题，于本处即行正法"。

雍正不仅对太监本人的要求、管束、惩处是严格的，而且对其家属亲友也从不袒护。雍正了解到，有的太监亲属，常常倚仗家人在皇帝身边当差，而做出些非分的举动，地方官若要惩治，他们就逃到京城。为杜绝这种现象，于雍正四年八月传谕总管太监：凡有太监亲属被地方官查拿潜逃京师的，行文到内务府，即按例发落，不必奏闻。

为了约束太监家属，雍正四年（1726年）八月初一日，雍正专门向吏部、户部颁谕："直隶地方……太监戚属散处州县"，"太监之父兄弟在地方不无生事，本人亦未必尽知。可令该州县，大事照例详报总督具题，小事径报内务府，内务府传该太监晓谕，令其自行约束，如仍不悛改，内务府即酌量惩治"。此谕颁发后，雍正担心，或许会有地方官借此苛求太监家属，便又于同月初九日下旨："地方官或不谙事务，借此苛刻太监亲属，亦未可定，倘有此等情节，亦令太监亲属据实告知本太监，亦许呈明内务府咨查，务使各安其分，不致少有偏徇。如此，庶太监亲属不敢生事，而地方官亦不得有意沽名苛刻。"雍正的这种考虑，还是较全面的。

另有这样一桩事，也多少表明了雍正不庇护太监的态度。雍正四年（1726年）八月十六日，直隶巡抚李绂奏报道："大城士民向来刁悍，缘伊子弟多充内监，目无官长。"接着他谈到，这年夏秋之季，大城有几个太监的家属纠集数十名乡人，前往县衙，"捏控水灾"。知县李先枝认为，该地"积水勘不成灾"，予以驳回。结果，这些乡人便"喧闹县堂，毁坏门棚"，后被当地兵役拘拿七八人。此事报到朝廷，雍正为纠正太监家人往往仗势横行而不把地方官放在眼里的风气，明确指示："当严审定拟，以惩直隶恶习，不可袒护。"以表示他不做太监的保护伞。

雍正汲取历史经验教训，严格地确定了太监的奴仆地位，对太监这个特殊队伍的管束是十分严厉的，建立了一套太监管理制度；他要求太监只可忠勤服役，而不可惹是生非，对太监用而不宠；同时，又通过惩处太监来打击政敌，稳固帝位。雍正统治期间，太监没能大兴风浪，这与雍正的种种限制和有效管理不无关系。

第五节　总揽万机

雍正是历史上最勤政的一个皇帝。他在引用俗语"不是闲人闲不得，闲人不是等闲人"时说："乃至今日，如何图得安闲？既有责任在身，非勤不可。"雍正是一个希望自己很有作为的皇帝，他要向世人证明，他是一个有能力把大清管好治好的人，从而说明他确是最佳的皇位继承人。为此，他不是只在继位之初才表现得非常努力，而是一以贯之，从不懈怠，确实是一个难得的治世之君。

雍正的勤政一开始就非常自觉，处理朝政，自早至晚少有停息。大体上是白天同臣下接触、议决和实施政事，晚上批览奏章，不敢贪图轻松安逸。雍正六年（1728年）夏天，他曾写有《夏日勤政殿观新月作》诗一首，表达了勤政之思，诗为：

> 勉思解愠鼓虞琴，殿壁书悬大宝箴。
>
> 独览万几凭溽暑，能抛一寸是光阴。
>
> 丝纶日注临轩语，禾黍常期击壤吟。
>
> 恰好碧天新吐月，半轮为启戒盈心。

此诗说的是这一年酷热，他很想放松自己去多休息一下，但一想到前贤的箴言、帝王的职责，就打消了此念，不敢浪费一点时光，又勉励自己警戒骄盈，去努力从事政事，批览奏章。雍正本人勤政，对大臣也是同样的要求。雍正五年时，雍正命朱纲为云南巡抚，朱纲辞行时，雍正说："朕初御极时诸臣多未识面，朕费无限苦心，鉴别人才，办事自朝至夜，刻无停息，惟以大计为重，此身亦不爱惜。朕之不稍图暇逸者如此。尔等督抚身任封疆之责，朕又岂肯任其贪图逸乐？务宜勉为之，无为溺职之巡抚。"

雍正的务实、勤政、事必躬亲作风，与其说是一个政治家、改革家必有的素质，不如说是一种责任心，为己为人，为国家，为社会。雍正既怀万民于心，又想一展宏图，他必须得用自己的努力去实现。

首先，雍正非常勤于学习，是善于借鉴的皇帝，知识广博，阅历丰富。他曾说："三代（夏、商、周）以下，英君哲后，或继世而生，则德教累洽，或间世而出，则谟烈崇光，胥能致海宇之乂安，跻斯民于康阜，嘉言传于信史，善政式为良规。至凡蒙业守成之主，即或运会各殊，屯亨不一，苟无闻于失德，咸帝使所宠绥。"

这段史论是雍正腹中才学的表现，也说明他善于总结历史，懂史的目的是在于汲取历朝历代的治国经验，致力于改善和强化统治地位，这是相当可嘉的。雍正的确博学，对历代功臣知道得很多，他尤其对唐朝的魏征大加赞赏。魏征曾进谏唐太宗，在《谏太宗十思疏》中提到，希望君王知足自戒，止兴作以安民，谦冲自牧，慎始敬终，虚心纳下，去谗邪，慎刑法。雍正认为魏征的君臣论治，很值得本朝汲取，于是亲书魏征的《十思疏》，置于屏风，朝夕诵读，又亲书多幅，颁赐给田文镜等宠臣，以便君臣共勉其励。

"九式"是说用财的节度。雍正曾赐户部"九式经邦"的匾额，并以《周礼》赐文给户部，说明对《周礼》很是通熟。他认为户部若按《周礼》九式之法施行用财的节度，对当朝的经济财政定会有利。

雍正文思敏捷，于日理万机之中，往往亲自书写朱谕、朱批，少则精简十字，多则上千言，都是一挥而就。他的朱谕存于中国第一历史档案馆，书写很工整，文字也流畅而且间有口语，卷面一字一字地写得十分整洁，很少涂抹。比如，雍正在给年羹尧的朱谕中说："使臣中佛保回来所奏之折，抄来发于你看。未出尔之所（料）略。但你临行之奏，待他来人轻谈之论，朕少不然。朕意仍如前番相待，何也？今换人来矣，想策妄（准噶尔部蒙古领袖策妄阿拉布）疑根敦（根敦是策妄阿拉布遣去北京讲和的使臣），于事无益，二者朕总是在推心置腹，不因彼变迁而随之转移，总以无知小儿之辈待之，体理复彰，你意为何如？再其所请求之事，逐款当（如）何处，将你意见写来朕看。他如（此）待留罗卜藏丹津（青海叛乱首领）之意，你意如何？他的人来，一路上仍加意令其丰足感激，可速谕一路应事官员知悉。再他又向藏之论，此信未必也。可速速详悉逐条写奏以闻。特谕。"从这个谕批看来，完整百余字中，只抹去一个"料"字，改为"略"字，再则加了"如""此"二字，别无涂画。

雍正执政十三年，以汉文写的朱批奏折多达两万两千多件，以每件朱批平均为一百字计算，字数就有二百二十多万字。如果文思不敏捷，语言不流畅，是不可能写得出的。乾隆时期《四库全书》总纂修纪晓岚曾说："秦汉以后，皇帝对于各种奏章，有看有不看的，即使过目了，批上一个字，名曰'凤尾诺'，但并没有连篇累牍，一一对奏疏作朱批的。唐宋以后，皇帝的文章多为臣下代为草拟，偶尔写几个字就传为美谈，哪里有世宗皇帝（雍正）那样字句密多，标注次序，无微不至，真是自有文书以来未尝闻见者。"

在处理国家事务中，雍正更是认真细致。下臣的疏忽大意和草率，或者掩饰过失，偶露形迹，总会在他的精细之中被发现出来。雍正元年时，年羹尧上奏一个折子，大学士已经议复，后来蔡珽又有相同内容的奏折，大学士没有察觉，又行上奏，雍正注意到后，立即批评大学士们漫不经心。雍正五年时，浙闽总督高其倬就福建水师问题连着递了两个报告，因为路途遥远和其他原因，后写的奏报却先到了北京。雍正阅览之后，见奏折上有句续报的话，当即追问是怎么回事。雍正七年，署理浙江总督折奏侦查甘凤池的事，雍正阅后批道："前既奏过，今又照样抄奏，是何意见？"

雍正处理事务不但细致，而且往往对人和事都很详尽地进行了解。雍正三年四月十日，他在河南巡抚田文镜的奏折上朱批询问，向田文镜了解年羹尧向河南运送资财的去向，又问河北镇总兵纪成斌的为人。到了五月初六，田文镜便具折回奏，向雍正报告说已派人了解年羹尧的问题，并且谈了对纪成斌的印象。年羹尧在年底被赐自缢，纪成斌在雍正十一年（1733年）被斩于军前，想来田文镜肯定没说年羹尧和纪成斌二人的好话。这次雍正和田文镜用密折交流情况，交换看法，前后共计20天，工作效率在当时是很高的。

不仅对外地官员是如此，对于京师的奏折，雍正处理得也不慢，绝不因是眼皮底下事而稍有拖延。雍正十年（1732年）七月初八日，礼部侍郎张照为他祖父张淇呈请设立义庄，并请雍正给予旌奖。3天后，即十一日，雍正便批准了张照的请求，并命礼部议奏旌表。到了十月十三日，大学士张廷玉题请给张淇封典，十五日雍正即给予认可。关于对张淇的旌表和封典，事情很小，又是例行公事，两次题本，雍正都在两三天内给了答复，并不因是平常的事情而拖延。按说，作为一个大国的皇帝，是不应该分散精力去管旌表封典这类小事的，可雍正事必躬亲，同时又善于迅速处理事情，所以才会有如此之高的行政效率，这也是一般皇帝很难做得到的。

为了提高办事效率，雍正大大削弱了"六科"的权力并加强了政务监管。

"六科"，是历代封建政体中的一个行政衙门，其官吏称给事中。它的职责就是所谓的"传达纶音，稽考庶政"，即传达皇上的命令，并负责检查下面执行上谕的情况。具体地说，六科是专门负责将皇帝批阅的奏章从内阁领出，然后誊抄清楚再发给各有关部门具体执行。它不仅有转发批奏文件的权力，而且还具有"封驳权"——即假如六科认为皇帝的命令有欠妥当，就有权将这个命令原文封好，重新打回内阁。此外，六科还负责稽查六部，审核各类事件的执行状况。倘若六科认为各部门在执行过程中有意拖延，就有权对它们进行参奏。因此，六科给事中所理之事，虽职位不高，但权力范围却非同小可。

有鉴于此，雍正即位不久，就决定削夺六科的权力以加快各种政令的顺利执行。为此他说六科的掌印给事中责任紧要，因此给事中人选应交督察院共同拣选保奏。此后，雍正又命令督察院派定了六科给事中人员，并命令督察院从六科中各科不掌印信的给事中选拔出二人，出具考语，缮本题奏。这样一来，六科给事中实际上就成了督察院的一个附属部门，与督察院中的监察御史没什么不同了。

有人评价雍正此举是"轻重倒置，不尊重纶綍"，事实上，雍正是故意将重者轻之的。只有这样，才能使给事中们无法抵制皇帝的命令，使各项政令得以迅速传达，使皇帝的金口玉言受到绝对的尊崇。雍正一方面降低了六科给事中的权力，另一方面又加强了督察御史的权限——即向地方派遣各类巡察御史，命令他们负责督察各类政令的实施情况，并负责考核各地官吏的任职状况，这样一来，巡察御史就有钦差大臣的味道了。

雍正削弱了六科给事中的谏议权，相应地加强了督察院对所有官吏的监察力度，两者相辅相成，既是雍正强化皇权的两个侧面，又是雍正驭下有方的一个最佳体现，提高了办事效率并加强了政务监管。

雍正认为："国家设官分职，各有专司，而总揽万机，全在一人之裁决。"他甚至在《御制朋党论》中，把反对他躬理细务的人归为朋党，说："畏人君之英察，而欲蒙蔽耳目，以自便其好恶之私。"看来，他也并非是精力过剩或刚愎自用，究其原因，他把所有的权力都收到自己手里，是对别人不放心。

此外，雍正处事非常干练果决。雍正五年（1727年）六月，因为交廷臣所办的事务廷臣没能及时办理，雍正大为生气，说："我整天坐在勤政殿里，不顾暑热地想办理事情，为什么诸大臣对我交代的事务抱沉默态度，不来回奏？若不能办，何以不讲明原委？若不想办的话，干脆交给我，我来替你们办。朕现在责令你们把因循迟延的问题回答清楚！"

还有一次，新任御史鄂齐善、曾元迈值班时早退，大学士马尔赛奏请皇上把他们交部议处，雍正对马尔赛说："不要按常规处罚。他们是新进小臣，还敢这样怠惰，如果不严加教导，就不能警诫那样越礼偷安的人了。"他的处罚办法是：命令鄂尔善、曾元迈两人每天到圆明园去值班，日未出时到宫门，日落以后才准散班。这一招果然灵，很快就扭转值班人员的懒散作风。

雍正的思想是"毫无定见，天下无可办之事"。他认为，遇事要很快拿定主意，不能瞻前顾后、左顾右盼、莫衷一是、犹豫不定，认准了的事就马上去做。这就是雍正果毅果断的性格，他要求大臣也这么去做。

雍正五年（1727年），雍正朱批指出闽浙总督高其倬办事优柔寡断，于是写了一段话来训勉他："观汝办理诸务，必先将两边情理论一精详，周围弊效讲一透彻，方欲兴此一利，而又虑彼一害，甫欲除彼一害，而又不忍弃此一利，辗转游移，毫无定见。若是则天下无可办之事矣。夫人之处世如行路，然断不能自始至终尽遇坦途顺境，既无风雨困顿，又无山川险阻，所以古人多咏行路难，盖大有寓意存焉。凡举一事，他人之扰乱阻挠已不可当，何堪自复犹豫疑难，百端交集，如蚕吐丝，以缚其身耶！世间事，要当审择一是处，力行之，其余利害是非，概弗左盼右顾，一切扰乱阻挠，不为纤毫摇动，操此坚耐不拔之志以往，庶几有成。及事成后，害者利矣，非者是矣。无知阻挠之辈，不屏自息矣。今汝则不然。一味优柔不断，依违莫决，朕甚忧汝不可胜任，有关国家用人之得失，奈何！奈何！"与其说雍正在教导部下，不如说是雍正在勉励自己。教训手下不要优柔寡断，其义是在说明自己刚毅果断。

雍正性格的刚毅果断，表现在政治上就是决策果断。对一件事情的利弊，一旦有所把握，就做出裁决。雍正在推行新政策和整顿吏治期间，大批地罢黜不称职官员，同时破格提升了不少人才，别人批评他"进人太骤，退人太速"，但雍正对此毫无顾忌，坚持到底。正是雍正的坚毅果断，才使得他的许多重大的社会政策能延续下来。

雍正是个终生十分勤奋的皇帝。雍正向朝臣们说："朕仰荷皇考诒谋之重大，夙夜祗惧，不遑寝食，天下几务，无分巨细，务期综理详明。朕非以此博取令名，特以承列祖开创鸿基，体仰皇考付托至意，为社稷之重，勤劳罔懈耳。"因为雍正能以身作则，垂范于下臣，所以带出了一支勤政的官员队伍。雍正夙兴夜寐，事必躬亲，的确是历代帝王勤政的表率。

第四章

锐意改革

第一节　忠、公、诚、能

雍正认为"治天下惟以用人为本，其余皆枝叶事耳"。他把用人看作是治理天下的根本大事，而把其他方面都看作是枝叶。自古以来，帝王将相们都十分注意理财，认为理财最关乎国计民生，只要仓廪充实，百姓各乐其业，国家自然会太平无事。但雍正对此却有不同的看法。有一次，他对诸王大臣们说："从古以来帝王治理天下，都说理财、用人两件事最重要，但是朕认为用人的重要性，更在理财之上。如果能够做到用人得当，还担心财政整不好吗？其他政事办不好吗？"雍正在处理江苏巡抚尹继善的奏折上曾批写说："朕的责任，不过是提拔任用你们这样的几个总督巡抚。"

康熙末年，康熙皇帝认为自己已经功成名就，于是失去了早年积极进取、变革图新的精神，加之晚年身体衰弱，使他倦于政务。康熙晚年，他曾说："今天下太平无事，以不生事为贵，兴一利，即生一弊。古人云多事不如少事，取此意也。"又说："治天下务以宽仁为尚。"

不生事，维持现状致使康熙晚年的社会积弊越来越多，也越来越严重。其中最主要的是朋党之争和官吏的贪赃枉法。雍正即位后，力图革新前朝积弊，在政治上开创一个崭新的局面。但积弊太多、太久，该从哪里入手呢？雍正选择了一个最关键也是最根本的方面——用人。雍正在《悦心集·书兰芳亭》中说:"兰之香盖一国,则曰国香。士之才德盖一国,则曰国士。"

雍正之所以把用人提到如此重要的程度,是有其理由的。他曾大喊理财难,这是因为他执政初期,国库存银告匮,不足2000万两,而国家每年支出巨大,怎样才能增加财政收入,量入为出,曾使他大费苦心,有时还不得不蒙受吝啬小气的恶名。但是,通过三四年的大力整顿,任用能臣清理亏空,理顺官民关系,保证赋税的正常征收,很快扭转了财政困窘的局面。所以,雍正直观地看到,凡事都必须通过人去办理,如果选用得当,诸事皆理,反之,"诸事不举"。同样,在"人治"和"法治"的关系上,他很重视法律制度的建设,注意"以法治国";然而,更强调"人治",认为从来有治人,无治法,有治人,即有治法。因为法从人定,得其人,则自能因时因地制宜,应时宣教,必然达到法治的境界。否则,若用非其人,善法也会变成坏法。更何况,法随时随地而变,譬如人有疾病,必然因症投药,若药不对症,好药也会害人。

雍正明确下令:"凡为督抚者,当为国家爱惜人才,而于参劾之间,尤当加意慎重,若误去一干员,其过更在误荐一劣员之上。"雍正要求各省督抚爱惜人才,在对部下进行弹劾时更应当谨慎。若因为查人不明误将一个有用的人才罢了官,那就比误荐一个不肖的官员所造成的危害还要大。所以,雍正在给云贵总督鄂尔泰的御批中写道:

> 天下惟以用人一政为本,其余皆枝叶事耳。览汝所论之文武大吏以至于微弁,就朕所知者甚合朕意。但朕不过就日下目力之所见,断不敢保其必也。贤卿之奏,非大公不能如是,非

注意留神为国家得人不能如是，非虚明觉照不能如是。朕实嘉之。但所见如是，必明试以功，仍当以临事经验方可信任，便经历几事，亦只可信其以往，仍留意观其将来，万不可信其必不改移也。上智之资，从古难得。朕前批谕田文镜，言用人之难有两句，可信者非人何求，不可信者非人而何求。不明此理不可以言用人也。朕实如此法用人，卿等当法之，则永不被人愚矣。卿等封疆之任古诸虞也。阖省窥伺，投其所好，百般千方厌其不善而著其善，粉饰欺隐何所不致。惟才之一字，不能假借也。凡有才具之员，当惜之教之，朕意虽魑魅魍魉，亦不能逃我范围也，何惧之有？既至教而不听，有真凭实据时，处之以法，乃伊自取也，何碍乎朕意？卿等封疆大臣，只以留神用材为要，庸碌安分洁己沽名之人，驾驭虽然省力，恐误事。但用材情之人要费心力方可，若无能大员，实不如用忠厚老成人，亦不过得中医之法耳，非尽人力，听天之道也。

因为重才、爱才，雍正会对官员因材、因地、因事、因时，随时加以调整，及时训诫。

雍正接见大小官员时，或小规模地集体会见，或单独引见，他绝少装腔作势，摆万乘之君的架子，而是态度和蔼、言语真诚，有针对性地嘘寒问暖，询问家世、年龄、籍贯、履历、特长等，先消除引见人的心理恐惧。有时，他也谈自己，暴露个人的心迹，说话很随便。然后，再进入正题，说明为什么用你，甚至经谁保举的也明告于人，告诫人们要效命于皇帝和国家，要立心向上，争做名臣，做好官，甚至声称"将相本无种"，以此鼓励人、鞭策人。很多时候，他还探问家庭有没有负担，双亲年龄多大了，如果需要养亲，有时还破例予以照顾。若谈得高兴，还当面给予奖励，直接说出对某人的印象看法，不时赏给一些先皇的御用物品，或宫中的御用品，或其他能派上用场的药品、布匹、衣物、书籍等。对臣下大胆提出的要求，雍正往往立即做出决定，大多都满口答应。通过一番交谈，雍正很容易使来人感恩戴德，其例子不胜枚举。应该说，雍正通过面见途径对臣下进行感情投资，既是一种出色的笼络术，又不能单纯视为"骗术"，因为他的言行往往是出于真诚的。

在君臣的秘密通信——奏折中，雍正更是针对不同之人进行训诲、鼓励、关心、指示或批评。其言辞坦率真挚，感人肺腑，文字感情丰富，多是口语化，甚至粗话连篇，虽不雅，却能使具折人感到亲切。可以说，密折及朱批是雍正联络皇帝与身居外地的封疆大吏感情的重要纽带。过去，人们很怀疑雍正生前公布刊刻的那8000余件朱批奏折的真实性，认为皇帝不太可能对臣下御批那么多的知心话，把《朱批谕旨》与原折进行对比，发现所刊刻的朱批谕旨的确被篡改了，但主要是纠正错误、整齐格式、润饰文字等方面的文字性的修改，以及涉及当朝人物评价等问题时因忌讳而修改的。雍正的笼络术不仅细腻，而且诚恳，私人感情的成分多，但并不是不可示人的。

雍正通过对臣僚无微不至的关怀和频繁的赏赐，充分沟通了君臣间的感情。有的官员生病或身体不好，雍正总是表现出极大的关心，或派出医生前往治疗，或赐药，或告知良方。年羹尧得宠时虽系壮年，但却心血两亏。雍正得知情况后，特赐"天王补心丹"等名贵药物，并一再嘱其爱惜身体，不要劳心于无用处。田文镜受知于雍正，已是60岁出头的人了，前几年身体还勉强维持，但六七年后，身体一年不如一年，经常感冒，左腮颊肿痛，时而出脓。雍正特命河南按察使陈世倕就近诊治，陈世倕以懂医术著名，他给上司治病自然容不得马虎。李卫身体素质与其魁梧的身躯不相称，曾多次吐血，雍正认为他是急于报效、用心太过所致，多次告诫他应量力而行，戒除烦躁和急脾气，同时特派医生加以诊治，至于用其八字卜算其寿考，虽有些滑稽，却说明皇帝对宠臣是何等的关心！新贵唐执玉自以为才拙，政事不如人，但抱定以勤补拙的古训，虽身患疾病，却理事如常，雍正很欣赏这种精神，对他破格提拔。唐执玉在代理直隶总督时，患病不求医，雍正特命懂医的宗人府府丞冀栋前往诊治，并赐人参，传谕道："爱养精神，量力治事。"实际上，他不但对宠臣这样，而且，对其他人也是很关心其身体健康的。除非有的人装病偷懒，或借病引退，则视情况另眼相待，如蔡珽在四川巡抚任上，以眼疾请求疗养，雍正就直破其奸巧之心——因为蔡珽熟谙医道，自然知道眼病用不着闲居休养。

雍正曾派一个叫留保的满族侍郎去浙江办事。留保考虑事情周全，临行前又奏折雍正，请示去浙江是不是还要办其他的事，雍正在留保的奏折上批道："闻汝尚无子，可在浙买一二婢妾回京。"这样的朱批倒是很少见，很亲切，很有人情味，又十分有趣。留保到了浙江后，杭州织造隆升闻知皇帝叫留保在浙买妾，因此就将一个叫奴奴的女子赠送给留保。于是世间传说留保奏旨娶妾，以为不世之荣，可见雍正很善于关心下臣。

雍正对人才的重视还表现在善于纳言。俗语说：良药苦口利于病，忠言逆耳利于行。雍正在位时能接受臣下谏言，知错能改，体现了一个君王的大度。如他自己所言："朕生平不怨天，不尤人，惟有自省自问而已。"

两广总督孔毓珣因与年羹尧往来而引罪。雍正安慰他："朕无识人之明，误宠匪类，正自引咎不暇，何颜复株连无辜。"正因为有他此一句话，与年羹尧有过来往的官员才安心了。封建体制下的官员任免，往往牵一发而动全身，引起朝野动荡，因此，在拿权倾一时的年羹尧开刀之后，面对人心惶惶的官场，雍正当机立断，安抚人心，这一招也是十分有效的。

雍正有时候遇事拿不定主意，虽然下臣的建议正确，也往往一时得不到支持。雍正四年九月间，甘肃巡抚石文焯建议在该地开炉铸造制钱，以禁绝私钱。无奈雍正并不批准。同年十一月，石文焯再次奏请开炉铸钱，雍正了解情况后就改变了态度，在石文焯的折子上果断批示道："禁止私钱一事，果如所议，钱法既清，而民用也裕，区画甚属妥协。彼时朕虑周详，故谕暂缓，今已准部议矣。"雍正起初犹豫不决，是不了解情况，后来证明自己的犹疑不当，当即就改，也不失为一位明主。而对孙毓珣所言的"何颜复株连无辜"一句话，也足可见雍正是有理性的皇帝，能够并懂得宽仁。

雍正继位时，曾封朱轼为太子太傅。到了第二年，又命朱轼兼吏部尚书，赐诗"忠岂惟供职，清能不近名。眷言思共理，为国福苍生"。雍正三年，雍正又命朱轼为大学士。当时，雍正正在考虑诸臣建议，将耗羡归公（征收粮食运输时有损耗，在正额征收之外加收若干叫耗羡，归公即是将耗羡部分全部归入正额征收数）。朱轼怕耗羡之处再加耗羡，连连上书反对。雍正一再反驳，朱轼立场始终不改。作为起初的宠信之臣，朱轼常与雍正唱反调，不安于位，以病乞休，雍正挽留他说："尔病如不可医，朕何忍留，如尚可医，尔亦何忍言去。"朱轼听罢感激涕零，从此不复有去意，但性格仍不改变，常直谏皇帝，雍正也不以为意。

太原知府金铼也反对耗羡归公，雍正却很快提升他为广西按察使，又擢为巡抚。金铼建议把州县分为冲、疲、繁、难四类，依据分类情况任用官吏，此议为雍正采纳。后来，金铼又以清查反雍正的流言而得雍正的信任。

侍郎沈近思也反对雍正火耗提解，雍正也并不嫌恶，却赐诗赞他："操此寒潭洁，心同秋月明。"沈近思反对雍正崇佛，雍正也不以为意。沈近思死后，又追加他为礼部尚书、太子太傅，遣官往祭，令吏部派司官经理丧事。

另一反对耗羡归公的御史刘灿，雍正始初认为他有私心，改授刑部郎中。后见他"居心尚属纯谨"，遂升之为福建汀漳道。五年他因漳州政府及属县仓米短少，揭报督抚，文书被府县截回，他气得以头撞壁。福建陆路提督丁士杰密参他浮躁，有失体统。雍正保护他，说他是感恩图报心切而失礼，没有过错。

雍正曾就下臣对他纳谏问题向大臣们作过表白："朕非文过饰非之人。人非圣贤，孰能无过。尔等果能指摘朕过，朕心甚喜。君子之过也如月之食，人皆见之，及其更也，人皆仰之。改过是天下第一等好事，有何系吝！"

雍正常常说，"为政之道，首在得人"，为了显示"君臣家人一体"的仁君之心，对臣下舍得感情投资，目的是最大限度地笼络人心，驱使臣僚为朝廷和天子奔走效力。可以说，其施展的统治术是高明的，花钱少而效益大。

对现任官员如何合理使用，历代积累的经验很多，雍正的认识和做法多不出其范围。但他的确煞费苦心，力求做到人尽其才，才尽其用，量才任使。怎样才能知道某人是"上哲之资"，抑或中才、庸才，"下愚不移"？雍正的基本经验，概括起来就是察色、听言、观行6个字。

所谓"察色"，就是利用引见之机，运用经验和命相"原理"，观察某人属哪类人：是"老成"，还是"孟浪"？是"忠厚"，还是"柔善"？总之，雍正常自夸，"朕之观人，往往洞见隐微"，能够看到别人见不到之处。所谓"听言"，有三个途径，一是在召见面谈中亲耳听其言，届时，雍正往往有意无意地问几个问题，看其人是否有识见，是否有上进心，是否属逢迎奸猾之辈。在雍正一朝，文武大臣自不必说，仅就武官而言，自副将以下游击以上，大部分声名稍好一点的，都面见过皇帝；二是听取各方面言论，广纳谏言。雍正初期，很多官员都是靠内外大臣保举后，再经引见察言观色，同时征求有关人尤其是该官上司的意见，最后综合舆论任官的；三是通过密折观察中级以上官员，看其是否周知所辖地区或营伍的利弊，所提建议或方案是否有识见，等等。所谓"观行"，就是看某人实际任职的政绩，既察其言，又观其行；既看其过去和目前表现，又必须看其未来发展态势，总要有意识地试用一段时间，再决定升降调转。

李卫是雍正朝的一位"督抚模范"。他并非科甲出身，雍正用他是看到他品性耿介、操守廉正、勇敢任事，是实行新政的难得之才。雍正继位前，李卫原在户部任职，官职虽微，却敢揭上司之短。因此雍正即位后便起用李卫为云南布政使，兼管盐务。当时盐务极难管理，雍正给他这份差使，也算是对他的考验。李卫到任后，利用布政使之权，严厉整顿盐政、堵塞漏洞、揭发贪员、惩罚污吏，使云南盐务肃清。雍正对此非常满意，称赞李卫是"国家卫器"，当即调升他为浙江巡抚，那时他才38岁，是清代少见的年轻疆臣。李卫是个"粗人"，他生得膀阔腰圆，武功很好，但文墨不通，奏折多让人代写。其耿介过头，往往不合法度，做司马官时，往往直称上级"老高""老杨"；火气上来，会痛骂一顿。后来多次参奏大吏，因此多遭人忌恨。许多官员上折告他"狂纵傲慢"。对此，雍正一方面好言为他辩护，向参奏者说明李卫"大节不亏""秉公持正""实心任事""勇敢廉洁"。同时不厌其烦地下旨警告李卫不要"任性使气""满腔冰炭"，让他修习涵养，戒骄戒躁。李卫的习性终生也未改多少，雍正用其大节，始终信赖，将他加官至刑部尚书、兵部尚书、太子少傅。

雍正在刚做皇帝的前两三年有过教训，过分相信大臣们的保奏和本人的夸夸其谈，片面相信自己的判断力，结果，许多人或者改易节操，或者无所作为。年羹尧及其追随者的大案败露，对雍正的刺激很大，他在各种场合表示后悔不该轻信人言。后来，他对宠臣鄂尔泰交换用人观点时，曾写道："……但所见如是，仍必明试以功，临事经验方可信任。即经历几事，亦只可信其已往，犹当留意观其将来，万不可信其必不改移也。"说明其政治经验多了，用人知人时就越来越聪明了。

雍正能夺取皇位，最重要的先决条件是他善于识人用人管人。正所谓人才是本，雍正把身边大大小小的官吏牢牢地控制在他手中，为他所用。他要求臣下忠诚，有公心。公生明而廉生威。雍正说："小事小料理，不可因小而忽之；大事大振作，不可因难处而隐讳。朕意若果能如此实心奉行，以忠正二字感化，不数年，贼亦人也，而百姓不怀如是德，不畏如是威而仍去成群为匪者，朕想必无此理也。"

首先是"忠"。拥有一颗忠诚之心是历代君王对大臣们的基本要求。要想使一个国家乃至社会团体、单位长治久安，就必须起用具有忠诚品质的人才，"忠"乃创业之本。一个国家没有"忠"的基石做铺垫，那么这座大厦就有倾塌的危险。

雍正即位之初，皇室钩心斗角、人心惶惶，加之各地百姓揭竿而起，在这风雨飘摇的危难时刻，任用"忠臣"就成为雍正从政的当务之急。因此，雍正在云南巡抚张允随的奏折"臣之愚昧，咎实难辞。兹蒙圣恩，不加谴责，朱批训饬，感惧交并，措身无地。臣本驽骀，受恩深重，惟有益加奋勉，竭尽心力，以图报称于万一"中御批道："为大臣者当以国家内外一体视为己任，才不负'大臣'二字。若但以区区一身一任为计，在内者不知体外，在外者不知顾内，文武不相关切，上下不知爱恤，甚至于将邻省视为膜外，同寅观如陌路，满汉分为两途，兵民作成二事，岂大臣大人之居心也？若如此器量扁（偏）浅，不识轻重者，皆大明不义，不知利害，乏广远襟怀之辈，当深以为戒。为大臣必务为大人，'大'者，无不包容，无不周遍；普天下视为己任，先天下之忧，后天下之乐，方不愧'大臣'二字也。勉之。"其意思是批评他"器量偏浅"，襟怀不够广远。做大臣者，应该把国家内外看成一个整体，不应该总为区区一身考虑。"为大臣必务为大人"，说得好！"大人"者，胸襟广远，包容万事，先天下之忧，后天下之乐，庶几不愧对"大臣"二字。

　　检验一个人的忠诚与否要从零碎小事开始，雍正就是这样一个细察臣心的高手。例如户部郎中李卫，官微身贱，然而雍正从细微小事中发现他和提拔他。当时有一位亲王在管理户部，每次收钱粮1000两时，加收平余10两以挪以私用，李卫知道后就劝这位亲王改正，然而这位亲王仗其权势，根本不把李卫放在眼里。于是李卫便在户部大堂设一个钱柜，专收多余钱财，并在柜子上标明"某王赢余"，把这位亲王搞得非常难堪，便就此罢手。在这件事中，雍正相中的正是李卫对自己的耿耿忠心，对工作恪尽职守，于是马上委任李卫为云南盐驿道，二年升布政使，三年任浙江巡抚。李卫连升三级，可谓青云直上，仕途春风得意，一时间在朝廷内引起强烈反响。雍正期望官员们要勇于付出而不求回报，"但尽臣节所当为，何论君恩之厚薄"。实际上就是要臣子们拥有"鞠躬尽瘁，死而后已"的高风亮节。正因如此，官员们对君主忠诚的深浅程度成为雍正提拔任用官员的一个重要砝码。

　　其次是"公"。万事"公"为先，这才是一个集团事业成功的关键。在雍正的眼里，好的官员和人才，就是要办起事来"公"字当头，不徇私情，做任何事情都要总揽全局，胸怀团体，放眼前景而不去斤斤计较个人一时一地的利害得失。

　　山西巡抚石麟上奏："雍正七年十一月初三日赍折把总赵尚观回晋，恭捧到皇上赏赐哈密瓜一个。臣随跪迎至署，恭设香案，望阙叩头谢恩祗，领讫。伏念臣一介庸愚，荷蒙圣恩，畀以抚晋重任，寸长未效，乃蒙殊恩异数，叠沛频施，有加无已。臣感激难名，愈深惶悚，惟有朝夕黾勉，殚竭驽驰，以冀仰报高厚于万一耳。"雍正御批道："操守乃为官之本，本立诸道自生。上天之善恶惟在公私二字，为国即为公，为己即为私，一涉私为自身利害计，使善事亦不能仰邀上天神明之鉴佑，何况其非善乎！若不贪利沽名作威作福，一派大公致身于国，何往何为而不蒙福也！试行看。鄂尔泰、田文镜等，无他奇异伎俩，不过根本上见得透、立得定耳，当勉之者。特此谕，亦令蒋洞知之。"大吏石麟奏谢赏赐哈密瓜事，雍正却给他上了一堂哲学课。操守落在善恶二字上，善恶又落在公私二字上。"若不贪利沽名作威作福，一派大公致身于国，何往何为而不蒙福也"。最后回到现实中来，指出鄂尔泰和田文镜之所以恩宠不衰，没有什么奇招，只是他们认准了一个"公"字，立定操守而已。

其三是要"诚"。唯"诚"才能办实事，对皇帝忠心，不欺君，而且能把事情办得稳妥，令皇帝满意。为了使官吏们大公无私不徇私情，雍正曾明确表示："凡秉公持正，实心办事者，虽疏远之人而必用；有徇私利己、坏法乱政者，虽亲近之人而必黜！"

贵州巡抚张广泗给雍正上奏折道："臣自入仕以来，并未瞻仰天颜……原拟于巡勘苗疆事毕，特疏题请趋觐明前，适值督臣鄂尔泰奉有谕旨，着令赴京陛见；现在署督臣高其倬尚未到任，臣又不敢冒昧遽行……敢再恳我皇上俯赐，准臣或俟督臣鄂尔泰陛见回任后再启程赴京；或俟署督臣高其倬任事三两月后，诸务就绪，臣于明春二三月内赴京，得以瞻谒天颜，恭聆圣训。"雍正的御批为："明知鄂尔泰进京陛见，高其倬新署不谙，而奏请来京，实不解汝居何心志也！睹汝诸凡奏对，大不似初任时矣。莫移原志。务诚之一字要紧。将鄂尔泰之指训时刻不可远，一心法效其居心行事方好。"

张广泗虽为封疆大臣，但从未见过雍正一面，故要求适当时候进京陛见。按理说，这于情于理也说得过去。但雍正却认为督臣鄂尔泰被召见回到京城，新署高其倬还不熟悉业务，这种时候奏请进京，动机不纯，提出为官者，"务诚之一字要紧"。

此外，雍正还对大臣有"能"的要求。雍正还提拔重用一批如允祥等才能政绩俱佳的宠臣，他们才智过人、能力出众，在同行中出类拔萃、脱颖而出，为雍正稳坐朝政奠定了坚实的基础。

"忠、公、诚、能"四而合一，雍正是深谙此道，将四者有机地渗透到治理朝政的各个方面，实行除旧布新。同时，"忠、公、诚、能"的用人法则为雍正造就了一批宠信和忠臣，他们在历史的舞台上各显身手，书写了雍正王朝的辉煌篇章。

第二节　广招人才

清朝集历代文官制度之大成，对文官的选拔、任用、品阶、考核、回避、终养、封赠、承荫，以及待遇、升转、惩罚、致仕等，都形成了严格而明确的制度体系。武官录用、选拔、任用、奖惩等也逐步制度化。雍正在用人方面，在遵循祖制的前提下，进一步丰富、完善各种成例；在具体操作上，又往往突破现行制度，通权达变，灵活运用，形成了量才任职使官宜其所，任人之长不强其短，破格用人、唯才是举的改革家的用人风格。

就制度而言，雍正做了某些改革。为整顿官吏的来源，他大力淘汰各级学校中衰老不称职的儒学教官，而用会试落第举人中的优秀人才充实教职队伍；慎选各省学政，以表率一方；对各级学校生员，加强管理，建立奖惩激励制度。为广泛造就人才，创设"觉罗学""咸安宫官学""八旗教场官学""八旗蒙古官学"等，如此，便为宗室和八旗人员开辟了一条晋升之路。同时，除允许八旗人员参加汉文考试外，还特设八旗满洲、蒙古的翻译考试，中试者分别获得秀才、举人、进士出身，以济实用。有意思的是，雍正还采纳侍讲学士戚麟祥的建议，特开"医学"科，以网罗天下名医，为国家，主要是为宫廷效力。

对于优点突出、毛病也明显的人，雍正的做法特别值得称道。譬如，众所周知的宠臣、浙江总督李卫的缺点很明显：此人性情粗野，没文化，大字不识一斗；恃才傲物，抗拒上司，以好恶为美丑，以喜怒为是非；还常常把密之又密的朱批宣扬于众，以示坦率，因受皇帝数十次批评才稍有收敛。这些毛病，雍正都完全清楚，认为李卫秉性如此，似难全易。但是，正像鄂尔泰评论李卫的，李卫除"狂直不谨"（雍正语）外，长处甚多，其行事实心实力，毫无瞻顾；心地颇正，人品颇高，是个可以造就的难得之才。雍正非常同意鄂尔泰的评论，认为李卫长处胜其所短，"将来老练，或可望其全才也"。

打破不合时宜的惯例和束缚人才成长的资格限制，破格使用人才，是雍正用人的风格。过去，出身资格界线显然，高者高就，低者低就；资格再分正途、异途，泾渭分明，异途出身受到歧视。用人惯例牢不可破，官吏都论俸升转，论资排辈；地缘、亲缘回避；该严格执行的得不到执行，应具体问题具体处理的，又格于成例，不讲究灵活性；官员遭父母丧而"丁忧"，不管是否事需其人，都必须开缺去官"守制"，等等，不一而足。

雍正用人，在适当考虑资格和惯例的基础上，往往破格用人，其例证不胜枚举。他曾嘱咐鄂尔泰，"不必拘定惯例"，对特遣去的人，可以酌量人地相宜者，大胆量才使用。他钦定的人中，像李卫、宜兆熊等"文盲"，尤其是捐纳出身的李卫，可位居内外大臣之列；非科甲出身的田文镜，可官至总督，节制数省；大学士高其倬、河运总督齐苏勒、贵州布政使申大成等，虽年逾70，但都精神矍铄，均照常供职，或调换适当职位，而不顾舆论干扰；岳钟琪、马会伯、韩良辅、刘世明、郝玉麟原系提督，但又有治理地方的才能，后来都以武改文，做了总督或巡抚；杨宗仁请将其子道员杨文乾调湖广侍奉父母，结果，雍正不顾回避例，加杨文乾以按察使衔遣往湖北；田文镜没有儿子，奏请将在湖南湘潭县做县丞的女婿调往河南，雍正满足了其愿望；张廷玉、鄂尔泰同列为军机大臣时，二人之子都在军机处做章京。至于破除陈规，越级用人的情况更多，参将张耀祖受到召见后，雍正看他是老练的武官，不出一月，竟授副将，再而总兵官，连升两级！至于雍正为笼络人心而频施异数，则是另外一回事了。

雍正谈到自己的用人经验时，说："朕用人原只论才技，从不拘限惯例。"又说："唯期要缺得人，何论升迁之迟速，则例之合否耶？"这就是雍正用人的中心思想，也就是大胆使用有才干的人，在使用的同时加强对他们的驾驭和教育，而老实本分的好人不能重用，因为用人是为让他们替国家办事，不是用不能胜任的人贻误国家政事。

雍正依据他的政治革新思想，确定了新的用人方针，他对用人的准则、官员的考核，反复慎重考虑，形成了他的用人风格和特点。他任用的官僚，不像其父。康熙对人比较宽厚，官僚队伍相对稳定，任职较为长久；雍正时人事变动频繁，一些官员来去匆匆，有的微员骤升大僚，而一些大吏被逐出政治舞台，这些看似混乱，其实亦有章法。

雍正三年（1725年），他在向诸王大臣解释用人变化迅速的原因时说："事无一定，又不可拘执，有时似若好翻前案，不知其中实有苦心，总欲归于至是，是故或一缺而屡易其人，或一人而忽用忽舍，前后顿异，盖朕随时转移，以求其当者，亦出乎不得已。""总欲归于至是"，意思是想把事情办好，因而在用人上颠过来倒过去，以求人和职位结合得当。这是一般的用人原则。雍正五年，他说得就更清楚了："朕现今用人之法，亦止堪暂行一时，将来自仍归于圣祖畴昔铨衡之成宪。朕缘目击官常懈驰，吏治因循，专以积累为劳，坐废濯磨之志，不得不大示鼓舞，以振作群工萎靡之气。俟咸知奋勉，治行改观时，自另有裁处之道。"

在当时的情况下，雍正选人方法主要有两种：

一种是设立和借助科举教育制度把可造之才送进政府机关培养和训练。"培馆阁之材，储公辅之器也"。注重培养馆阁人才，使他们日后能成为辅佐国家的王公重臣。这主要是指选翰林。雍正说，选翰林"必人品端方，学部纯粹，始为无忝厥职"。就是说要把那些人品、学问都很优秀的人储备充实到中央政府的枢要部门去锻炼。为此，雍正还特地设立了朝考制度。即对每次殿试中举的进士再进行一次考试，由皇帝亲自主持，从中选出最优秀的人才，给予提拔和重用。这个制度后来一直实行了下来。

另一种方式是注重在实践中储备从事具体工作的实干人才。比如河防水利，雍正就经常讲："是通晓河务人员不可不预为储备也。"时常选拔优秀的官员到治河第一线去学习治水之术。在用人一事上，雍正的确是不拘一格的。只要有能力又实心办事，就可以破格录用。雍正时常感叹："天下惟人才难得！"人才既难得，就要加大拉拢人才的力度，为此雍正主张"进贤勿避嫌，退不肖勿避怨，知其贤而不言是谓蔽贤，知其不肖而不言，是谓党恶"。意思是说，举荐贤才时不能惧怕嫌疑，就算至亲，只要确有贤能，也要大胆举荐；对那些不肖之徒，一定要揭发他，不要怕因此遭到他们的怨恨。假如你知道某人不肖却不揭发，那你们就是朋比为奸了。

在贤和才的取舍上，雍正还有更深入的考虑。自从西晋创立者之一司马昭对僚属提出"清、慎、勤"三项要求之后，历代的封建统治者皆奉之为圭臬。但是人们对于"清、慎、勤"产生许多误解，把畏缩不前、不敢负责当作谨慎，把精力放在琐屑事情上当作勤劳，把刻薄当作是清廉。雍正不局限于传统说法，尤其是不赞成对"清、慎、勤"的浅薄理解。他在论述巡抚的职责时说："巡抚一官，原极繁难，非勉能清、慎、勤三字便可谓胜任也。用人虽不求备，惟至督抚必须全才，方不有所贻误，若无包罗通省之襟怀，统驭群僚之器量，即为不称厥职。"又说："凡事当务大者远者，若只思就区区目前支吾，以尽职任而已，未有不顾此失彼，跋前踬后者，当努力勉一大字。"雍正把清（廉洁奉公）、慎（忠诚谨慎）、勤（勤劳王事），视作对高级官员的基本要求；另外还要求他们胸有全局，目光远大，能够驾驭属员，即要兼有才能与忠于职守的品德。

署理湖广提督岳超龙在奏折中表示："唯有益思正己率属，砥砺官方，以仰报高厚之恩。"雍正告诉他，即使做到了正己率属，"若不知训练兵丁，涤除陋习，不过自了一身而已，与木偶何异，旷职之愆，仍不能免"。身为提督大员，以自身的模范行动带领下属清正廉洁固然很好，但若不能将军队训练好，把从前的弊病革除掉，这样的人品行再好，也不过像个木偶人，被耍弄者拨弄，表现出各种动作，自己没有主动性，怎么能起到他所担任的职务的作用？雍正以这个标尺衡量湖南巡抚王国栋，认为他有忠诚尽责的心愿，但没有能力做好巡抚的工作。雍正以"清、慎、勤"3个字来衡量，承认王国栋具有这种品质，然而他的见识平常，不能扩充见识，所做的事情于地方没有害处，也没有好处，这就是不能胜任，故而将王国栋调到京城另行安排工作。雍正二年，以王国栋"心有余而力不足，清、慎、勤三字朕皆许之，然不能扩充识见，毫无益于地方，殊不胜任"将之内调，并以此教育其后任赵弘恩。

雍正提出用人要用有才之人。雍正看到一些有才能的人未免恃才傲物，与那些庸愚听话的人不同，不容易驾驭，但是他认为不必惧怕他们，应当用心去掌握他们。在这里尤需注意的是"借之、教之"的思想，这是说人才难得，对已经涌现出来的人才，尽管他们有缺陷，应对他们加强教育，帮助他们改正过失，以充分发挥他们的才智。鄂尔泰见到朱批后，于十一月十五日具折陈述自己的意见："可信、不可信原俱在人，而能用、不能用则实由己。忠厚老成而略无才具者，可信而不可用；聪明才智而动出范围者，可用而不可信。朝廷设官分职，原以济事，非为众人藏身地，但能济事，俱属可用，虽小人当惜之，教之；但不能济事，俱属无用，即善人亦当移之，置之。"

直隶巡抚李维钧考察吴桥知县常三乐，"操守廉洁"，"但懦弱不振，难膺民社之寄"，拟将其改任不理民事的教职，报吏部审批。吏部认为，既说常三乐"生性懦弱，必有废弛实迹"，而李维钧又不实指纠参，不予批准。李维钧感到常三乐清廉并无劣迹可议，但不称职，不便留任，不知如何处理才好，特请雍正裁夺。雍正回说，这事很好办，就让他"居官罢软，殊属溺职，相应参革"。有德无才的官，在雍正手下难以得到重用。

雍正任用有才的官员，自然对年老多病的官员表示反感和不能容忍。雍正元年，在指示湖广总督杨宗仁越格荐人的同时，要他考察属员，将"贪婪酷劣及老病无能向来苟且姑留之辈，尽数纠参"。雍正十一年，又责备兵部堂官没有将"年力衰迈"的郎中阿尔哈图、玛绅进行清理。他说："此等人员留于部内，不但于部务无益，且碍后进之阶。"因而命他们以原来品阶退休，同时传谕各部院衙门，如"章京、笔帖式内有此等年老衰迈、人平常者即行奏闻，以便清除"。他对老病而无能的官员的态度，更能从对官员正常考核的大计、京察、军政中表现出来。大计是对地方官进行考察，三年举行一次，由地方官对属员做出考核类别的评定。京察是考核中央官员，办法是四品以上官员自己做出鉴定，报告皇帝，由皇帝做出裁断，五品以下官员由吏部考核。军政是对武官考察的制度。雍正后期考核情况如下：

雍正八年（1730年），对奉天及直隶等七省的地方官进行考察。选出卓异官28名，查出贪官1名，浮躁官12名，年老官55名，不谨官36名，罢软官13名，有疾官26名，才力不及官34名。

雍正九年（1731年），对在京的朝臣进行考核，结果查出浮躁官1名，年老官1名，不谨官4名，罢软官3名，有疾官6名，才力不及官6名。

雍正十年（1732年），对武官进行考察，结果选出卓异官3名，查出贪官2名，年老官3名，有疾官2名，才力不及官1名。

雍正十一年（1733年），对浙江等十省的地方官吏进行考察，结果选出卓异官22名，浮躁官17名，年老官56名，不谨官36名，罢软官23名，有疾官24名，才力不及官31名。

雍正十一年，对直隶的官吏进行考察，结果选出卓异官1名，浮躁官4名，年老官22名，不谨官2名，罢软官2名，有疾官3名，才力不及官8名。

这些考察，都照例处理了。

雍正元年时，雍正曾批谕湖广总督杨宗仁说："如遇有为守贤能之员，即行越格保题，以示奖励。"说到条件，雍正说："国家用人，但当论其贤否，不当限以出身。朕即位以来，亦素重待科甲，然企贤无方，不可谓科甲之外遂无人可用，倘自恃科甲而轻忽非科甲之人，尤为不可。自古来名臣良辅，不从科甲出身者甚多，而科甲出身之人，亦属见有荡检逾闲者。"

对一般科举出身的官员，雍正倒是爱挑剔、不轻信的。这些科甲出身、科举入仕的人有不少都是咬文嚼字，此外并无所长的书呆子、书虫，中看不中用。经过了期望甚高的考试，皇帝亲自出题、亲自改卷，录用之后，把他们放在重要岗位上，派他们治理地方百姓。雍正对科甲出身的官员中的无能庸才最为反感，大概是因为自己有受骗之感，辜负皇恩之忿吧，所以总是爱找茬、爱挑刺，一旦找出过失，必予以惩治。

雍正五年（1727年），雍正命浙江观风整俗使王国栋为湖南巡抚，要他到任后不要犯偏袒科举入仕的官员、姑息绅衿的毛病，要他严查一两个科举出身的庸员，重惩数名败检不肖的劣生，"令众人晓然知尔心迹方好。否则年谊故旧之夤缘请托，音问书礼，络绎纷纭，即不胜其酬酢矣"。因此，雍正在山西巡抚石麟奏谢圣训教诲并陈述以前酌情提拔官员的奏折中批道："朕从来用人，只论人才，原未科定条例。若材优合例者，上也；材优不合例者，中也；若人劣而不合例，岂可乎？不但用非其人，乃开汝等督抚自作威福之权矣。更不可也。观汝此奏未悉朕旨，复批谕知之。"此处的"例"，主要起一个比照的作用，但不是框子。既合规范又才干出众，当然最好；有才干但不太合规范，一样可用，关键是看他是不是有真才实学。雍正看重的是真才实学，以实察人，而不务虚，所以被他选中的人，到岗位上之后都能勤勤恳恳、脚踏实地地工作。

总结雍正的用人思想，可以概括为以下三条：一是用人只论其才能，不受陈规旧例的限制，可以越级提拔，可以不太注意满人、汉人的区分；二是对廉洁奉公、勤劳、谨慎而无才能及创造性的类似"木偶"的官员，可以信任，但是绝不可以重用，以免耽误政事；三是对有才能而有傲慢等毛病的人，不要因为他们的短处而弃才不用，当然也不能放纵他们，要对他们加强教育，希望他们克服弱点，更好地发挥才干的作用。

从争夺皇位到治理天下，雍正得力于他手下的一批亲信。那么，雍正与他的那些宠臣的关系如何？他又是如何任用他们的呢？

鄂尔泰，是雍正的得力股肱。雍正朝中，像鄂尔泰这样的官员非常难得。他本人有功于清代历史的发展，同时他的出现也表明了雍正的用人之道：在君主的绝对独裁中，能容纳建不世之功的人物。

鄂尔泰，字毅庵，满洲镶蓝旗人，20岁中举人，进入仕途。此后20余年官场不得意，只出任了内务府员外郎这样的微职，42岁时作诗自叹："看来四十犹如此，便到百年已可知。"对前途悲观失望。

就在这个时候，作为亲王的胤禛，找鄂尔泰办事。鄂尔泰却以"皇子宜毓德春华，不可交结外臣"，予以拒绝，就是这次接触，使得明察的胤禛认识了鄂尔泰，认为他刚直不阿，是忠臣的材料。等到胤禛继位，召见鄂尔泰，称赞他"汝以郎官之微，而敢上拒皇子，其守法甚坚，今命汝为大臣，必不受他人之请托也"。遂命其为云南乡试副主考，4个月后将他越级提拔为江苏布政使。雍正不计前嫌，以才能用人，表现了君王豁达大度的气魄，而鄂尔泰也不负众望，在雍正初政的治理整顿中政绩突出，故于雍正三年九月升为广西巡抚。赴任之时，雍正仍觉此人尚可大用，又追其署云贵总督事务。

鄂尔泰不仅是个"督抚模范"，而且是个出色的政治家，推行"改土归流"就是一个有力的证明。同时鄂尔泰深谙用人之道，常与雍正谈论使用人才，讲才职相当，讲设官为办事而非养闲人，讲珍惜与教育人才，这些都是用人唯上的经典之论，雍正非常赏识。鄂尔泰还有识人之明。在云贵任两省总督时，他擢拔哈元生于末弁之中，赏识张广泗于众属吏之中，并委以重任，使之建功立业。

鄂尔泰有句名言："大事不可糊涂，小事不可不糊涂。若小事不糊涂，则大事必至糊涂矣。"说的是要明辨大是大非，重大局。张廷玉很佩服其见识，称此句话"最有味，宜静思之"。鄂尔泰后任云贵总督，尹继善也称之"大局好，宜学处多"。

鄂尔泰因"公忠"被雍正所识，也因"公忠"被雍正委以重任。他常以此勉励自己，奉"公忠"为原则。他对新任云南巡抚朱纲说：皇上用人行政，"无甚神奇，只是一个至诚，事事从上体贴下来，以一贯万，一切刑赏予夺皆听人自取，而了无成心。如果无欺，虽大过必恕；设或弄巧，虽小事必惩。我辈身任封疆，只需实心实力地为地方兵民计，即所以酬恩，即所以自为，一切观望揣度念头皆无所用，一并不能用"。鄂尔泰认为臣下只要诚心对待皇上，事情没有办不好的，没有不得到皇帝赏识的。即使稍有疏忽，也会得到皇帝谅解。雍正读到他的这段话，从中看到了鄂尔泰忠诚之心，批示道："朕实含泪观之。卿实可为朕之知己，卿若见不透，信不及，亦不能如此行，亦不敢如此行也。朕实嘉悦而庆幸焉。"雍正经常向群臣夸赞鄂尔泰"君官奉职，愿秉忠诚，此专心为国，而不知其他者"。

雍正与鄂尔泰感情非常好，私交甚厚，使得这对君臣之间有点朋友的味道。雍正三年冬，鄂尔泰去云南任职，身体有些不适，雍正竟命他乘御舆前往。鄂尔泰恢复健康，雍正高兴地说："朕与卿一种君臣相得之情，实不比泛泛，乃无量劫善缘之所致。"雍正过五十大寿，与群臣举杯庆贺。鄂尔泰远在西南未能出席，雍正深以为憾，特地选了宴会中的食物，寄往云南，犹如与鄂尔泰同在一个宴席上共享美味了。鄂尔泰接到食物后，立即上表谢恩，说臣不知如何才能把内心的感激表达出来，只有天地神明才了解臣的这种虔诚的心情。雍正如此酬忠，鄂尔泰也知恩图报，肝脑涂地，在所不惜。

张廷玉和鄂尔泰同为雍正宠爱的大臣，但各有不同。鄂尔泰受雍正重用后，忠心耿耿、敢作敢为，以济世为己任，常以诸葛亮自命，想要大展宏图、垂名青史。这二人，一个恭廉默做，一个进取不辍，但都忠于雍正。雍正也能很好地驾驭他们，让他们各尽所能。这也体现了雍正不拘一格用人才的思想。

张廷玉，安徽省桐城县人，他的父亲是大学士张英。康熙三十九年，28岁的张廷玉中进士，开始走上仕途。雍正继位不久，就命张廷玉协办翰林院掌院学士，晋为礼部尚书。此后张廷玉因勤于政事，官职屡有升迁。雍正七年，任军机大臣，加少保，八年赐轻车都尉。雍正临终前，他与鄂尔泰同为诰命大臣，并下遗诏命他得享太庙。整个清代中，仅张廷玉一名汉族大臣得享太庙，可见其深为雍正宠信。

张廷玉身兼数职，工作繁忙。雍正有时一天之内3次宣召张廷玉，并且习以为常，每次宣召又几乎是刻不容缓的要事。从内廷出来，也一刻不得闲。下属官吏请求批示和批阅文件的，常常有几十甚至上百人。他经常在轿中、马上都得听取汇报，批览文书；晚上回到家里也不能休息。"燃双烛以完本日未竟之事，并办次日应办之事，盛暑之夜亦必至二鼓就寝，或从枕上思及某事某稿未妥，即披衣起，亲自改正，于黎明时付书记缮录以进"。张廷玉办事勤劳，谨慎用密，"尤为上所倚"。雍正对这一切一清二楚，所以曾说张廷玉和鄂尔泰二人"办理事务甚多，自朝至夕，无片刻之暇"。张廷玉确实是把全部精力都投入到雍正所交给的各项事务中去了。所以雍正称誉他为"赞猷硕辅"。

雍正办事效率极高，常常面谕大臣诸多事情，有很多大臣不能逐一记清楚，于是传达和执行时不能准确体现雍正的意图。雍正在召见地方大臣时，时常命他们在回任时给本省或路过地方的官员转述旨意。而这些人聆听时，有的听不清楚，有的甚至遗忘，雍正又不好责怪他们。这样的问题严重影响着政务的开展，雍正为此费尽脑筋，后来终于发现张廷玉草拟的圣旨，很精确地表达了自己的本意。于是张廷玉便承担这一重要的文字工作，而且完成的十分出色，因此屡获雍正的表扬。

张廷玉另一方面的功业，在于他创设了军机处的规章制度，使军机处成为中枢机关，影响了清代历史。雍正七年，军机处设立，张廷玉同怡亲王允祥、大学士蒋廷锡一起担任军机大臣。军机处的一切规章制度，主要由张廷玉制定。"廷玉定规则：诸臣陈奏，常事用疏，自通政司上，下内阁拟旨；要事用折，自奏事处上，下军机处拟旨，亲谕朱笔批发。自是内阁权移军机处，大学士必充军机大臣，始得预政事"。自雍正开始，皇帝诏令的传达"密且速矣"，"其格式乃张文和所奏定也"。

雍正视张廷玉为股肱大臣。有一年张廷玉身患小病，雍正对近侍们说："连日来朕臂痛，你们知道吗？"近侍们吃惊地问缘故。雍正说："大学士张廷玉患病，非朕臂病而何？"雍正给了张廷玉优厚的酬劳，以赏其功，笼其心。雍正五年，赐给他一所价值35000两的当铺。雍正八年又赏银万两，张廷玉辞谢不受，雍正对他说："汝非大臣中第一宣力者乎！快快领赐，不要谦让了。"

在怡亲王允祥死后，鄂尔泰加入军机处之前，张廷玉在所有朝臣中，是雍正最信赖的。雍正曾御笔亲书"赞猷硕辅"的匾额赐给张廷玉，以表示对他的褒奖。雍正还赐给张廷玉对联一副，其辞曰："天恩春灏荡，文治日光华。"这副对联是雍正与张廷玉君臣关系的真实写照。张家获此皇恩后，年年都把它作为春节的门联。此联后来为官民所普遍袭用，以表达歌颂圣上和希冀皇帝赐恩的愿望。

田文镜，康熙元年生，监生出身，无科举之名，20多岁时到县衙做了个小书吏。终康熙一朝，已61岁的田文镜仅是个默默无闻的小京官。雍正即位，他奉命去华山告祭，途经山西时，见各处饥民流离，而山西巡抚德音却上报山西无灾，"家给丰足"。德音是满洲亲贵，无人敢犯，田文镜则仗义执言，回京复命时，据实汇报，参奏德音欺瞒圣上。当时官员们一般采取瞒上不瞒下的办法，互相包庇，愚弄皇帝，而田文镜破此旧俗，忠君不欺，立即得到了雍正的欢心，任命他为山西布政使，前往赈灾；并且罢了德音的官。田文镜到达山西后，雷厉风行，很快取得了抗灾实效，稳定了局面。事隔半年，雍正调其到河南任职。田文镜在河南推行新政，成为治世能臣，备受雍正的信任和宠爱。

田文镜是雍正一手提拔的官员，即使有过错，雍正也给予保护，这样宠待他自有缘由。田文镜死后，雍正给他的评语是："老成历练，才守兼优，自简任督抚以来，府库不亏，仓储充足，察吏安民，惩贪除弊，殚竭心志，不辞劳苦，不避嫌犯，庶务俱举，四境肃然。"正因为如此，雍正下旨称田文镜为"模范督抚"。

田文镜一心为国，毫不瞻前顾后，不避嫌疑。这是雍正欣赏他的第一个原因。雍正元年（1723年）河南黄河决堤，造成大灾，田文镜以布政使到任，决心修河治本，但却遇到了极大困难：河南官僚、地主拒绝出资当差。田文镜募夫募捐成了难题。于是密奏雍正，请求改变惯例，修河夫役按土地摊派，"绅衿里民，一例当差"，这成了雍正王朝"绅民一体当差"的蓝本。

田文镜在推行新政方面，用力最勤，成效最明显，这也是雍正欣赏他的主要原因。田文镜在任以来，清查积欠，实行耗羡提解；打击贪官污吏，保证府库充盈；惩治不法绅衿，平均赋役，调节了绅衿与国家、与平民的关系，缓和社会矛盾；推行保甲法，加强对人民的控制，强化了治安。

雍正在全国掀起反贪除陋的大规模运动，田文镜坚决执行，先后参奏22名河南的州县贪吏，收回40余万两贪款，查出隐瞒不报的田地2500余顷，取得的成绩为全国各省之首。田文镜在河南行事刻薄，屡遭攻击和议论，雍正都有力地保护了他，因为雍正深知，田文镜与他与新政休戚相关。雍正支持他，不是孤立地把他看作一个人，看作田文镜个人，而是视之为"巡抚中之第一人"。雍正如此评价："若各省督抚皆能如田文镜、鄂尔泰，则天下允称大治矣。"肯定的是他的行政体现了雍正改革数百年积弊的革新精神和政策，肯定的是他雷厉风行、施行严政的手段。

雍正知道对田文镜的评价，关系到对他的用人和行政的看法。他在田文镜奏折上写道："卿之是即朕之是，卿之非即朕之非，其间有何区别？"他曾自惭用人不当，说："假如诸臣之中，不得田文镜、鄂尔泰，则朕之罪将何以谢天下也！"他们真是君臣一体，鱼水难分。雍正褒奖田文镜，既是支持这个宠臣，也是坚持自己的政治，为自己的政治辩护。

雍正为了表示宠待田文镜，将他从隶属的汉军正蓝旗破例提拔入正黄旗。正蓝旗在下五旗，而正黄旗是上三旗。雍正多次保护田文镜是为了用其所长。但这样的君臣关系在历史上实属少见。可见雍正用人十分自负，并懂得宽容之道。

此外，还有李卫、岳钟琪等人，都是雍正的得力干将。至于年羹尧、隆科多等人，只是一时炙手可热的人物，雍正夺位有赖于他们的全力支持。雍正虽也宠过他们，但最终因他们与雍正背道而驰，雍正不得不过河拆桥，铲除了他们。虽落"兔死狗烹"骂名，但在这专制皇权下，谁人不是如此？而允祥、鄂尔泰、张廷玉等因忠于他，为他卖命，雍正当然大用之成。

雍正从众皇子中脱颖而出，一跃成为一国之主，得力于他的一大批心腹和智囊团的协助。与其他皇子相比，他最善于识人用人，这是他夺储胜利的一大法宝。而雍正登上皇位后，更是把用人发挥到了极致，从而使他身边聚集了允祥、张廷玉、鄂尔泰、田文镜、李卫、傅鼐、蒋廷锡等人。

清人龚炜评价雍正的用人之道是历史上帝王中最出色的，其文言：

> "登进不拘一格，则怀才者兴；迁官不以年资，则宣力者奋。假以便宜，然后责其效，任事无掣肘之患；予以养廉，然后责其清，外官无亏空之忧。以民社为不可轻，政必先于试可；以官方为不可忽，法不贷夫贪残。故政举刑清，民安吏戢，真可谓万世法也。"

龚炜所言虽有阿谀奉承的嫌疑，但也道出了雍正是善于用人的。

第三节　反贪污

康熙末年，由于立储问题未能解决，导致朝廷内外都忙于结党，忙于寻找将来的天子，康熙为此事也是心力交瘁，无力应对其他朝政，因而康熙后期的朝政非常混乱，官吏贪污，吏治腐败，并因此钱粮短缺，国库空虚，造成很多严重的社会问题。雍正当皇子时深知这一点，他上台后就要坚决地纠正这种情况。而要富民富国，首先便是整顿好吏治。

钱粮亏空是当时一个大问题，主要出在官吏贪污上。雍正即位之时，按照惯例，新皇帝即位要大赦天下，其中也包括对一些贪官污吏的赦免，雍正认为这样做，会助长贪官污吏气焰，让其继续侵占国家财产，因而他下令除去此条的豁免，这充分地表明了雍正对官员们贪污行为的憎恶，整治贪腐也是他对官吏们进行整顿的第一步。

雍正在即位前就对亏空和贪污问题非常清楚，他曾说："历年户部库银亏空数百万两，朕在藩邸，知之甚悉。"雍正元年（1723）十二月甲子，他给户部下达了全面清查积欠钱粮的命令，让各地严格执行，查清何项亏空，原因是什么，所有亏空3年内必须补齐，且不许苛派于民间。因上司勒索及公用者分别处分。属侵占贪污者，除赔补外还要惩办主犯。随即，在中央设立会考府，由怡亲王允祥和大臣隆科多负责将清查进行到底。会考府是中央的审计机关，各部、各省皆由其督责。会考府查出户部亏空250万两，雍正令户部历任堂官、司官、部吏赔150万两、另100万两由户部逐年弥补。清查中涉及高级官员也决不容情，当时有许多郡王、贝子将家产拿到大街上变卖赔补亏空。对有些贪污多的官僚，雍正就抄其家，以家产弥补亏空。

地方上的清查更为雷厉风行。因亏空，许多省级官员被革职、查封、抄家。对赃官，采取严厉手段，抄家之外，命其亲戚代赔。凡亏空赃官，一经揭露便予以革职。各省被革职罢官的官员多达三分之一，有的达到一半。因此，社会上说雍正"好抄人家"。

雍正却认为抄家是必要的，并对此做出了解释："若听其以贪婪横取之赀财，肥身家以养子孙，则国法何在，而人心何以示儆。况犯法之人，原有籍没家产之例，是以朕将奇贪极酷之吏，抄没其家资，以备公事赏赉之用。"若听凭贪官污吏靠巧取豪夺得来的财货损公肥私，那国家还有什么法律尊严可言，又靠什么来治理百姓？况且对这些犯法的人，原来就有抄没他们家产的法律条文，所以我才按照法律规定，抄没了他们的家产，并准备把这些不法所得用在国家需要的地方。

雍正此举是决心从上到下，从里到外，全面清查所有的贪官污吏。这是一场极其艰难而又庞大的斗争。

康熙时期，康熙虽然也察觉了吏治的腐败，但是考虑到牵一发而动全身，便一再忍让下来。而雍正却是一个不能容忍腐败的人，再艰难的改革他也要推行下去，何况此时正是他即位之初，想要大干一番事业的心理，也促使他下定决心要一干到底。雍正曾对允祥说："尔若不能清查，朕必另遣大臣；若大臣再不能清查，朕必亲自查出。"

雍正四年，大规模清查江西省的钱粮亏空。当时的巡抚裴㷱度明明知道各府州县仓谷亏空很多，但却隐瞒不报，对下面的贪污官员也是极力包庇。长此以往，亏空局面难以改变。雍正对此极为恼火。雍正命已调任的裴㷱度留于任所，将前任布政使张楷、陈安策发往江西审讯。雍正又认为现任巡抚都立，无论做人还是当官都太软弱，只是喜欢沽名钓誉，不能完成清查亏空这么艰巨的任务，因此决定特派吏部侍郎迈柱到江西，彻底检查全省钱粮多年的亏空问题。与此同时，雍正下令从别的州县挑选出几十名官吏，火速奔赴江西。清理的结果出来以后，雍正马上命令裴㣙度及历任藩司补偿亏空。特派官员异地清查亏空情况，让他们互相监督，这是雍正惯于使用的狠招，屡试不爽。

雍正在打击贪污、清除腐败这件事上，取得了举世瞩目的成果，同时也表现了他澄清吏治的勇气和心智。由于措施得力，3年后，各省清偿了大部分亏空，如直隶总督李维钧在雍正三年八月上奏，称该省欠银共41万两，到当年年底已偿还20万两。又如河南省巡抚田文镜在雍正二年的奏折中写道："臣不遗余力檄委各州府互相觉察，设法严肃，总期彻底澄清，不容纤毫短少。"意思是我不遗余力地责令各州县官吏互相监督举报，严肃执法，希望彻底查明亏空问题，使政府分毫不少地收回被贪污的钱粮。

会考府在雍正的大力支持下，取得了显著的效果，查办案件550起。在查办案件时，遇到许多皇亲贵族，对这些人的贪污行为，雍正也是一视同仁。

例如，在查办内务府亏空的案件中，牵涉自己的一位皇弟，雍正毫不犹豫地下令其赔偿贪污的银两。无奈之下，皇弟只好将家中的古董拿到大街上折卖，以此来补偿亏空的银两。另外一位皇弟被责令赔偿数万金，后来为补足赔偿，竟被查抄了家产。

雍正如此大刀阔斧地对这些身份高贵的皇亲进行查办，使地方上的其他亏空案件查办起来，就方便得多。例如被革职查办并查封家产的地方官吏有湖广布政使张圣弼、粮储道许大完、湖南按察使张安世、广西按察使李继谟、直隶巡道宋师曾、江苏巡抚吴存礼、布政使李世仁、江安粮道王舜、江南粮道李玉堂。

清朝的法律，对挪移的处罚较轻，对贪污的打击则重。因此，许多官员在被查出有贪污情况后，往往多想办法巧立外目，将贪污所得报作挪移，想借此免于重罚。但雍正对此类官员的作为了如指掌。他明确指出："借挪移之名，以掩其侵欺之实；至于万难掩饰，则以多者为挪移，少者为侵欺，为之脱其重罪。似此相习成风，以致劣员无所畏惧，平时任意侵欺，预料将来被参，亦不过以挪移结案，不致伤及性命，皆视国法为具文，而亏空因之日益多矣！"

为了防止贪官们钻空子，雍正采取了釜底抽薪、声东击西、避实击虚的策略。即他一反常态，首先从挪用公款一事抓起，命令那些贪官先清偿被挪用的公款，此后再抓他们贪污的罪证。这样一来，就使那些贪官再也无法巧借挪移之名掩盖贪污的事实了。

为了能使亏空的钱粮追回，雍正采取了追偿的办法，并且责令亲戚有帮助赔偿的义务。这一规定的提出是因为雍正发现许多贪官将自己的家产偷偷地存放在宗族亲戚的家中，以此来逃避查封。采用亲戚追偿的办法，就大大地遏制了贪官的这种侥幸心理，使他们低头伏法。

在当时官吏贪污成风的情况下，他这种不墨守成规的做法却收到了显著的成效，有力地打击和遏制了当时的贪污风气。其锐意进取，首抓吏治的作风对后世产生了极其深远的影响。嘉庆年间的史学家章学诚曾对雍正作了一番较为中肯的评价，称："我先皇澄清吏治，裁革陋规，整饬官方，惩治贪墨，实为千载一时。彼此居官，大法小廉，殆成风俗，贪冒之徒，莫不望风革雨，时势然也。"

除了抄家索赔这一手段外，与抄家同时进行的另一举措是罢官。而以前的做法却不是这样，将贪官继续留任，以便其想办法弥补亏空。雍正对这些贪官十分清楚，继续留任他们，必然是将新的亏空来补偿旧的亏空，根本不能解决问题。凡是贪官，一经查出，雍正就将他们革职离任。他曾解释道："亏空钱粮各官，若革职留任摧追，必至贻累百姓，固不可复留原任；若已清还完毕，尚可为官者，由大吏奏请。"雍正对待贪官的警告是："做官贪婪不法，必毁自己体面。"

雍正采取了一系列有效措施来处理贪官。

"株连法"。雍正认为有的赃官会把赃物存放转存到宗族亲友处，因此，他在命赃官赔补亏空的同时往往还要抄没该官亲友的家产。这种措施虽好，但株连太广，又有可能伤及无辜，非常不得人心，招人憎恶。因此，雍正在实行这一政策后不久，就把它停止了。

"禁止代赔法"。在追赃的过程中，有些官吏往往指使下级官僚和地方百姓代为偿债，雍正在得知这一情况后，明令禁止这种代赔行为。如雍正元年，新任直隶总督李维钧曾奏请雍正批准由该省官员帮助前任总督赵弘燮清还亏欠。对这一奏请，雍正不但没有批准，还说纵使州县官富裕，只能替地方上兴利除弊，却不能替他人补偿亏空。此后，雍正又发现了许多不肖绅衿与贪官勾结鱼肉乡民的事。因此，他断然采取了另一举措，犯案官员决不能留任。此后，禁止代赔法实施后，由于某些官员贪污数额巨大，知道性命难保，因此畏罪自杀的事情时有发生，雍正决定对畏罪自杀的官员加重处理。为此，雍正强调："料必以官职不保，不若以一死抵赖，留赀财为子孙之计。"

正是因为雍正采取这种查封贪官家产、补偿国库的办法，使得国库日益充足起来。3年时间，雍正基本上清理了康熙以来的所有积欠，充实了国库，打倒了一批贪官，又震慑了其他的官吏，起到了很好的教育和威慑作用。

除了重拳打击贪污犯罪，雍正还决心革除官场上的送礼这一陋习。

在养廉银制度实行之前，地方官吏中的下属，必须按一种陋习向上司送一定的数量的礼金。若上司本人身兼数职，下属就必须同时奉上几份礼物。山东巡抚黄炳向雍正提出了革除此项陋习的建议。雍正立即发出上谕，明令禁止钦差大臣接受地方官吏的馈赠，同时还禁止了各省督府借收礼之机向各州县摊派的行为。

河南巡抚石文焯率先执行了雍正的命令。他在推行"耗羡归公"的同时，考虑到若不革除规礼陋习，各州县官吏势必还会在耗羡之外另行加派以奉献上司，因此他下令："所有司道规例、府州县节礼，及通省上下各衙门一切节寿规礼，尽行革除。"这就是说，全省大小官员，此后再不必为上司送各种各样的礼了。此后，继任河南督府的田文镜，也是以身作则，不收"规礼"："家人吏役约束颇严，门包小费一概谢绝。"河南有一些特产，如开封府的绫、绵、绸、手帕、西瓜，归德府的木瓜、牡丹、冬枣、石榴，怀庆的地黄、山药、竹器，汝南府的光鸭、固鹅、西绢，平原州县的麦豆，水田州县的大米，附山州县的木炭、兽皮、野鸡、鹿、兔等类，上司强令该地方官交纳，成为惯例。田文镜一概不收，严行禁止地方官交送。田文镜能坚决抵制官场送礼风，并因此备受雍正赏识。

其实，并不是所有的官员都能像石文焯、田文镜一样以身作则，刚正清廉。为此，雍正决定对那些收受贿赂的官吏加大处理打击力度。他不但将犯事的官吏处以重罪，同时还株连其上司。这就是说，下级犯罪，与上级督察不严有着必然联系，因此犯事官吏的上级也应该一并受到株连。雍正的这一招虽有些过激，但却使地方大员无不战战兢兢唯恐受到株连。因此，他们便再不敢听任下属胡作非为了。这正证实了田文镜向雍正提出的那个建议："欲禁州县之加耗加派，必先禁上司，欲禁上司，必先革除陋规。"由此看来，雍正在革除陋习的过程中，用的正是打蛇先打头，擒贼先擒王的策略。

在取缔陋习的同时，雍正还加强了对中央官员的约束。以前，地方官在向户部交纳钱粮时，每1000两税银中要加派25两所谓的"余平银"和七两"饭银"。雍正意识到这也是滋生腐败的一个源流，因此在即位之初就下令减去"余平银"的十分之一，以缓解地方上过量的财政负担。"耗羡归公"后，允祥曾建议雍正取消收纳如"余平银"和"加色银"，并同时杜绝地方官少交或以"潮银"抵充足色纹银的行为。如果实行这一办法，可以有效地制止主管国库的官员与地方官员侵蚀私分国家钱粮的图谋。雍正认为这个建议有理有据，立即批准，取消这一加派现象。

加派被取消后，雍正又开始向"部费"开刀。所谓"部费"就是指各衙门在向吏部陈奏各项事务时，如不交纳一定数额的礼金，吏部就不批准予以实行。其他各级衙门也有类似的现象。甚至新设立的会考府，本是打击贪污清理钱粮的部门，但其中的个别人也暗中收取这种"部费"——这涉及雍正早期的宠臣之一隆科多和雍正的政敌允禩。他们当时都是会考府中的实权人物。因此，雍正同他们的较量更是用尽心机，既斗智又斗勇。为此，雍正对此也做出了明文规定，指出各省总督、巡抚、提督、总兵必须对"部费"这一不良现象严加禁止，倘有人督察不严，将从严治罪。至此，官场送礼风才有效地被扼制住了。

另外，当时假币的流通，不但破坏了雍正政府的货币制度，同时也扰乱了国家正常的经济秩序。因此，雍正必须采取断然措施堵死漏洞，制止民间私自铸钱业，这样才能保障国民经济持续而健康地发展下去。

为了打击私自铸钱业，雍正开始向各省督抚施加压力，要求他们必须对私铸犯罪活动"密访查拿，严刑禁止，毋使奸徒漏网"，并声称"如若官员不实力办理，定行从重治罪"。接着，他又命令刑部制定出一套严禁私自铸钱的条例，随后又亲自定出了因私铸而销毁官制铜钱的惩罚条例，其内容大概为："定例毁化制钱本犯本该管地方官并邻佑房主俱照私铸例治罪，除销毁新铸官钱者仍照私铸例治罪外，如有毁化小制钱者，其该管地方官，若知情者与本犯同罪，不知情者亦照私铸例降三级调用，房主邻佑不分知情与不知情，亦照私铸例枷号一个月，仗一百，徒一年。"从这个惩罚条例来看，雍正所用的惩罚手段显然过分严厉，由于"该管地方官并邻佑房主照私铸例治罪"，地方官和私铸分子的左邻右舍必然会因惧怕受到惩处而隐瞒实情。

除了清查亏空、净化官场风气之外，雍正还实施了另外两次改革——"耗羡归公"和"养廉银"制度。

"耗羡归公"的提出有效地杜绝了官吏的私征钱粮之路，使吏治得以澄清。"养廉银"制度就是给足官员的生活、办公费用，不许他们贪污，保证廉洁奉公。"耗羡归公"的推行也使官员失去了自行支配的"耗羡银"，杜绝了馈赠上司的财道，各级官员只有依靠朝廷的俸禄，如此来保障吏治的清廉。这三项大事同时进行，使官场上贪婪勒索的风气习惯和腐败的吏治大加改观。

雍正有言："安民之道，唯以察吏。诸卿果能秉公，毫不瞻顾，沽誉姑容，则吏治必清，天下大治。"政治腐败必然伴随着经济腐败，而整个社会面貌与之清浊相对应。政治经济面貌与国民精神的面貌是一体的。

雍正大力打击官场中的贪污现象，必然会堵住许多官吏的生财之道，使他们处于生活艰难的境地。而当时中国官吏的腐败，地方政治的废弛，实际上是由官吏待遇低下造成的。当时，清朝官吏的俸银在中国历代封建王朝中几乎是最低的。清制规定——文武百官的俸薪是：一品银180两，二品155两外，还有俸米，每银一两给米一斛；而且，外任文官还没有俸米，武官更低于文官。这样，一个九品小官所得的俸禄相当于一个地主出租50亩地所收的地租，如此微薄的收入，又怎么能使各级官吏养家糊口呢？由此可见，当时清朝官吏的贪污应该说是"迫不得已"的，而雍正在打击贪污的过程中，也发现了这个问题，于是决定采取一种新的举措，以提高官吏的生活水平，这就是建立所谓的"养廉银"制度。

"养廉银"制度和"耗羡归公"是密不可分的。所谓"耗羡"，是自明代以来各地方政府实行的一种不成文的税收政策。由于明清两代官吏薪俸低薄，所以，历任统治者为了增加官吏收入，允许各级政府在为国家收取正税的同时，额外再增加一层附加税，而这层附加税，就是用来提高各级官吏的收入以及用做地方办公费用的——这就是所谓的提"耗羡"。这就给各级官吏带来了钻空子的漏洞。他们往往任意增加附加税，并私自截留，中饱私囊，从而造成了乱摊派现象，给劳动人民带来沉重的经济负担。清时的赵申乔曾感慨地写道："惟横征私派，黄祸尤烈！如收解钱粮，私加耗羡；解费杂徭，每浮额数……"

雍正在当政前，就对吏治败坏、贪污受贿成风的问题有了深刻的了解。所以，雍正在即位后不久就指出："朕观古之纯臣，载在史册者，兴利除弊，以实心行实政，实至而名亦归之。古曰：名者，实之华也。今之居官者，钓誉以取名，肥家以为实，而云名实兼收。不知所谓名者，果何谓也！更有仕宦之初，颇著廉名。及身跻大位，则顿易其操，古人谓之巧宦，其心事岂可问乎！"雍正的这番话，不但解释了"名实"兼收的本意，同时还一语道破了某些人做官的目的，揭露了他们贪婪不法的本质，可谓见解深刻、体察入微。对此，雍正不得不采取一系列措施来解决上述问题。除摊丁入亩和清查亏空、打击贪污外，雍正所采取的另一种项措施就是提"耗羡"、设养廉。

"耗羡归公"，就是把各州县征收的原本是由州县支配的开支用银全部交到省里，再由省里按一定比例发回地方。把所有的"耗羡"都交上来以后，州县官们知道多征对自己也没有好处，也就不会出现滥征的情况了，老百姓的负担也会相应减轻。这样既加强了中央的控制能力，又可以减轻老百姓的负担，于国于民，都是好事。"耗羡归公"之后，雍正规定了它的三大用途：一是发给官员"养廉银"；二是弥补地方钱粮亏空；三是留作地方公共事业和办公费用。在雍正初期，相当部分的"耗羡银"用在了补偿地方钱粮亏空的方面。此后，亏空基本上被补足后，这部分费用就被转到了地方官员的养廉上。

所谓"养廉银"，顾名思义，就是从"耗羡"中拨出一部分用于官员的私人生活和衙门公务开支的银两。更确切地说，就是把官员养起来，让保证其在丰衣足食后廉洁奉公，不再贪污受贿、鱼肉百姓。

水至清无鱼，人至察无友，雍正对此看得非常透彻，因此他在实行"耗羡归公"的同时就说："恐名官无以养廉，以致苛索百姓，故于耗羡中的酌定数目，以为日用之资。"意即：我怕"耗羡归公"之后各级官吏断了财路，会更加勒索百姓，所以决定从"耗羡"中拿出一部分奖金分发给各级官吏作为奖励，以杜绝贪污现象。此后，随着各省钱粮亏空逐渐弥补清楚，地方官吏廉银亦随之不断增加。另外，在这一个过程中，雍正也逐步将"养廉银"的发放规范化、制度化了。

到雍正十二年（1734年），地方各级官吏所得的"养廉银"数量，已超出了正式薪俸的几十倍甚至上百倍。例如：原督抚的薪俸仅为180两左右，其"养廉银"却高达15000～30000两不等。原州县官吏的薪俸仅为45两左右，其"养廉银"却高达4000～6000两不等。地方官吏的问题虽解决了，但京官的俸禄低微问题更突出了。考虑到这一矛盾如果不能及时加以解决，势必难以杜绝外任官员向京官送礼的现象。为此，雍正决定给吏、户、兵、刑、工五部尚书、侍郎发双俸，并给汉人小京官加俸银若干，这就使京城内外的一切官吏都尝到了改革的好处，再没有对"耗羡归公"一事评头论足的了。

雍正有一句名言："世间事不过择一是路力行之，利害不管，是非不顾，一切阻挠乱之无知庸流，毫不能动此坚忍不拔之志，方能成事也。"雍正在实行清查亏空、"耗羡归公"、"养廉银"制三项措施后，还一举打击了恣意加派，接受规礼，贪婪勒索等官场恶习，并肃清政治，稳定人心。雍正的这一做法，可谓是虑事周详、统观全局、恩威并重、赏罚分明，清查亏空，反贪必须养廉，否则无从附着。高薪养廉，雍正这一招抓住了大多数人做官为发财的本质，让他们拿在明处，而无须偷偷摸摸。这就从根本上堵住了某些贪官污吏的退路，使他们再无苛索百姓的理由。

雍正虽然在位时间不长，但是却进行了诸多的改革，使康熙后期的混乱局面为之一新。他整顿吏治，清查亏空，并创建了"养廉银"制度，使得朝政立刻畅通无阻，为乾隆朝的兴盛打下了基础。

第四节　满汉问题

满人入关后，由于政策不当，残酷压迫汉人，以致满汉关系紧张、矛盾重重。在处理这一问题上，雍正充分展示了他海纳百川之气度和高瞻远瞩之才识，视满汉如一体，公平相待，终于缓和了紧张气氛，团结了两族朝臣。

自清兵入关后，反清复明思想就在一部分汉人中流行着，不少人积极实践，故而类似"朱三太子事件"的事不断出现。崇祯有7个儿子，第二、五、六、七四子都去世了，长子朱慈烺被立为皇太子；三子朱慈炯为周皇后所生，封为定王；四子朱慈炤生母为田贵妃，受封永王。李自成进北京，获朱慈烺，封之为宋王，得朱慈炯，封为宅安公，朱慈炤下落不明。李自成退出北京后，朱慈烺和朱慈炯兄弟也不知去向。可是不久有人自称是明太子朱慈烺，投奔南京福王政权，因真伪难辨，被朱由崧囚禁。剩下最尊贵的就是第三子朱慈炯了，汉人正好利用他的名号反清。

在雍正朝以前，汉族的反清斗争多打着反清复明的旗号，领导者大多假托是明王朝统治者的后裔。自顺治年间便有人假借定王明义起事。康熙十二年（1673年）京城有杨起隆称朱三太子起事，很快被镇压下去。康熙十九年（1680年），福建又发生了蔡寅领导的"朱三太子"起义。

其实真正的定王流落于安徽，后到浙江，教书为生。他在江南，渐渐暴露了身份，民间不少人知道他的来历，因此，有民族志士利用他来号召群众。

康熙四十六年（1707年），江苏太仓、浙江四明山都爆发了以定王名义的起义，受到清廷的严酷镇压。定王当时已70多岁，逃至山东汶上被捕杀。但汉族反清斗争并未停息，民间广泛流传朱家后裔在海外，并有人积极联络人马。直到雍正七年（1729年），山东还有人冒称明帝后裔起事。

面对这种情况，雍正采用两手策略，一是严密防范，坚决镇压，雍正多次严谕各地督抚，尤其是江浙、闽广等地严加访察，不放过任何疑点。对于暴露的反清组织，坚决镇压。另一手便是访求明朝宗室，封给爵位，承担明朝诸陵之祭祀。雍正二年（1724年）称访到明代王后裔，封为一等侯，专司明陵祭奠，以此绝天下汉族之望。用优礼的办法，缓和汉族人民对明朝的思念。

雍正深知"朱三太子"的能量，特别是大岚山及念一和尚的案子，他是很清楚的。他也参加了查看明十三陵的活动。也就是说对反清复明他不仅知道，而且决定采取对策。在继位之初，雍正就立明太祖的后裔为一等侯，准其世袭，承担明朝诸陵的祭祀，这自然是笼络汉人，驾驭汉人的一个手段。但无论如何，这不失为一种治国安内的良策。

雍正元年（1723年）九月，雍正说他发现了康熙帝未发的谕旨：称赞朱元璋统一华夏，经文纬武，为汉唐宋诸君所未及。因此，雍正遂命人访求明太祖后裔，来祭祀明朝诸陵。次年，找出了正白旗籍的朱元璋后裔正定知府朱之琏，雍正封他为一等侯，准其后人世袭，承担明朝诸陵的祭祀。不过确切地说，朱之琏的先人朱文元，是明宗室代简王的后人，在松山战役中被俘，入了八旗，是早已满化了的汉人。

雍正这样做，目的在于掩人耳目，笼络人心，即以朱之琏为招牌，宣传清廷不仇视明朝、不歧视汉人之意。

鉴戒于"华夷之辨"的民族意识纷争，雍正依然执行清朝传统的依靠满洲团结汉人的用人方针，对普通的满汉矛盾尽量求平，以安定民心。同时雍正比较重视才能，给某些汉人以较高的地位和特殊的荣誉，有利于这些汉人发挥政治作用。只有这样，才有利于巩固清朝的统治。

雍正六年（1728年）十月，镶黄旗副都统满珠锡礼向雍正建议，称"京营武弁等员，参将以下，千总以上，应参用满洲，不宜专用汉人。"非常明显，满珠锡礼的这个建议是从扩大满洲官僚对现有武装力量的控制着眼的。但是雍正非但没采纳这个建议，而且还就此谴责了蔡珽、傅鼐等汉军旗人官僚歧视汉人的行为，并阐明了自己"满汉一理，汉满一家"的思想：

> "从来为治之道，在开诚布公，遐迩一体。若因满汉存分别之见，则是有意猜疑，互相漠视，岂可以为治乎？天之生人，满汉一理。其才质不齐，有善有不善者，乃人情之常。用

人惟当辨其可否，不当论其为满为汉也。自我太祖高皇帝开国之初，即满汉兼用，是以规模宏远，中外归心。盖汉人中固有不可用之人，而可用者亦多，如三藩变乱之际，汉人中能奋勇效力以及捐躯殉节者正不乏人，岂可谓汉人不当用乎？满洲中固有可用之人，而不可用者亦多，如贪赃枉法、罔上行私之辈，岂亦可因其为满洲而用之乎？且满洲人数本少，今只将中外紧要之缺补用已足办理，若将参将以下之员弁悉将满洲补用，则人数不敷，势必有员缺而无补授之人。朕屡谕在廷诸臣当一德一心，和衷共济，勿各存私见而分彼此，在满洲当礼重汉人，勿有意以相远；始为存至公无我之心、去党同伐异之习。盖天下之人，有不必强同者，五方风气不齐，习尚因之有异，如满洲长于骑射、汉人长于文章、西北之人果决有余、东南之人颖慧较胜，非惟不必强同，实可以相济为理者也。至若言语嗜好、服食起居，从俗从宜，各得其适。此则天下之大，各省不同；而一省之中，各府州县亦有不同，岂但满汉有异乎？朕临御以来，以四海为一家，万物为一体，于用人之际，必期有裨于国计民生，故凡秉公持正，实心办事者，虽疏远之人而必用；有徇私利己坏法乱政者，虽亲近之人而必黜，总无分别满汉之见，惟知天下为公，凡中外诸臣皆宜深体朕怀，同寅协恭，股肱手足交相为济，则国家深有倚赖，久安长治之道，必由于此也。"

直隶旗人很多，他们倚仗特权，欺压汉民，造成严重的满汉冲突。旗民、汉民之间的纠纷案件，旗民不由地方官审理，到康熙三十七年（1698年），经直隶巡抚于成龙题请，设立满洲理事同知一员，驻保定，审理旗人斗殴、赌博、租佃、债务诸事，至于人命盗匪等重案，则会同督抚审问。这个理事同知，专由满人担当，与作为知府副手的同知不同。州县官不能随意审查旗人案件，也不能对旗人用刑。雍正初年，以直隶旗、汉互相指控事件繁多，增设满洲通判一员，也驻保定，协助理事同知处理事务。不久，仍以事多，旗、汉纠纷均赴保定办理不便，遂将张家口、河间、天津的旗、汉事件分别交张家口同知和天津同知审理。这是雍正维持康熙朝旧制，只是增设专管旗民事务的官员，以便比较迅速地处理纠纷案件。雍正六年（1728年），良乡县知县冉裕棐杖责旗人乌云珠，署直隶总督宜兆熊以违例虐待旗人将他题参。雍正说："旗、民均属一体，地方官审理事务，只当论理之曲直，分别赏罚，不当分别旗、民。"冉裕棐奉公守法，不应当革职听审，因将宜兆熊的题本退还。他还说不知道有不许地方官对旗人用刑的惯例，要刑部查明具奏。刑部查出果有这种案例，雍正命把它废掉，依他的指示执行，同时指责宜兆熊那样对待属员，过于苛刻。

旗人与汉人在处刑上，向来有所不同，汉人犯流徙罪的照律充发，旗人则可改为枷号、杖责结案，实际是从轻发落。雍正四年（1726年），雍正感到应使法律一致，故命大学士、八旗都统及满洲、汉军中的九卿共同商议，可否将旗人的改折刑法取消，一律按照统一的刑律与汉民一样处置。大学士等认为改折刑法是不好，易使旗人轻于犯罪，但满人、蒙古人缺乏营生之术，发遣难于生存，故请求维持旧例不变，只留汉军有犯军流罪者，则照律发遣。

在旗民与汉民关系问题上，雍正亦欲做些改革，但因照顾旗人的方针不变，所以在法令上就不能不遵循旧制了。然而在实践上，打击不法旗人，尤其是作恶多端的庄头，一定程度上缓和了旗、汉矛盾。

虽然雍正宣称："朕即位以来，视满汉臣工均为一体"，又说"朕待臣下至公至平，从无一毫偏向，惟视其人如何耳"。事实上，在官僚中，旗员傲视汉员如同旗人欺凌汉民差不多的。

清朝对大学士、六部尚书、侍郎等官实行复职制，满汉兼用，且为同等职务，但总有一个主事的，即所谓在前行走者，法定为满人。雍正五年，雍正规定，大学士领班以满人中居首的充任，其余大学士的行走秩序，不必分别满汉，要依补授时间排列名次，由皇帝临时决定，并指定汉人大学士张廷玉行走在旗人孙柱之前。六部满尚书在汉尚书之上，张廷玉以大学士管吏部、户部尚书事，雍正不顾定制，命张廷玉行走在前。雍正六年，公爵傅尔丹管部务，张廷玉因他为贵胄，不敢越过他，向雍正请求，让傅尔丹在前行走，雍正不答应，令张廷玉安心居前。汉人励廷仪任刑部尚书多年，他的下属满人侍郎海寿升任尚书，按规定超居其上，雍正为表示对励廷仪的重视，命他在前行走。雍正一面执行以满人为领班的制度，一面又因人而异，重用一部分汉人。

满汉官员在政府中的不同地位，自然会产生矛盾，互相排斥。雍正见到：满洲为上司，则以满洲为可信任；汉人为上司，则以汉人为可信任；汉军为上司，则以汉军为可信任。雍正认为这种偏向，将影响政事的治理，时加警惕。汉军杨文乾为广东巡抚，广州将军石礼哈及广东官员阿克敦、常赉、官达等4个满人合谋陷害他，被雍正识破，故此训斥他们。雍正说他信任的满员迈柱、汉员李卫、汉军田文镜和杨文乾，什么出身都有，"但能竭忠尽力，则彼挟私倾陷之徒，无论其为满洲、汉军、汉人，皆不得施其狡狯，肆其奸谋"。在这相互排斥之中，满人占据主导地位，他们不仅占据要职，即使为汉人的下属，仍以自己的旗籍而蔑视主官，雍正知道这是旗人的习惯，时加警戒。汉人孔毓珣任广西巡抚时，汉军刘廷琛为按察使，雍正叮嘱他："凡百处不可越分，毋因巡抚系汉人遂失两司之体，而主张分外之事，朕如有所闻，必加以佞妄处分也。"雍正考虑到政事的治理，需要官员的团结一致，他告诉官员：都是办的朝廷事情，何必分满洲、汉人、汉军、蒙古，应当"满汉协心，文武共济，而后能政治"。他以此要求他人，也应该说这是他的真实思想，他为了很好的利用汉官，不愿过分地歧视他们。

雍正说："天之生人，满汉一理，其才质不齐，有善有不善者，乃人情之常，用人惟当辨其可否，不当论其为满洲为汉也。"这里说的是对满汉一视同仁，只看其才能来确定衡量是否重用。可是他又对臣下说："朕惟望尔等习为善人，如宗室内有一善人，满洲内亦有一善人，朕必先用宗室；满洲内有一善人，汉军内亦有一善人，朕必先用满洲；推之汉军、汉人皆然。苟宗室不及满洲，则朕定用满洲矣。"同样人才，先宗室，次满人，再次汉军，最后才是汉人，满汉就是有区别、有等第。

真正巩固满洲根本的事，是雍正致力于防止满人的汉化，这可以说是最能体现他基本思想的较为明确的亮点。雍正即位不久，就召见八旗大臣，宣称："八旗满洲为我朝根本。"既然是根本，那就一定要牢固。为此，雍正将满洲现存的一些问题逐一解决，限诸臣于三年之内"将一切废弛陋习悉行整饬，其各实心任事，训练骑射，整齐器械，教以生理，有顽劣者，即惩之以法"。也就是说，雍正想把清朝人入关逐渐退化废弛的民族尚武精神重新振作起来，做到招之即来，来之能战，战则能胜，不事豪奢、崇尚俭朴。

雍正为防止满人汉化，还叫八旗人学满文，说满语。语言是民族精神中最重要的因素。不要小看民族语言乃至方言的作用，它正体现着个人和群体的精神特征。方言是人与人之间产生认同感的最有力的依据，民族语言更是如此。所以雍正才特别地强调自己民族语言的保留和使用问题。

为了防止满人汉化，雍正还禁止满人与汉人通婚。自满人入关以来，满人散居全国各地，尽管驻防的旗人有固定的居住地区（即俗谓满城），但旗人总是和汉人杂处，往来一多，就不可避免地发生满汉通婚的事。

雍正曾对将赴福州的将军蔡良说："驻防兵丁均系旗人，竟有与汉人联姻者。"要蔡良到任后严行禁绝。蔡良到福州后，查明旗人娶汉人为妻的214人，嫁给汉人的两人。对这一数字雍正表示不信，说一定不止这些人，不过木已成舟，只好对此既往不咎，"将来者当加严禁"。

雍正叫八旗人学满文、说满语、禁止满汉通婚的这些事，反映出他思想保守的一面。与博大精深的汉文化相比，满文和满语必然会有所嬗变、有所淘汰。从另一方面来说，清朝统治中国，其国民的百分之九十以上都是汉民，作为一个皇帝，汉化是必然趋向，也必然要用汉人的方式来统治这个国家。汉族虽然在当时是受满族的统治，但汉族的文明却不受统治，任何一个统治者统治汉族，都只能是形式上的。真正统治汉族的是汉文、汉语及汉族的道德观念。雍正是很了解这些的。但他之所以极力保持满族的语言文字、风俗习惯，禁止满汉通婚，防止满人汉化，是害怕失去民族的精神和灵魂。

第五节　移风易俗

社会风气的好坏，直接关系到政治的稳定与否。汉代应劭言：

> "为政之要，辨风正俗，最其上也。"

社会风气不仅关系国家和社会的稳定，还是一个民族文明程度的指示器。历代有作为的皇帝和政治家，无不强调辨风正俗的重要性，并留下很多成功的经验。

雍正即位时所面对的社会风气，是清前期最糟糕的。当时在官场上，贪污索贿，层层勒索；渎职怠政，荒废职事；结党营私，上下回护；巧于逢迎，欺上瞒下，诸多误国害民的恶习，不一而足。士风浇漓，由来已久，地方上的士绅是介于官与民之间的特殊阶层，由于长期以来疏于教化，他们中或为非作歹、横断乡曲，欺压平民；或抗违税收，藐视王法；或代民纳税，私润身家，"种种卑污下贱之事，难以悉数"。而士子应试，更是弊陋百出，并不以真才实学获取功名，而是靠歪门邪道专事钻营，考风不正，已是影响官僚队伍不纯的重要因素。至于民风不古，已渐成朝廷的心腹之患：偷窃强盗横行，扰乱社会治安；

巫术邪法屡禁不止，秘密结社繁多，更是影响政治稳定的大事；忠孝节义、敬老尊贤、礼让谦和、崇尚节俭等传统的行为规范和道德，也受到挑战；民间赌博之风盛行，它的危害更无需多言。总之，不做一番大的整饬，加强教化，不足以扭转社会风气。

雍正对当时社会风气的现状，十分了解，也很重视，认为"治天下之道，莫急于厚风俗"，自继位以来，"惟以正人心，端风俗为首务"，发誓要"振数百年之颓风"。事实也证明，雍正不仅重视移风易俗，屡屡降旨申斥臣民；同时，他不仅是停留在口头上，而是实实在在地抓了几件大事，出台了一系列新的举措。

大体说来，雍正为扭转社会风气，主要思路和措施有如下几个方面：

用法律和行政手段加以遏制。

社会风气变坏，主要来源于官风不正。雍正认为，地方百姓不能安居乐业，惹是生非，主要是官员不能"察吏安民"，苛索属官，自己嘴短便没威信，故而纵容属员；而属员又层层分肥勒索，最终危害百姓。所以，他在整顿吏治时，首先强化对大臣的约束，有犯必究，从重从严从速惩处。

在大力打击贪污时，雍正充分利用法律因时而制，绝不姑息迁就，甚至对历代沿袭的议亲、议故、议能、议贤、议功、议勤、议贵、议宾等"八议"制度，也明确做了阐释。"八议"是中国古代刑律对八种权贵人物在审判上给予特殊照顾的制度，源于周朝所谓的"八辟"，实质上是在法律面前尊贵贤愚等次有别的不公正的法制。雍正对此很有主见，认为亲故功贤等人更应遵守王法，为士民做表率，若犯罪违法，不能与无知误犯之人相比，而执法者再对他们曲为宽纵，"何以惩恶而劝善乎？"所以，"八议"律文是不合理的。这样公开否认千古不变的律条的言辞，在历代帝王中是罕见的。雍正恰恰依靠这一变更的法律理论，对上至皇族，下至文武百官，不管是谁触犯国法和皇权，谁就受到制裁，而不能幻想靠"八议"制度而幸免。当然，这不说明雍正在处理具体人和事时一贯做到公正。

在处理扰乱人心，败坏社会风气的官吏"朋党"问题时，雍正毫不手软。他再三地告诫皇族、权贵和所有文武百官，不要结党营私，而要与君主同好恶，否则就是欺君罔上，罪不容诛。为此，他特别发表自撰的《朋党论》，否认了以任何形式所结成的朋党的合法性；同时，法外用刑，用多种手段清除了允禩、允禟集团，年羹尧、隆科多的权贵势力，所谓李绂、蔡珽、谢济世的"科甲朋党"，等等。从而震慑了官场，任何以同年、同寅、同乡、同族、姻亲以及结拜干亲等形成的交往，都在法例的严禁之列，有犯必惩。雍正坚决整饬前朝遗留的、当朝滋生的官僚结党之习，对肃清官场互相包庇、钻营谋私等弊端，起到了很好作用；但是，矫枉未免过正，在君主权威绝对强盛的同时，必然造成一种沉闷仕风，对日后负面影响不可低估，此当别论。

康熙末年以来，颟顸庸碌者当道，大小官员因循偷闲，懒惰怠职，"有经年不到衙门者，有庸劣不能办事者，有不能写字雇人翻译者"。其结果，国家庶务，百姓疾苦竟成官员们身外之事，行政效率极为低下。雍正深悉此弊，继位后，总是告诫大小官员们不要安于习俗，"悠悠忽忽"，不知奋发进取。同时，雍正利用组织手段和正常的"京察""大计"考核制度，大幅度调整官员结构，去其庸劣之员。为了提高行政效率，去其拖拉萎靡之风，制定了各种事件的办理限期及其稽查处分法例、规章。鉴于以前定例有疏漏，雍正侧重制定了"各部院事件限期""直省承办钦部事件限期""文凭定限""缴照逾限"等新法例。"因各部院所办事件行文例行翻译，以前往往延误，新例规定必须在一两日内定稿呈送堂官，否则给予翻译笔帖式记过或革退处分；凡皇帝交有关部院等速办之事，限5日内完结；其他除两衙门会稿、八旗会议事件仍照旧例定限内完结外，对于那些不需查核而易于办理事件，过去是20日完者，而今限期10日；户部向例30日，今改为20日；八旗易办之事，也定限10日；至于议政及九卿会议，从无定限，今视繁易程度，俱定为30日和10日限期。"如有推诿迟误，监察官查出题参。对于官员到地方赴任迟缓怠政的陋习，雍正看在眼里，指令议定法例，终于于雍正七年出台了地方官自京赴任的详细法例，成为清代定制。此外，对于各省承办钦命、部交事件，各省衙门事件，官员离任、给假等各种行政事件，雍正也命令或遵定例，或新制定例严格执行。如果发生任意推诿、或称无例援引、或称无案可查，导致迟延者，衙门长官应立即参奏，送部议处。

对于严重影响社会治安的抢劫、偷窃、赌博等犯罪行为，雍正相当重视。一方面，严格定限，严令有关机关务必在限期内捕获罪犯并从速审结定案，盗案1年期限，命案6个月，钦部案件4个月，以到案之日开始计算，不得请示宽限，有特殊情况者只准延期1个月。后来，发现对盗案限期处分的做法有疏漏，即官兵们因迫于时限，竟有诬陷平民栽赃、买赃，教唆提供假口供的情况，雍正又同大学士、九卿们反复讨论妥善处理的办法。另一方面，雍正认为，严厉打击偷盗行为，是安民之本，所以，特加重偷盗罪名。原来定例，废法施恩，以致强盗横行。雍正针对实际情况，首先在直隶强盗多发区，重新启动此律例，务必将真正惯盗或致死人命的盗贼斩首。针对京师各省赌风猖獗的现实，雍正更是加大打击力度，认为赌博之人，败坏品行，倾家荡产，必然铤而走险，危害社会；而读书居官之人，若染此恶习，必然废时误事，"何能立品上进？"所以他在屡屡发布禁令而收获不显著后，决定运用法律手段加以遏制，定例甚严：旗人制造纸牌、骰子售卖者，罪至绞监候；民人制卖赌具及赌博者，变枷责为充军、发配、杖流等罪名，分别轻重拟罪；官员赌博者，革职永不叙用。对此，雍正真可谓言出法随，除通令全国实行外，还特别注意自己执法时不留余地，对于因赌博致殴杀、误杀、戏杀等罪，指示刑部和各省督抚，绝对定拟"情实"罪名，不可开脱。同时，对赌博败露的官员、旗人必从重处罚，其例证不可枚举。各省也都依法严格执行，据后人研究表明，雍正力行禁赌的结果，使盛行全国的赌风确有收敛。

对于民间传统的伦理纲常遭到破坏的"不古"风气，以及官民们普遍盛行的奢侈之风，雍正也用法律和行政手段加以整顿。他认为：欲治理好国家，必先于厚风俗；若想使风俗淳朴，莫要于崇节俭。所以，他在位期间，对大清礼制做了重新厘定，官民的衣、食、住、行等用度都有严格的礼法规定，"出礼则入刑"，超越了限度，便构成了"僭妄"之罪，必加以严惩。当然，对官民服饰婚丧等礼仪的规定，一方面在于整饬官民的奢靡之风；另一方面也有完善和强化封建等级制度的用意在内。

移风易俗，以劝善为先。

雍正施政作风的最大特点之一就是务实。他对官风的整饬，主要靠法律和行政的手段，而对士民风气则主要用正面引导与禁令并行的方式，即使对仕风，他也坚持"教而诛之"，反对"不教而诛"。

雍正对官员朋党的风气深恶痛绝，几乎是有犯必惩。但是，他并不单靠法律手段解决这一根深蒂固的问题，而是屡屡发布谕旨，说明朋党的危害，告诫人们不要明知故犯；同时，对具体涉嫌结党营私的官员，他又每每预先警告，无效后才予以严惩。同样，对于严重危害社会治安的强盗、窃贼、赌徒等，也是在屡屡发出劝善改恶的谕旨后，才加以重惩。

事实上，不良的社会风气，有些绝不能靠法律和行政禁令硬性解决，而应该慢慢地加以疏导。八旗社会渐渐丧失了原来古朴节俭的风尚，雍正认为事关重大，必须加以整饬。于是，八旗大臣们曾建议：一律按"等秩定制"约束所有旗人。雍正针对这种意见，说了长长一段话，很有道理。他说："要将官员军民穿戴一概加以禁约，朕试问诸臣，照此定制，以申禁约，能使人们必然更改吗？断然不能。法令者，必其能禁而后禁之，明知法不能克胜而禁止，则法必不通行。从前，屡禁而不能奏效，岂可再禁吗？况且，若诸臣所说，旗人各按等秩，将缎匹和貂、鼠、猞猁等细裘悉行禁止，不准服用，反而使大臣官员得以贱价购而服用，结果富室反而获其利。若令兵丁难以为生，毫无益处。你们八旗大臣见有服用僭越之人，戒饬约束，晓谕而训导之，使他们渐渐醒悟，数年之后，自然有所改观，不必过于烦细，以致纷扰。"当然，对于事关名器的官员顶戴服饰，雍正是很重视的，他始终严令禁止官员随便用素珠、顶戴；官民不得穿戴五爪龙图案的纱缎衣服；玄色、黄色、米色、香色等服饰，也在禁止之列。

由于商品经济的发展和百姓生活水平的提高，全国上下普遍风行婚丧之事，大讲排场，铺张浪费等弊习。雍正对此，一方面组织人力制定颁布官民的婚丧礼仪，规定官员、士、民等级不同的婚嫁丧规格，劝导人们戒浮奢崇俭。雍正发布许多谕旨，力求说明婚丧奢侈毫无益处，他说，为人子者，应尽孝于父母生前；否则，父母死了再大操大办，不但无益于死者，生者也有沽名钓誉之嫌，空费家财。他还打个比喻：假若你对一个乞丐说："你死后，我为你焚化金银累万。"那么，此乞丐则只想求生，不会羡慕死后的钱财。雍正还说："圣人教人，以生养死葬，合礼之孝。若有人必以耗财为孝，独不知荡费家产，以致不能顾恤品行，辱及先人，这是孝，还是不孝？若认为在子女婚嫁时，父母以厚资为慈，独不思无所贻谋，以致不能养育子孙，饥饿困苦，这是慈爱吗？"他最反对金银入葬的陋习，认为这是于死者无益而令小人起觊觎之心的"庸愚之见"，曾明旨训示。尽管雍正苦口婆心地教化臣民，但是，其效果并不十分显著，这叫他很难理解。

对于当时日益盛行的功利主义、人人为私的风尚，雍正给予了充分注意。他不好用行政手段加以干预，只能鼓励人们踊跃济公，乐善好施。"社仓"之设，即雍正鼓励富户向善好施的例子，雍正还有一套理论：他曾针对有人提出用"限田"或实行"井田制"以解决贫富不均问题的主张，发表一篇长谕，首先否定这些提法于理于势都行不通，然后劝富民要有"保家之道"，"一是要戒浮奢侈靡费，以善守家财；二是除悭吝记得薄，则遇荒歉之年，免遭穷民肆行抢夺，那些先受害的，皆为富不仁之家，而穷民贪利犯法致丧其命，富民敛财而倾其家，两失其道。所以，假若富民平日善体穷民，济其所急，则穷人必感富户之情，居常能缓急相周，有事可守望相助，这不是保家之善道吗？"雍正一朝，富民乡绅、达官富商等，济公助贫的事不断增多，与皇帝的倡导有关。必须指出的是，雍正作为封建皇帝，不可能从根本上解决贫富不均的社会问题，但他努力调和贫富民之间的关系，劝民为善，对当时社会矛盾的缓和与社会风气的好转，作用不容忽略。

雍正别出心裁，对拾金不昧、济公助贫、辛勤耕作等人给予宣扬褒奖，有利于社会风气的转变。凡是拾金不昧的人，雍正都利用赏银、立碑，或给予七八品顶戴等办法，以表彰其善行；同时，他还降旨宣传，指示人们向这些人学习，以成就礼义仁让的淳美民风。纵观雍正一朝，各地所报拾金不昧的人和事，层出不穷、不胜枚举。对于济公助贫、辛勤耕作的老农等，雍正也不惜爵赏顶戴予以褒奖。这一由皇帝亲自倡导的劝善运动，在中国历史上是空前的。

宣传教化，形成制度。

雍正继位以后，发布很多训诫官员、士子、百姓的谕旨，特别希望"愚民"们能对皇帝"视民如子之心"家喻户晓，"以成移风易俗之治"。后来，他发现地方大吏并不把谕旨当作一回事，只在省会之地出一告示，而州县各处，并未遍传，至于乡村庄堡偏僻之区，就更无从知之了。对此，雍正特别重视，认为百姓陋习不改，迷而不悟，都是因为百姓对圣旨并不知晓的缘故，谕令各省大员不要再悠悠忽忽，置若罔闻了。

后来，曾静、张熙策反岳钟琪事发，雍正更觉得皇帝和朝廷旨意没有遍传乡野是个重大失误。于是，他于雍正七年命在乡村设置乡官，大乡大村设"约正"一人，"值月"三四人。约正从地方生员中挑选有德行的人担任，政府酌情给报酬；值月由老年农民中选取。乡官其实是种非官非民的"乡约"，主要任务是传达皇帝谕旨、地方官的禁令，并对乡民进行劝教，奖善惩恶，对州县官负责。如此一来，雍正便找到了一种上传下达的通道，其旨意可以顺利传遍穷乡僻壤了。

乡官除传达皇帝随时颁布的有针对性的谕旨外，主要宣讲雍正御撰的《圣谕广训》和《大义觉迷录》。《圣谕广训》是对康熙御撰的"圣谕十六条"的全面阐释，洋洋万言，主要讲的是百姓应该普遍遵守的行为规范，如孝悌、乡里无争、重本务农、勤俭惜财、端正士习、礼让谦和、完纳钱粮，等等。其意图主要是令八旗、内外官员和全国士子、百姓等，遵守纲常名教，去除陋习，做好官良民。不过雍正最初虽希望使之家喻户晓，但实际上只在一定范围内传播。《圣谕广训》刚发布时，首先在京师五城晓谕，翰林院学士逢泰又在京师八旗每月宣讲；颁布《广训》的次年，翰林院学士张照请令各省学臣转颁州县教官，以使童生诵读，县、府考试复试童生时，令其各背诵一条，一字不错方准录取为生员，即"秀才"；同时，国子监祭酒张廷璐又奏请，各省官兵必须在每月初一及十五两日，集体宣讲；后来右参议孙勷建议教官宣讲，以教化兵民，外官考试要以宣讲此圣谕为第一要义。雍正均表示同意。但是，当初雍正并没有对宣讲《圣谕广训》给予特别注意，直到曾静、吕留良案发后，他才屡屡强调此事的重要性。于是，地方官和乡官定期宣讲《圣谕广训》《大义觉迷录》和随时传达圣旨就成为一种制度。据载，宣讲时的礼仪特别隆重，在农村，村民必须全部到场，由值月宣读，约正解说，人们对不懂的地方可以提问，事毕，对村民中的"善人""恶人"分别造册登记，以示奖惩。在州县和省城，仪式更为肃穆隆重。雍正的意图无非是想使自己的德政广为人知，并借以形成尊卑有序、乡里和睦、子弟有教、各安本业、无争无讼等古朴的民风、士风。

雍正还通过其他方式加强对士民的教化。譬如，提倡兴办"义学"，让更多无钱读书的子弟入学接受教育；晚年提倡创办"书院"，开辟士子读书渠道；倡导举行"乡饮酒礼"，作为教化士民尊贤敬老、崇尚礼教的重要手段；建立"贤良祠""忠孝节义祠"，以旌表忠贤大臣、名宦乡贤、烈妇、节妇及行义之人，等等。

雍正并不是一味固守千古礼教和陋习的。"割裔疗亲"是千百年来形成的陋习，即父母、公婆、丈夫生病时，为儿为媳为女者，割下股、臀上的肉或内脏，用以和药、煮粥、炖汤而使病人吃下，据说可治大病。雍正不以为然，公开表示，这是无知的小民的一种愚孝，对于因此而丧生的"孝子"等，一概不准表彰提倡。同时，他还认为，"烈妇难，而节妇尤难"，故提倡妇女守贞守节，反对愚妇殉夫，公开表示"烈妇"捐生与割股割肝的愚孝没有什么区别，都不宜提倡表彰。而且，雍正既反对在老人丧事上铺张浪费，主张"孝"表现在父母生前，不在于死后；又悄悄地对千古不变的官员"丁忧""守制"的丧居制度做了变更。雍正一朝，皇帝特准在任守丧（即"夺情"）的官吏不胜枚举，这在以前是罕见的事，康熙朝就因官员"夺情"，曾引起一次次轩然大波。总之，雍正已触及了一些扼杀人性和不利于国家机器正常运转的纲常名教、陈规陋习，并做了部分改革。

　　同时，雍正很重视官民的道德伦理和礼仪教化，却不主张普法宣传。雍正十二年三月，湖广有个叫杨凯的总兵官请折要宣讲《大清律集解附例》，由大小官员和乡官负责，以使百姓了解并畏惧，自能化民成俗。对此，雍正认为这是有害无益的事，一者造律之始，用意精微，审判人员有其灵活性，有时可根据情罪出于律条之外，若令百姓概知，倘知而不详，会使小民起"不奋挟制之刁风"；再者，百姓若知道律条，犯法之人必寻避重就轻之路，不利官府审判。可见，雍正是主张愚民式教化的，其历史局限性可见一斑。

　　抓重点，以带动全局。

　　雍正施政一贯注意方式和方法，转变社会风气是一项复杂的工程，更得讲究些策略。雍正的一个重要策略就是在普遍宣传、全面教化的同时，抓住重点，以带动全局。

　　官风是否好转，这是整顿社会风气的关键，而官风最应重点整饬的是"贪风""怠职溺职之风"和士大夫的"科甲之习"。雍正先将贪风和官吏溺职之风刹住，接下来就是配合打击政敌的"朋党"之风，深入开展由科举入仕的官员所固有的"朋党"之习，禁防官员以师生、同年、同乡、世交等形式结成的宗派势力，并通过雍正三四年间发生的李绂、田文镜互参案，故意偏袒"低学历"出身的田文镜，严厉惩处所谓李绂、蔡珽、谢济世为首的"科甲朋党"，对士大夫的警示和震动的作用是巨大的。至于对"士习"，雍正非常重视，认为士乃四民之首，一主之望，"士习不端，民风何由而正"？为此，他先列举学校士子中荡检偷闲、不顾名节、勾结官府、作恶乡里等"佻达之习"。然后，雍正一反前代优待士子的传统，对各教官严格考核，又使教官严教学士，士子们知道遵守法律，一度从"天之骄子"跌落千丈，竟与百姓相同待遇，士习大变。

对于民风的整饬，雍正根据情况迅速转变重点，也是他整顿社会风气的一大策略。古人云："百里不同风，千里不同俗。"雍正就是根据各地区不同的社会风气，采取轻重不同的整饬方针的。他虽然对各省和地方多没有亲身巡视，但却通过大量的臣下奏疏、密报，了解到很多消息，大体知道盛京的民风原来很淳朴；山陕和河南的风俗也较醇厚；广东的盗贼横行，民俗犷悍；福建地处沿海，向来多事；江南、浙江是人文发达之区，科举中选出的人才最多，但却士民浮躁；直隶、京畿等地，各方杂聚，无业闲杂之人很多，惹是生非者更多于他省。对此，雍正为整顿社会风气，采取了分而治之的策略，对于盛京这个"龙兴之地"，因他亲自去过，曾看到盛京城里酒铺有千余家，人们多于此饮酒、观戏；稍有些能耐的，都以参人谋利；官员多不以公务为事，衙门早晨办事的甚少，即使有一二人，也都彼此聚会宴请，无所事事，甚至有的官员直到年终才到衙门一次。针对这种情况，雍正除派出御史等巡视外，还采取大规模的人事调整策略，先将将军、满汉大臣等不称职者清退；然后将盛京五部郎中以下、主事以上的人员，全部调入京师，因此产生的缺位从京师各部中补用。这可谓釜底抽薪之法，原因在于盛京五部司员多系本地人，他们互相勾结，把上司玩弄于掌心，上司对之无可奈何，以至"习俗甚是不堪"。同时雍正又命将犯侵盗、亏空钱粮和因"奸贪讹诈"之事降革的官员，都调京归旗，或者安插于各省满洲驻防营内，如此则使不肖之徒渐少。以前，犯法之人多流放于盛京辽阳等地，雍正认为这无异于雪上加霜，所以明令自雍正二年以来的部分人犯，都限时送京另行下旨发配。经过这样一番整顿，盛京风气大有好转，官民两安。据说，一连八年都喜获丰收。

雍正三四年间，又连连发生汪景祺、查嗣庭文字大狱，杭州绅衿千余人涌入县衙的恶性事件。鉴于浙江种种士习争相上诉，竟敢藐视王法的"敝俗颓风"，雍正大为恼怒，但仅靠杀戮，既杀不胜杀，又有所不防，最后，决定专门派遣一官前往浙江，了解风俗，稽查作奸犯科的人，劝导惩治，以使绅衿士庶有所儆戒，尽除浮薄的习气，重新树立谨慎淳朴的风气，以期一道同风之治。经吏部商议后向雍正上奏，建议模仿唐太宗派遣萧瑀、李靖等巡行天下，使用"观察使"之制，给予皇帝钦点的河南学政王国栋以"观风整俗使"头衔，前往浙江，雍正表示同意。专门派官员赋予特权以察风观俗，并不是雍正的发明，中国远古有收集诗歌谣言的官员，汉代设有"风俗使"，唐代有所谓"观察使""黜陟使"，明专门派遣"巡按御史"等，都具有这种"观风整俗使"的性质。清初原有巡按御史，但康熙初裁撤。而雍正撇开监察机关都察院，专设此官，倒是清代历史上空前绝后的举措。王国栋到浙江后，遵照辞别雍正时雍正的训话，恪尽职守，使士习改善的人很多，不到一年，就荣升为湖南巡抚。浙江布政使许容原来官衔继为观风整俗使；不久，许容升任甘肃巡抚，其缺由工科掌印给事中、浙江粮道蔡仁屾接任，蔡仁屾兼任都御史一职，一度掌管巡抚印，正走红之际得罪降职，随后去世，雍正顺势裁掉浙江观风整俗使，理由是总督李卫善于训导，浙省风俗已改。

需要指出的是，雍正为给浙江士子一个下马威，在宣布派出观风整俗使的同时，下令停止浙江一省士子乡会试，两年后以浙江士习改善为由，又特准乡会试，会试之时，"会元"和殿试后前三名均为浙江籍士子。可见，雍正是善于用一张一弛、宽严相济的施政之道的。

雍正不仅给浙江派出观风整俗使，对其他认为风气不好的省份，如福建、广东等省，也相继派遣过，风气有所改善，便撤掉此官职。对于其他地区，也曾用各种名目派遣专使观察风俗，如派往直隶的"营田观察使""巡查直隶八府御史"，向陕甘派出的"宣谕化导使"，并经常派遣科道官"巡察""巡视"某省。

雍正虽然生性急躁，却对百姓很少加以逼迫。例如，在处理政府与普通百姓的利益关系上，雍正坚持了康熙守仁和平的施政方针，即以严猛手段惩治贪官污吏对人民的剥削，严肃政纪。这就为广大百姓提供了一个相对宽松的社会生活环境。

以社仓为例，他曾反复告诫各地方官"社仓捐谷"，要百姓自愿，不可"绳以官法"。此后，当某些地方社仓的仓谷出现了亏空现象后，雍正又命令"督抚办理此事，若民间一时虚报数目而力量实不能完者，悉令催交，小民必致扰累，此处朕已屡行晓得谕"，不要催促逼迫，"听从民便输纳"。可见他对贪官和百姓采取了不同态度。

与严相对，从巩固统治的现实利益出发，雍正高度重视维护老百姓的利益。为此他曾说："（朕）爱我百姓，实怀父母保赤之心，恩勤恻恒出于至诚，若有一毫不便于民，立即措置得宜，务使安家乐业，无一夫不获其所。故地方一有不肖官员，不法奸民，定加惩治，盖恐奸邪一日不去，良善一日不安。"

雍正以极大的决心和独特的策略、手段，按传统的儒家道德和统治阶级的纲常名教为标准，以宽严相济的策略整顿社会风气，使官风、士风、民风有了很大的好转，这是"康雍乾盛世"得以持续的重要保障。

第六节　秘密建储

雍正在登上皇帝的宝座之前，曾做了45年的皇子，在这45年中，雍正历经了长达30多年的皇储之争。这场至高权力的角逐争夺战，是康熙朝后期政治的主要内容。

皇储之争几乎牵连了朝廷内外的大部分人，因为将来的皇位继承人将会改变现有的权力结构，每个人都会在这场争斗当中或多或少地受到一些影响，而康熙本人更是为此事而操心不已，但是面对自己的亲生骨肉为权力而相互明争暗斗，却拿不出行之有效的办法来。为了解决这一难题，康熙酝酿出了秘密立储的想法，但到了雍正这里才形成制度，乾隆则将其确立为清朝"继承家法"。

秘密立储就是皇帝预先将选中的继承人的名字写进密诏，放入锦盒，然后把锦盒放在乾清宫顺治帝手书的"正大光明"匾的后面。待皇帝死的时候，皇帝亲选的诰命大臣会同诸王公大臣一起，当众取出密诏宣布。后来为防止意外，皇帝又随身携带另一个同样的密诏，必要时两份密诏核对，来最终确定皇位的继承者。秘密立储制度是清朝继汗位推选制和嫡长子继承制后所采用的第三种皇位继承制度，也是中国历代封建王朝中唯清朝所独有的皇位继承模式。

乾隆、嘉庆、道光、咸丰四帝，都是按此制度登上宝座的。到了清代后期，由于咸丰皇帝只有一个儿子，同治和光绪皇帝没有儿子，这种秘密立储的办法才失去其意义。

凡事预则立，不预则废。雍正至死也未能消除世间对其登基合法性的怀疑和猜测。所以他对传统嫡长子的继位模式心存疑虑，对重新确立继承人方法的问题，早就有打算。

早在雍正元年（1723年）八月十七日，雍正在乾清宫召见诸王、总理事务大臣及其他满汉文武要员，宣布确立皇位继承人的办法。"今躬膺圣祖付托神器之重，安可怠忽不为长久之虑乎？当日圣祖因二阿哥之事，身心忧悴，不可殚述。今朕诸子尚幼，建储一事，必须详慎，此时安可举行？然圣祖既将大事付托于朕，朕身为宗社之主，不得不预为之计。今朕特将此事亲写密封，藏于匣内，置之乾清宫正中世祖章皇帝御书'正大光明'匾额之后，乃宫中最高之处，以备不虞。诸王大臣咸宜知之。或收藏数十年，亦未可定。"

吏部尚书、步军统领隆科多带头表态："圣虑周详，臣下岂有异议！惟当谨遵圣旨。"接着，雍正令总理事务大臣留下，其余大臣全部退下，将一个内装传位诏书的密封锦帛，藏于高悬于乾清宫中的"正大光明"的匾额后面。于是，中国历史上崭新的确立继位人制度——秘密立储办法诞生了。这位被秘密确定为继位人的皇子到底是谁，继位人本人不知道，诸王大臣不知道，只有雍正一个人知道。为保万无一失，雍正另写了一份相同内容的传位诏书，秘密藏于经常驻跸的圆明园。这份诏书藏得更隐秘，除皇帝本人外，没有任何人知晓。

将秘密立储制度放在中国历史长河中，进行纵向比较，能够看到它有很多高明之处：

一、皇太子已经册立，其名字放置"正大光明"匾之后，这是满朝文武乃至全国百姓皆知的事情，可以起到安定人心的政治效果，避免太祖、太宗时代因事先未明确继位人而造成的最高统治者死后的皇权纷争。

二、由皇帝预立的皇太子是何人，除皇帝外人人不知，这又能避免历代因公开册立太子所带来的太子与其他皇子的钩心斗角，防止朝臣党羽暗斗。

三、由于没有明确谁是皇太子，皇帝可以封以一定的爵位，按照满洲骑马民族的传统，使暗中指定的皇太子和其他皇子得到一定的锻炼，但不会构成康熙朝那种因"满汉杂糅"的选择继位人方式所带来的皇权与储权之争。

四、皇帝根据对各位皇子的考察情况，必要时能够以强换弱，更换皇太子人选，在有限的范围内好中选优，而且不会引起政治动荡。因为，前次选定的皇太子是谁只有皇帝一个人知道。

五、皇帝预立的皇太子是个未知数，皇子要想让自己的名字进入"正大光明"匾之后密诏中，必须竭尽全力表现自己，从而防止公开册立所可能造成的皇太子骄纵不法等。

秘密立储制度，代表了封建统治者在继位人问题上的最高智慧。此后清代诸帝都能平稳过渡交接，也皆依赖于此。这是雍正的一大发明，避免了雍正以前清朝历史上不止一次出现的争夺储位的斗争，减少了政治混乱，有利于政局稳定。

第七节　赋税改革

赋税加重，各种兵役、徭役等税目繁多，百姓就难以承担，而这样的情况一般出现在朝代末期，也预示着这个朝代必将灭亡，历史早已有所验证。因此可以总结出，赋税是一个朝代的"晴雨表"，尤其值得统治者重视。

徭役和田赋是封建社会臣民应尽的两大义务，历年来都是分别征收。由于徭役很重，无田的平民难以承受，加上历年来绅衿免于徭役，造成了徭役不均的局面，这样迫使平民百姓只能隐匿人口来逃避徭役。弄到最后，政府的征徭也没有保障。徭役制度的不合理，已成为必须解决的社会问题。改革役法已是势在必行。康熙末年，已有人提出"丁随粮行"的建议，即把丁银归入田粮中一起征收，完全按田地的面积来收取，不再按人口来缴纳。但康熙在位时，改变役法与维持旧法之争一直不绝于耳，然而却难定断。雍正即位后，马上就面对这棘手的、但又必须解决的问题。同决定耗羡归公一样，对此重大决策，雍正表现得极为小心慎重。

最早上疏触及这问题的是山东巡抚黄炳，他提出丁银分征造成地方上隐匿人口、贫民逃亡的严重现象。黄炳主张丁银摊入地亩征收，有地则纳丁银，无地不纳丁银，贫富均平才是善政。但是，雍正没有接受他的提议，反倒指责黄炳说这种不该说的话。雍正说："摊丁之议，关系甚重。"在最后决策之前，他把问题交给众大臣，让他们积极讨论，提出意见。反对派的意见主要是：丁归田粮以后，必然造成对人口的管束放松，使得对游民的管理更难了；认为丁归田粮实行久了，人民就会以为只有粮赋没有丁银了，为以后官僚们再加税提供了借口，最终使老百姓受苦。

一个月后，直隶巡抚李维钧以有利于贫民为理由，奏请摊丁入粮。李维钧比黄炳聪明，他深知有钱人家肯定不乐意，会出来阻挠。而政府机构户部又只知按常规办事，可能到猴年马月也不会批复。因此，他奏请雍正独断，批准他在辖区实行。

雍正把李维钧的奏章交给户部及九卿詹事科道一起讨论，并明确要求，要谋划最好的办法，来达到最好的效果。雍正定下的指导原则就是，要对国家收入没有影响，又能对贫民有益，让人挑不出毛病。雍正最后批准了李维钧丁银按地亩等级摊入的改革设想，并对李维钧的详细规划深感满意，鼓励他要相信自己，大胆地去改革。之后，山东、云南、浙江、河南等省随之进行了改革，丁归田粮在全国全面展开。浙江在全面实施摊丁入粮的时候，因为对田多的富人的利益损害较大，而贫民又期望能早日实行，两种势力斗争异常激烈。

摊丁入粮实行以后，由于纳粮人完成丁银的能力大大高于无地的农民，所以政府征收丁银也有了保障。由此，国库也就有了保障。由于不再按照人头来收税，人民也不再像以往那样为了逃税而隐匿人口、四处逃亡了，社会处于平稳状态，这为生产力的发展创造了良好的环境。

"摊丁入亩"是赋税制度的一项重大改革，的确是一件富国大事。雍正高瞻远瞩、果断行事，显示出雷厉风行的君王气度。

与改革赋税制度配套的是雍正推行的"士民一体当差制度"。

清廷入关之初，依照官员品级免除该户一定量的丁役，免除士人本身的差役和一切杂办。地方官在收税时，就把官员和士人称为"官户""儒户""宦户"，各地叫法不一，而且不断变化，所谓"绅衿吏户名，朝改暮迁"。这些绅衿户都享受法定的免役权。绅衿还自行抢夺权利，雍正说"荡检逾闲不顾名节"的士人，"或出入官署，包揽词讼；或武断乡曲，欺压平民；或抗违钱粮，藐视国法；或代民纳课，私润身家。种种卑污下贱之事，难以悉数"。绅衿的不法行为，同封建政府的职能和权力发生了冲突，他们控制一部分行政权力，腐蚀官僚队伍，是造成吏治败坏的一个重要因素。封建国家要保持它的机器正常运转，就必须与不法绅衿做斗争。这是一种社会矛盾。同时，绅衿应有的徭役负担落在小民肩上，这就在赋役问题上造成贫民与绅衿的对立，贫民与维护绅衿特权的封建政府的对立。这又是一种社会矛盾。

雍正认为政府、绅衿、平民三者的矛盾，根源在不法绅衿，就把矛头指向他们，希望剥夺和限制他们的非法特权，使他们同平民一体当差。雍正二年（1724年）二月，下令革除儒户、宦户名目，不许监生包揽同姓钱粮，不准他们本身拖欠钱粮，如敢顽抗，立刻进行从重处理。雍正深知地方官容易同绅衿勾结，特地告诫他们认真落实这项政策："倘有瞻顾，不力革此弊者，或科道官参劾，或被旁人告发，查出必治以重罪。"过了两年，雍正再次严禁绅衿规避丁粮徭役，重申绅衿只免本身一丁徭役，"其子孙族户滥冒及私立儒户、宦户，包揽诡寄者，查出治罪"。与这项方针相对应，雍正政府施行了一些具体政策。

"士民一体当差制度"是雍正采取的一项重大的改革措施。这一措施是在耗羡归公的基础上实现的。康熙年间各州县的耗羡是由地方官吏私征的，因此，地方乡绅往往和当地政府相勾结，少出或完全不出赋税和徭役，而地方官吏则把这种不合理的负担转嫁到老百姓头上。这些不法行为势必造成种种不良的社会后果。最主要的弊端是他们的种种特权同政府的权力发生了一定的冲突，长此以往必将腐蚀百官队伍，影响到国家机器的正常运转。因此，雍正为了维护国家的政权稳固，就必须与不法绅衿斗争，约束他们的行为，祛除他们的某些不合理的特权，以解决当时社会矛盾。

雍正对社会不良现象的指责往往语出尖刻，一针见血。他已发现了当时不法绅衿所造成的社会危害，并为他们把准了脉。雍正深知仅靠这道言词激烈的命令很难收到实效，因此他告诫地方官说："倘有瞻顾，不力革比弊者，或科道官参劾，或被旁人告发，查出必治以重罪。"意思是：假如有人仍瞻前顾后不认真革除这个弊端，被谏官参奏或被别人告发后，我一定重重处罚。士民一体当差政策一出台，就导致了众监生的不满。于是众监生在县学教官杨卓生的煽动下出来闹事，并借此反对士民一体当差的政策。于是，巩县境内出现社会骚乱。雍正得知此事后，将闹事的监生统统缉拿归案，予以教训打击。这才稳定了巩县的社会秩序。

一波未平，一波又起。不久，河南学政张廷璐到开封监考，众监生暗中串联，开始实施罢考计划。与此同时，武生范瑚还把少数应试者的试卷抢去，当众撕毁，以此表示对士民一体当差制度的抗议。这一事件发生后，总督田文镜、巡抚石文焯迅速向雍正做了汇报。雍正认为地方上出了这样的事情，应该"整饬一番，申明国宪"，"惩办一二人，以儆其余"。这也就是说，雍正打算杀鸡儆猴，通过对个别风头人物的打击，达到震慑他人的目的。

为此，雍正特派吏部侍郎沈近思、刑部侍郎阿尔松阿赶赴河南，处理此事。在审理的过程中，科甲出身的张廷璐、开归道陈时夏，以及钦差大臣沈近思，有意徇私，尤其是陈时夏在审理此案时竟不坐堂，反而与诸监生座谈，称他们是年兄，求他们赴考。雍正在得知这一情况后，非常愤怒，称他们是："儒生辈惯作如是愚呆举动，将此以妄博虚名，足见襟怀狭隘。"张廷璐被革职查办，陈时夏被革职留任。田文镜和阿尔松阿却坚决贯彻执行雍正的方针，对那些闹事监生予以严厉的惩处。效果立竿见影，众监生看到王逊、范瑚等人的下场后，再没人敢闹事罢考了。

从雍正处理这件事来看，他抓住了众监生的弱点——虽饱读诗书，空有满腹经纶，却胆小怕事。雍正正因为抓住了几千年来大多数中国文人的弱点，采取了威猛严惩的政策，因而虽只处罚了个别人，却起到了震慑众人的作用。

应该说，严猛政治中的种种例外，反映了雍正为政不墨守成规、因人制宜、因时制宜、因事制宜的风格。雍正说过："总言有治人无治法，详律例不如慎远掌刑名之人，更条例不如秉公守成。"他看到了法治的作用，所以非常重视法制。他曾向全国颁布了一项新的法令，明令指出："凡贡生、监生因包揽钱粮而有拖欠的，不论多少，一律革去功名。包揽拖欠至八十两的，以贪赃枉法罪论处；并照所纳之数，追加一半罚款。地方百姓听人揽纳者，则照不应律治罚。对失察的地方官吏，则给予罚俸一年的惩罚。"雍正这项新法的出台，可以说是面面俱到，即：用革去功名追加罚款的办法阻止了贡生、监生的不法行为；对听由绅衿包揽的百姓也给予了应有的惩罚——这就有力地阻止了平民百姓任由绅衿包揽的状况；对失察的官吏也采取了约束措施，即罚其俸银。

因此可以说，雍正在这件事上是采取了三管齐下、各个击破的策略。因为只有同时控制住了官、民和绅衿这三个环节，才能达到应有的效果。由此看来，雍正在治理不法绅衿这个问题上，不但施政严猛，而且还考虑周详，别具慧眼。正所谓自知者明，知人者智，雍正不愧为一个具有非凡心智的君主。另外，雍正对绅衿的抗粮，也专门制定了相关的法律。即：凡系绅衿应纳的钱粮，税务部门都必须登记造册，按限催交，按季审核。每年年底，生监、绅衿必须五人互保没做抗粮的事，国家有关部门才准予其应试。这样一来，那些绅衿惧于被阻断升官之路，便很少有人敢抗粮闹事了。

雍正常曰："摊丁之议，不是小事，而是富国之大事，关系甚重。"这其实就是一个赋税问题。而赋税，在历朝历代都是一个重大问题，因而说是富国之大事。赋税轻，对老百姓有利，生产的积极性当然就提高了，这是有目共睹的。比如西汉文景之治、唐朝贞观之治和开元盛世，这在康熙朝，情况也是如此，所以保持了长达60年之久的太平盛世。

第五章

权术御下

第一节　兔死狗烹

"飞鸟尽，良弓藏；狡兔死，走狗烹"，这是历代帝王为了控制政权所做的必然选择。年羹尧和隆科多两人是雍正的绝对心腹及功臣，但因为他们狂妄自大，欺上犯下，甚至功高盖主，威胁到了雍正的皇权，因此肯定不会被雍正所容。

在雍正夺取皇位的过程中，年羹尧和隆科多两人可谓是出了大力，是大功臣。当时，隆科多是步兵统领，掌管京城九门和皇帝的保安任务，相当于京城卫戍司令，整个京城都在他的掌握之中。年羹尧是川陕总督，手握兵权和辎重，而当时允禵正在西北用兵，想带兵回来夺权必须经过年羹尧的支持。所以雍正把年羹尧拉拢过来，正好牵制了允禵。

雍正的宝座得来不易，他知道有赖于年、隆二人之力，所以把他们视为功臣，恩宠有加。为了拉拢人心，他贿赂亲信的臣子，采取加封行赏的办法掩人耳目。当然，第一功臣便是隆科多，雍正封他为总理事务大臣，袭一等公，授吏部尚书衔，又加封太子太保，赏三眼花翎和黄马褂。

对年羹尧，雍正宠信至极。雍正对他信任有加，给予一等公爵号，加封一等阿思哈尼哈番世职，他的儿子年富也被赐双眼孔雀翎、四团龙补服，其妹妹侧福晋被封为敦肃皇贵妃。特别是在平定西北叛乱前后，雍正为了使年为自己忠心效力，一连发出了多道上谕表示自己对年的恩宠和信赖。雍正元年（1723年）五月，雍正谕令："西北军务，俱交年羹尧办理，若有调遣军兵、动用粮饷之处，著防边、办饷各大臣及川陕云南督府提镇等，照年羹尧意见办理……"此后雍正又称："年羹尧近年来于军旅事务边地情形甚为熟谙，且其才情实属出人头地，兵马粮饷一切辞行备机宜，如（能来得）及与年羹尧商酌者，与之会商而行。"接着雍正又命令四川提督岳钟琪："西北边务，朕之旨意，总交年羹尧料理调度。"由此看来，当时的年羹尧实际上已揽到了西北军事的全部指挥权。

此外，为了拉拢年羹尧，除给他本人封官加爵外，雍正还对他的家属关怀备至。特别是在年羹尧远征西北时期，雍正不时将年羹尧的父亲、妻子的消息报知年羹尧，以示自己对他家人的关心。此外又因年羹尧的缘故，雍正还对他的兄长年希尧以及妻子儿女大加封赏。更有甚者，雍正为了使年羹尧知恩，一次曾派专人从北京骑快马飞奔西安，用6天的时间送去御用品鲜荔枝。又比如年羹尧平定青海，打了胜仗之后，雍正兴奋异常，竟把年羹尧说成是自己的"恩人"。他曾向年羹尧发手谕：

"朕实不知如何疼你，方有颜对天地神明也。立功不必言矣，正当西宁危急之时，即一折一字恐朕心烦惊骇，委曲设法，间以闲字，尔此等用心爱我处，朕皆体到。每向怡（亲王）、舅（舅），朕指落泪告之，种种亦难书述，总之你待朕之意，朕全晓得就是矣。所以你此一番心，感邀上苍，如是应朕，方知我君臣非泛泛无因而来者也，朕实庆幸之至。"

雍正对年羹尧赏赐极多，查处原苏州织造李煦家产时，就将李煦在京房屋赏给了年，家奴任他挑选。雍正赐他药品、食物更是常见之事。

雍正为了把对年羹尧的评价广泛传播，晓谕各大臣：对年羹尧这样为国出力的人，"不但朕心倚眷嘉奖，朕世世子孙及天下臣民当共倾心感悦，若稍有负心，便非朕之子孙也，稍有异心，便非我朝臣民也"。这是以对年羹尧的态度来判断人们的政治立场正确与否。

隆科多也是炙手可热，极受雍正之宠爱。雍正把公爵头衔赏给隆科多，过了两天，下命称隆科多为"舅舅"，让他当总理事务大臣。同年十二月，又任命他为吏部尚书，仍兼步军统领，次年命兼管理藩院事，任《圣祖仁皇帝实录》和《大清会典》总裁官，《明史》监修总裁；赐太保加衔、双眼孔雀花翎、四团龙补服、黄带、鞍马紫辔。这时的隆科多作为"密勿重臣"，真可谓是集权力与荣宠于一身了。照他自己的话说则是"皇上如此加恩，使臣深愧无以为报，惟誓死以效龙马"。由此看来，雍正对隆科多的恩宠确实收到了他想达到的效果。

年、隆两人权力炙手可热，权倾朝野，但又互相排斥和妒忌，二人之间难免会经常发生冲突，产生矛盾。年羹尧当着雍正的面指责隆科多是"极平常人"，不足以经事；而隆科多攻击年羹尧是狂傲之徒，见风使舵、不可深信之人。为了协调年隆二人之间的关系，雍正只好经常向二人施恩，不断给予各种封赏，并从中进行斡旋，以使"将相"和睦。为了使年羹尧改变对隆科多的态度，雍正甚至自作主张将年羹尧的长子过继给隆科多做儿子，并对年羹尧编造美言说："舅舅隆科多对你非常尊重，朝中每有大事，总说该与你商量。"又说："舅舅隆科多，朕先前不深知他，真正大错了，此人真先帝之忠臣，朕之功臣，国家良臣，真正当代第一超群拔类之稀有大臣也。"在雍正的撮合调停下，年、隆二人的关系终于有了改善。隆科多在得知雍正赐给他年羹尧的儿子作继子后，上书称："臣命中当有三子，今得皇上加恩赏赐，直如上天所赐。"此后，为了表示要跟年羹尧团结共事，隆科多又说："我二人若少作二人看，即负皇上矣。"年隆二人终于能齐心协力共同为雍正效力了。从雍正调停年隆之间的关系看，他的确是深具长远眼光而又驭下有术的，因为在当时的情况下，将相不和必然会打乱雍正的全盘施政计划，必然会分散己方的力量，甚至给政敌以可乘之机。

作为雍正的宠信之臣，隆科多和年羹尧在雍正即位和推行新政的过程中，起了不可低估的作用。特别是年羹尧，有大将之才，有勇有谋，又曾为雍正平定过青海叛乱，可以说是功高卓群的。因此雍正若要打击他们，必然会落个诛杀功臣的骂名。

雍正对此考虑得很清楚，因此在打击年、隆之前，他必须抓住这两个人的把柄，才可以名正言顺地将他们铲除掉。年、隆二人无论功劳多大，也不能超越于雍正之上；所谓功高盖主，加上骄盛难驯，必然会使雍正产生威胁感。当时，年、隆二人凭恃功高，的确做出了种种越权枉法的事，以致影响到了雍正政权的稳固。因此，雍正要铲除他们只是时间早晚的问题。

雍正采用了"先纵后惩，擒放有法"的智谋，先给隆和年许多过分的荣宠，使他们的职位一升再升，权利一再扩大。雍正这样做是为了让他们露出"小人得势"的张狂形态，这样雍正才能抓住他们的小辫子，以达到铲除他们的目的。

雍正选拔庶常时，翰林院已按惯例定了名次，但雍正却把试卷密封后递给了年羹尧，并在特谕中写道："时文头二三内，你速速看了，应挪上移下者另封，上写应入某等，仍封原封内交还。不可令都中人知发来你看之处。二等者特多了，若恐冤抑人，作四等亦可……文章尽力速速看来。"意即："这选拔庶常的试卷，你尽快看看在评定等级方面是否公正。有没有该上下挪移名次的，然后写在原封内封好寄回，不能让都中官吏知道。另外，被评为二等的太多了，会不会有压抑良才的地方，若有，分成四等也可以……"从雍正这番话来看，他似乎将这件事做得很诡秘。其用意不外乎是为了表现自己对年羹尧的器重和信赖。

允禵被召回京后，年羹尧即与管理抚远大将军印务的延信共同接掌了军务大权。半年后，名为川陕总督的年羹尧实际上已揽尽西北军事指挥权，夺了抚远大将军延信的权力，一时权倾西北。雍正告诫官员听命于年羹尧，在云贵总督高其倬的奏折上，夸奖年羹尧在军旅事务、边地情况方面都很熟谙，而且才情"出人头地"，让高在兵马粮饷和一切筹备机宜上，都与年羹尧商酌行事。雍正还在给四川提督岳钟琪的奏折上批示："西边事务，朕之旨意，总交年羹尧料理调度。"

同年十月，发生了青海厄鲁特罗卜藏丹津的暴乱，雍正任命年羹尧为抚远大将军，率师赴西宁征讨。次年大军征讨成功，雍正喜不自胜，封年羹尧为一等公。这时年大将军威镇西北，同时有权干预云南政事！

年羹尧的妄自尊大、不守臣道也是令人侧目的。身为大将军、有公爵之荣的他，按理讲，权威比不上清初统兵的诸王，更不能望十四皇子允禵项背。但他因继允禵的职务，便在权势上要同前任相比。他给将军、督抚的函件竟用令谕的格式，把同官视为理所当然的下属。在军中，蒙古诸王见他时都要跪谒，连额附、郡王也不例外。他进京时，都统范时捷、直隶总督李维钧都要低声下气地跪下迎接。雍正发往陕西的侍卫，是皇帝身边的人，理应优礼相待，然而年羹尧竟用他们作仪仗队，前引后随，当下人来使唤，这简直是连皇帝都不尊重了。年羹尧在官员面前的架子更大，凡送礼给年的称为"恭进"，年给大家东西叫作"赐"，属员禀谢称作"谢恩"，接见新属员叫"引见"，年吃饭称"用膳"，请客叫"摆宴"。这一切都仿效皇帝的排场，当然为雍正所不容了。对于臣道，年羹尧则凭恃雍正之宠不当回事。他在西宁军前，两次皇帝恩诏颁到，他都不按照规定在公所设香案跪听开读，宣示于众。一次面见雍正时，他在雍正面前"箕坐无人臣礼"。这样胆大妄为，已触犯了帝王的尊严。捋了龙须，当然要自取其祸！

年羹尧远在边疆，却一直奉雍正之命参与朝中事务，下面这些事情都可以看出年羹尧参与朝政的程度：耗羡归公的事，经山西巡抚诺岷提出后，雍正认为很好，但是廷臣们反对，雍正拿不定主意，于是征求年羹尧的意见；律例馆修订律例，一边改定，一边上呈，雍正阅过后，都发给年羹尧看，要他在可斟酌的地方提出修改意见；康熙将朱熹升入十哲之列，雍正还想把周敦颐、二程拉进这个行列，但周、程生活时代早于朱，要升格，就必须排在朱前面，雍正觉得朱熹是康熙所定，若再将周、程置于朱熹之前，于孝道来讲不好，取决不定，便要年羹尧"详细推敲奏来"。年大将军提出意见，雍正特地展示给九卿，说他"读书明理，持论秉公"，要他们细心参考他的意见。

在用人和吏治方面，雍正更与年羹尧频频相商，给予后者以特殊的权力，有时可以说是言听计从。在年的辖区内，大小文武官员都听年羹尧安排使用。雍正对陕西巡抚、兵部侍郎这些官职的任命安排，都是在同年羹尧相商后才决定。川陕境外的官员的使用，年羹尧也常提出意见——葛继孔原任江苏按察使、内阁侍读学士，年羹尧参奏后，葛被降为鸿胪寺少卿；长芦巡盐御史宋师曾，年羹尧对他大为保荐；安徽官员朱作鼎，年羹尧奏请将他罢职，雍正都应允了；赵之垣署理直隶巡抚，年羹尧密参他庸劣、轻浮，不可担当巡抚重任，雍正就将他撤职，改用李维钧；江西南赣总兵职务空缺，雍正准备采用宋可进，年羹尧奏称他不能胜任，请求让一个名叫黄起宪的来填补这个空缺，雍正采纳了；雍正二年二月，李绂就任广西巡抚，保荐徐用锡一起上任，年羹尧却说徐人品不端，不能用，雍正也听了。雍正二年十月至十一月间，雍正特别命令礼部拟定迎接年大将军的仪式，侍郎春泰草拟得不够妥善，就受到降一级的处分。每遇到文武官员职务空缺，无论大小，都一定要选择年的私人亲信来填补。吏、兵两部对他的人事安排根本说不上话，形同虚设。尤其可怕的是，连巡抚、布政使、按察使、提督、总兵官等地方大员也出于他的授意安排，这就把皇帝也架空了。按照清朝法律，奴仆没有出籍不许做官。而年羹尧的家仆桑成鼎就以军功先任西安知府，后又升至直隶道员；另一仆人魏之耀也论功当到署理副将，这全是年羹尧私下的专断安排。不但如此，年羹尧还狂热地接受贿赂，于是"鲜廉寡耻行贿钻营之徒相奔走于其门"。

特别是在青海平叛成功之后，年羹尧的意见几乎可以左右政局。为此雍正曾在平定青海之后对年羹尧发布上谕说："要尔所办之事外，实不忍劳你心神，今既上天成全，大局已定，凡尔之所见闻，与天下国家吏治民生有兴利除弊，内外大小官员之臧否，除便徐徐奏来，朕酌量而行，特谕。"借此表面鼓励他发表意见，实则测度其政治倾向。

如此这般权重和受宠，更助长了年羹尧的骄人气势，使他更加目空一切，为所欲为，因而必然遭到其他官员弹劾。果然，此事之后许多大臣便开始向雍正密奏，指责年羹尧擅作威福、目无君上，要求把他留在京师，以免放虎归山造成后患。但雍正当时认为时机还不太成熟，没接受某些人的建议，还用貌似推心置腹的话向年羹尧表明自己对他的信任和器重。年羹尧又怎么会想到对自己言听计从的雍正会加罪于自己呢？

明明有心要打击一个人，却口蜜腹剑，稳住对方，深藏不露，甚至将其捧得更高，使他更加狂肆骄纵，以致跌得更重！雍正对年、隆两人的放纵，使得他们自不量力，犯下了许多罪行，从而遭到群臣攻击。这样雍正就抓到了把柄，要惩罚他们就师出有名了。

俗话说，溺爱和骄纵并不是好事。雍正有意识地培养年羹尧飞扬跋扈的作风，而年羹尧凭恃功高，做出了种种越权枉法的事。例如年羹尧在做川陕总督时一味地任用自己的亲信手下，徇私枉法，以致被山西按察使蒋炯参奏了许多擅权用人的罪状。蒋炯在奏折中说：年羹尧作为川陕大员，任人唯亲，横作威福。每每遇到文武官职缺位，不论大小都要用自己的亲信作为替补……这就是说年羹尧已犯下了暗中培植党羽以及假公济私的大罪，而雍正此前早已设好了埋伏——用《御制朋党论》禁止朝臣私结朋党。又如由于年羹尧权高位尊，雍正又曾对他"大加信赖"，以至于使许多人为了升居高官而竞相投到他的门下，并用巨资买通年羹尧，求他留心照看、多在皇帝面前说好话——因此，年羹尧在犯下私结朋党罪的同时，又犯下了贪污受贿罪。而雍正从即位开始就已下严令要惩治官吏贪污受贿、吏治腐败的问题了，所以年羹尧此举无异于自投罗网。

在打击年羹尧的势力问题上，雍正知道不能着急，一旦把年羹尧逼急，恐怕他会起兵造反。雍正深知：年羹尧在西北经营了那么多年，实力深厚，而且培养了那么多心腹，如果突然打击他造成他造反的话，必然造成局势大乱，到时不好收拾。而且内部敌人并未彻底清除，允禩、允禟余党随时可能死灰复燃，如果里应外合共同倒戈的话，他的皇位就危险了。经过仔细考虑，雍正采取了有步骤、有计划地打击年羹尧的策略。

为了稳妥起见，在决定打击年羹尧之后，雍正并没有先向他本人开刀，而是首先采取了分化瓦解年羹尧集团的措施，使年羹尧孤立起来，众叛亲离。以前年羹尧经常凭借雍正对他的信任和宠爱，不断向雍正推荐自己身边的人去担任朝中职务，当时雍正从不会拒绝。但现在雍正想铲除年羹尧，就绝不会再帮其培植党羽，因而不再同意年羹尧推荐的人担任朝中职务。

雍正还向有关人员打招呼，要他们警惕年羹尧的活动。在采取这一步骤时，雍正首先选择了年羹尧的亲信李维钧作为突破口，暗示他不要与年羹尧站在一条战线上，并在李的奏折上批道："近日年羹尧陈奏数事，朕甚疑其居心不纯，大有舞弊弄巧潜蓄揽权之意，尔同年关系密切乃奉旨所为，不必恐惧……"

雍正这番话的用意非常明显，即一方面指出自己对年羹尧已有所戒备，另一方面暗示李维钧，叫他不要和年羹尧沆瀣一气，但又替李维钧开脱，把责任揽在自己身上，以示李维钧与年的区别，让他重新选择立场。接着雍正又分别向湖广总督杨宗仁、川抚王景灏和河南总督齐苏勒等人表明自己的态度。他对杨宗仁说："年羹尧何如人也？就尔所知，居实陈奏。'纯'之一字可许之乎？否耶！密之。"他对王景灏则说："年羹尧今来陛见，甚觉乖张，朕有许多不取处，不知其精神颓败所至，抑或功高志满而然。尔虽年羹尧所荐，切不可依附于他，须知朕非年羹尧所能如何如何之主也！"此时雍正已经把话挑明了，希望王景灏不要依附年羹尧，以免因此招致杀身之祸。他又提醒齐苏勒说："近日隆科多、年羹尧大露作威福揽权势光景，若不防微杜渐，此二臣将来必至不能保全，尔等皆当疏远之；怡亲王公廉忠诚，为当代诸王大臣中第一人，尔应知之。"雍正此意为：目前隆科多、年羹尧招权纳势，作威作福。他们若不知改悔，将来必受严惩，你们应当疏远他们；同时你们还应当知道怡亲王才是我真正信赖的人，你们应当向他靠拢。此时雍正已明确表示自己要惩治年羹尧和隆科多了。

这些情况表明，在分化瓦解年羹尧的问题上，雍正行动相当谨慎，对不同的人采取了不同的措施：一是对年的亲信李维钧和王景灏等人措辞谨慎，委婉地表达了对年羹尧的不满，以希望他们与年划清界限，争取保全自身；二是对齐苏勒、高其倬等人公开表明自己要处理年、隆二人的态度，因为这些人原是年羹尧的政敌。他们得知皇帝要打击年羹尧时，必然是坚决拥护的；三是对与年羹尧关系一般的大臣发出警告，要他们不要站错阵线，并要求他们站到怡亲王允祥这一边来。

经过这些深思熟虑的准备，雍正决定面对面地对付年羹尧了。在向年羹尧开战时，雍正也是别出心裁，先抓住年羹尧的一个小辫子，然后再不断地深究，使年羹尧并没有意识到问题的严重性，没有做好充分的思想准备，就已经糊里糊涂地被夺去了权力。

由于年羹尧一点也不知收敛，还放肆张狂，依旧我行我素，公然以权谋私，为自己的儿子年富争取捐造兵营的差事。结果被吏部右侍郎李绂以违例驳回了。年羹尧因此"痛诋九卿，切责吏部，怨恨李绂"。他的这种行径，招致了雍正的极大愤慨。恰在此时，年羹尧在一部奏折里又出现了笔误，即误把称赞雍正"励精图治，朝乾夕惕"写成了"励精图治，夕阳朝乾"了。于是雍正就加快打击步伐，借这个笔误揭开了打击年羹尧的序幕。他御笔批复："年羹尧自恃己功，显露不敬之意，其谬误之处断非无心。"接着就下令调换年羹尧辖区内的官员，以去除年羹尧的亲信，使他不能阴谋作乱。

在这次突然袭击发生后，年羹尧顿时乱了手脚，急忙向雍正上表称罪，并发重誓表明自己绝对忠诚于雍正。为防止年羹尧孤注一掷，雍正来了个就坡下驴：将年羹尧调回了他的老巢，命他到杭州任将军，还编了一个谣言，雍正说："朕闻得早有谣言云，帝出三江口，嘉湖作战场之语，朕今用尔此任，况尔亦奏过浙江省观象之论。朕想尔若自称帝号，乃天定数也，朕亦难挽。若尔自不肯为，有尔统朕此数千兵，尔断不容三江口令人称帝也。此二语不知尔曾闻得否？再你明白回奏二本，朕览之实实心寒之极。看此光景，尔并不知感悔。上苍在上，朕若负你，天诛地灭。尔若负朕，不知上苍如何发落尔也！"

雍正的这番话，可谓是绵里藏针。即他明明是要削夺年羹尧的兵权，却找出一个"帝出三江口"的理由，以儆戒年羹尧别做叛乱的美梦。同时，雍正还用赌咒的形式反击年羹尧，问题起自年羹尧本人心术不正、自讨苦吃。由此我们可以看出，雍正在打击年羹尧时是先抓住他的小辫子，然后借题发挥，用威胁利诱、绵里藏针的手段迫使他离开川陕军事重地，将他调往杭州。这样，年羹尧就成了无根之木、无源之水，便只能听凭雍正的宰割了。

此外，雍正还通过密折来实现对年羹尧的挑拨离间，借以分化年羹尧的势力，同时拉拢一些人。在年案结案前，雍正在臣僚奏折上，通过朱批，用升官、许诺等手段分化年羹尧党羽。雍正二年（1724年）十一月，他在湖南巡抚王朝恩的奏折中批道："即隆科多、年羹尧亦不能致汝祸福也，二人就曾在朕前奏汝不可用。"雍正二年（1724年）十二月，他又通过密折告诉河道总督齐苏勒：舅舅隆科多说你操守不好，"而年羹尧奏你不能料理河务，言不学无术"。雍正三年（1725年）二月又谕告云贵总督高其倬：年羹尧曾"奏你不称云贵总督之职"，"（年）若有与你作梗为难，只管密以奏闻，朕恐他愚弄你，陷汝于不是，总误朕之政事也，所以明白写来。"挑拨离间、分化拉拢、封官、许诺也是他惯用的特殊手段。此后，雍正又向年羹尧的亲信、四川巡抚王景灏阐明利害关系，并说："你若能不听年羹尧令，毫不掣肘，各抒己见办理，保你是朕的上等封疆大臣就是了。"是年三月，雍正又密谕陕西凉州总兵宋可进："年羹尧不大喜欢你，你防着些，不要将把柄着他拿住。"利用密折分化政敌在当时的确收到了明显的效果。如高其倬"跪读（朱谕）再四，不禁涕洒如雨，肺肝感振"，表示年羹尧"若有巧行愚弄及作梗为难之处，臣断不入其术中，断不受其胁压，即遵旨密以奏闻"。又说："（臣）止知有皇上之恩遇，皇上之封疆，此外非所知也。"王景灏也称自己"感惧涕零"："臣虽愚昧，亦知君父为重，惟有恪遵谕旨，实在内外奉行，做好官好人，以仰报皇仁于万一。"李维钧三次上书，攻击年羹尧"挟威势而作威福，招权纳贿，排异党同，冒滥军功，侵吞国孥，杀戮无辜，残害良民"。李绂则痛斥年羹尧是"阴谋叵测，狂妄多端，谬借阃外之权，以窃九重之威福"，又说他"大逆不法，法所难宽"，要求将他诛戮以正国法。

雍正看到时机已到，当即根据其罪行再次施以打击：一方面下令革去年羹尧的将军之职，另一方面则开始肃清年羹尧的党羽和亲信。如将年羹尧的儿子大理寺少卿年富、副都统年兴、骁骑运使宋师曾、鸿胪寺少卿葛继孔等一干人等捉拿归案，并以攀附年羹尧的罪名给予相应的惩处。这样，年羹尧的势力范围就更小了。但雍正并不因此而罢休，因为他的目的不仅仅是削其重权，更是为了将其置之死地。为此，他又发布了一道上谕，以带动满朝文武来攻击年羹尧。上谕称："年羹尧自任川陕总督以来，擅作威福，颠倒是非，引用匪类，异己者屏斥，趋赴者荐拔；又借用兵之名，虚冒军功，以朝廷之名器，循一己之私情。"这就是说年羹尧犯了营私舞弊、排除异己、援植邪党等数大罪状，是罪不可赦的，谁站在他的一边，都不会有好下场。正所谓墙倒众人推。这样，在雍正的暗示下，绝大多数朝臣纷纷把矛头指向了年羹尧，并为他罗织了92条罪状。

在92条罪状中，涉及大逆罪5条、欺罔罪9条、僭越罪16条、狂悖罪13条、专擅罪6条、贪婪罪18条、侵蚀罪15条等等。在92条中按规定处于斩立决的就有30多条。但雍正仍表示开恩，而且年羹尧的妹妹是贵妃，雍正当然卖个人情，令年羹尧自尽。并指责他说："尔亦系读书之人，历观史书所载，间有悖逆不法如尔之甚者乎？自古不法之臣有之，然当未败露之先，尚皆假饰勉强、伪守臣节，如尔之则公行不法，全无忌惮，古来曾有其人乎？朕待尔之恩如天高地厚，且待尔父兄及汝子合家之恩不啻天高地厚……朕以尔实心为国，断不欺罔，故尽去嫌疑，一心任用。尔作威福，植党营私，如此辜恩负德，于心忍为乎？"由此看来，雍正不但要处死年羹尧，而且还要使他死得心服口服，毫无怨言——这也正是雍正的高明和狠辣所在。他要让年羹尧死，还要让世人知道年羹尧是死有余辜、罪有应得。这样，雍正就将诛杀功臣的罪名推卸得一干二净了。

雍正在命年羹尧自杀时说："尔自尽后，若稍有含怨之意，则佛书所谓永堕地狱者，虽万劫亦不能消此罪孽也！"这就是说，雍正要让年羹尧死个明白，死个心服口服，不得含有抱怨之心，否则就得像佛学上所说的那样永远处在地狱里，不能升天，遭千遍万遍的劫难也抵消不了你在阳世所犯的罪。这正是他的狠辣之处。同时，雍正借助此举，也再次向满朝文武和世人证明了他并不是受年羹尧操纵的傀儡皇帝，相反他要比年羹尧高明千万倍。因为事实上，在雍正一步步整治年羹尧时，年羹尧几乎毫无反抗能力，只能伏诛。

隆科多犯了与年羹尧同样的错误，自恃功劳盖世，便骄横一时，有恃无恐、为所欲为，难免会同其他权臣发生冲突。有一次果郡王允礼进宫，隆科多正好遇见，他自认为得宠于皇帝，竟然只是起立表示致敬，而没有跪安，这是大大的不敬。此外，由于隆科多执掌用人大权，而他又专断揽权，这就或多或少地侵犯了皇权。雍正同样也是容忍不了隆科多的。

与年羹尧相比，隆科多更显得老谋深算。早在雍正决定打击年羹尧之前，隆科多就已嗅到了危险的气息。因此，他早早就为自己留了退路——将自己的财产分藏到了各处，以防雍正有朝一日查其家产时，查出他贪污的罪证。这就是说，隆科多在事发之前，就已经在悄悄为自己销赃了。销赃一事，恰恰证明了他贪污的事实，被雍正拿住了他不守人臣大义的把柄。

当隆科多感觉到雍正对他的销赃行为有所察觉后，为了保全性命，主动向雍正提出辞去步军统领一职。隆科多是想以交出京师军权的行动争取雍正对他网开一面。这就是隆科多的狡猾之处，他想以此来换取雍正对其的信任，但是他没有想到雍正做起事来是不会善罢甘休的，除去年羹尧这颗眼中钉之后，下一个目标便是隆科多，对待这些政治上的敌对势力，雍正从不会手软。

因为隆科多虽交出了军权，但他仍掌管着吏部重权。而吏部是专门为国家选拔官吏的一个机关，当时吏部各级司官，对隆科多"莫敢仰视"，一切公事全凭他一人裁决。这对雍正的君权是一种触犯。因此对隆科多的处罚只是时间早晚的问题。

还在查办年羹尧一案时，雍正就想将隆科多一起处理，他故意将隆科多说成是帮助年羹尧和阻挠查案的人，例如他曾说："隆科多亦如年羹尧一般贪诈负恩，揽权树党，擅作威福。"他甚至对其他官员说："似隆科多此等诳君背主小人，相见时不需丝毫致敬尽礼。"可见雍正对隆科多已经是恨之入骨，欲除之而后快。

不过，他对隆科多首先采取的是"围而不打"策略，即在处理年羹尧时只对隆科多进行责备，而不予以实质性的打击。同时雍正指责隆科多，还能起到稳住允禩、允禟的作用。为此，雍正专门指责隆科多，说他屡参允禩，一心要将其置之死地，却包庇鄂伦岱、阿尔松阿等允禩集团人物，其用意不过是为了将允禩的党羽收在自己的门下。

此后，年羹尧的势力被瓦解了，雍正才开始着手剥夺隆科多的权力，并将他逐出京师，命他到阿尔泰山负责修城垦地。而就在将隆科多派往阿尔泰的同时，雍正加快了对他的打击步伐。如特意指示当地总兵宋可进："隆科多亦如年羹尧一般贪诈负恩，揽权结党、擅作威福，似此诳君背主小人，相见时不须丝毫致敬尽礼！"也即要求宋可进别拿隆科多当朝廷重臣看待，他和年羹尧一样揽权独断，背主蒙恩，迟早要受到惩罚的。雍正一方面对宋可进作了如上指示，另一方面却对隆科多说："若尔实心任事，恩盖前愆，朕必宽宥。"

这么做，主要还是因为雍正不想担诛戮功臣的罪名。雍正一定要拿到隆科多的确切犯罪证据后，才会对他施以严惩。雍正在处理隆科多一案上，采取的是稳狠兼备的策略。即首先对其围而不打，逼其惊慌失措，然后再将其调为外任，使之失去实权，陷入四面楚歌的境地。

雍正四年（1726年），隆科多被派去与俄国代表萨瓦·务拉在思拉维赤谈判。在谈判过程中，隆科多强烈要求俄国归还侵占的中国大片蒙古地区，正当隆科多想好好表现一下，以便让皇帝对自己更加重用和信任时，没想到厄运降临到他的头上，有人揭露出隆科多私藏"玉牒"底本的事情。这件事情被雍正抓住后大做文章，准备以此为起点对隆科多开刀。

所谓玉牒，系皇帝的家谱，非常神圣。据说除了宗人府衙，其他官员均不得私看，就算因公事要查阅时，也要首先奏明皇帝批准，然后才能"敬捧阅看"。但隆科多却倚仗自己权高位尊，从辅国公阿布兰处私借了玉牒底本，私藏在家。这就表明：隆科多犯了大不敬罪。

雍正抓住这一点，立即大做文章，决定对隆科多进行彻底打击。因此，他随即命人调回了正在谈判的隆科多，并命诸王大臣共议隆科多罪状。结果，隆科多被拟定41条大罪。其中不大敬罪5条：即私藏玉牒罪，将康熙所赐御书贴在厢房之不敬罪等；又有奸党罪6条；不法罪7条；贪婪罪16条。至此，雍正下令将隆科多永远圈禁在畅春园附近，命他守园思过。此后，隆科多死于此处。雍正为表示自己犹念旧情，下令赐金为其治丧。这就是说作为皇帝，他并不是恩断义绝的，而是还记着隆科多往日的功绩。

从雍正禁死隆科多，赐死年羹尧一事来看，他在打击这两个功臣的问题上既有先后顺序，又分轻重主次。年羹尧张狂太过，目无王法又手握重权，党羽众多，必须及早铲除；而隆科多表面上至少还尊重皇帝，不太张狂任事，因而罪不至死，所以只采取圈禁惩罚就收到应有的效果。由此可见，雍正既达到了打击年、隆以集中皇权的目的，又给自己留下了个开明君主且不妄诛功臣的形象。

雍正给年、隆的恩宠只是暂时的，他也明白养虎为患的道理。因此年羹尧、隆科多虽权势显赫，但雍正对他们却早有提防。例如隆科多尽管职高位重，但雍正始终没用他为大学士；而年羹尧虽手握兵权，但雍正却始终没让他在朝中任职，这就起到了制约二人的作用。即隆科多权位再高，也控制不了外省兵权，年羹尧权力再广，也无法左右朝中大臣。雍正极力拔高隆科多和年羹尧的地位，必然会招致满朝文武对他们的忌惮，从而使这二人长期处于被孤立的地位。这才是雍正的高明之处。即将他们捧得越高，他们日后就摔得越重。

第二节　约束属下

为了树立权威，雍正曾告诫属下："言之中听，于事无益，务必将地方时刻作自己营谋一样，用心去，哪有不办之理？三年后只要还朕个'是'字来，日下奏对之间，朕亦难以考成，务必实心实力奉行方好。若视为泛泛，康熙元年曾行过，十年曾谕过，三十年曾察过，日久不无奉行之怠臣等再加严整，对天指地，发一派乱誓，此等支吾，当日雍正即今日之皇帝，当加小心。"

雍正元年（1723年）七月，雍正偶然间发现一本文书中丢落了一个字，于是把大臣们都找到书房，大发一通议论："你们不要以为小事就可以疏忽。抄写漏字虽然是中书（文书官员）的事情，但如果你们用心细问的话，也不会出现这样的错误。而如果大学士把责任推给学士，学士推给侍读，侍读再推给中书，那么朕也可以把过错都推给大学士。类似这样的小错不断，就会让天下的人都怀疑朕和大学士平时连奏折都不看，这还了得？"

同年九月初五，雍正参加一次祭祀活动，因为发现更衣房内有异味，就罚主管工部的廉亲王允裪以及工部侍郎、郎中等人在太庙前跪了整整一夜。

雍正二年（1724年）四月的一天，雍正升殿，见到刑部官员李建勋、罗檀在群臣还没有落座的时候，也不行礼就坐下了，于是立即下令，将李、罗两人拿交刑部问罪，并告诫百官说："朕见这几年上朝的礼节执行得很松弛，我父亲康熙并不是不知道，但都很包容，因此监察官员也就睁一只眼闭一只眼，把这些当作常事，不认真去管。我即位以来，看到这些现象很多，这是个不好的苗头，必须严加整饬。今后如果再有类似的失礼事情发生，我就要杀了这两个人了，到时候可别说是我要杀人，而是你们杀了他俩。”

从权谋的角度看，雍正这一招叫作“借题发挥”，就是抓住下属的一个小错、一件小事大做文章，以达到更大的阴谋和目的，或者仅仅是为了震慑下属，使其心怀畏惧，不敢轻举妄动，从而树立起帝王的权威。从领导学的角度看，从严治下有时也要从小事抓起，从抓一些不起眼的小事上唤起下属的纪律意识、责任意识，增强组织的凝聚力。而且，雍正非常注意防止大权旁落，直接体现在他对官员的驭下能力和自身素质的涵养上，那就是排斥宠臣和太监。

河南巡抚田文镜在奏折中道：“臣实未见谕旨。既无部文行知至于豫省提塘。臣曾经戒饬不许在京探听事情，亦不许混行抄报，所以至今尚无一字见闻。即平日京报中所抄之事，臣亦不敢冒昧轻信。今蒙皇上天恩，不但不因谢济世纠参治臣之罪，并谕内阁遵旨寄闻……不知谢济世参臣是何款迹。”雍正看后，当即御批如下：“你自然得晓得，科抄到时，将本稿先折奏来，大费朕心矣。朕非施私恩与你一人，原欲天下臣工知朕待大臣之心，而亦令贪夫廉，懦夫立也。此一事朕甚庆幸，好机会。亦难得参你这样巡抚；所以理直气壮，此皆天地神明默佑之所致也，有何可讲。向后全在你定千古论我君臣二人之是非也，岂止十目十手之指视而已也。傅敏奏折交回，闲发来你看。他又有谢罪奏折，已批回本人去矣，缴还时再发来你看。”

“模范巡抚”田文镜是雍正亲手树起来的一面旗帜，却屡屡遭到大员们的参劾。御史谢济世参他的文告送到田文镜手上时，田并不知参的内容是什么，故上折说"至今尚无一字见闻"。雍正态度明朗：过两天你就知道了。我对你加恩，并不是要给你一个人网开一面，特别庇护，而是让所有大臣吏员知道我对待臣子的态度："令贪夫廉，懦夫立。"有人参劾你这样的巡抚，不仅谢济世，还有傅敏。不过你好好做你的，还怕"十目所视，十指所指哉！"

这给了各级官吏一个警示牌，就看下面的官吏如何去做了。在治吏方面，雍正重视利用密折达到启示臣下、训饬不法官吏的目的。田文镜被提拔为河南巡抚后，雍正考虑到他感恩图报心切，可能会犯急躁冒进的错误。因此，他在田文镜的奏折上批道：

"豫（河南）抚之任，汝优为之。但天下事过犹不及，适中为贵。朕不虑不及，反恐效心切，或失之少过耳。"

雍正此言意即，河南巡抚一职，你比别人有能力，所以我才把这担子交给了你。但天下事不能做过了头，能做到适可而止才是最好的。我不担心你任职不努力，倒担心你因报效国家心切，反而会犯了错误。

果不出雍正所料，田文镜真的就犯了错误。于是雍正再次指示田文镜："大凡临事，最忌犹豫，尤不宜迎合，没一味揣摩迁就，反致乖忤本意……今后勿更加是犹疑不定，随时变转，始于身任封疆重寄，临大节而不可夺之义相符也。切勿忘！"雍正这是在提醒田文镜，要他正确理解皇帝的意思，不要只顾曲意迎合——雍正对爱臣关心至切而又要求极严，促使他们正确地处理好君臣两者之间的关系。所以，雍正看到广东巡抚年希尧关于节礼规绳的奏折后，马上批示道："览尔所奏，朕心甚悦。全是真语，一无粉饰，这才是你大造化来了。用心做去，不可始勤终怠。至于巡抚进路，必于指定某项无有是处；朕也不知何是该取，何是不应取？此等碎小之事，朕亦不问不管，只问你总责成一个好字。从来督抚将此事上奏沽名钓誉，裁去不取，转弯另设他法，所得更甚。此等私套，皆不中用。有治人无治法。朕如今要定规矩绳限你们，万无此理，只要你们取出良心来将利害二字排在眼前，长长远远地想去，设法做好官就是了。不必在这些面前打哄，好歹朕自有真知灼闻的道理，不可仗从前私恩大胆放纵。你们要负了朕，朕到（倒）要加倍处分的呢！勉之，慎之。"

雍正宠臣年羹尧之兄年希尧奏陈，自己上任伊始，即拒收各种节礼，既表忠心，也想撇清。雍正仍是一贯地从严说教，一面说，真心干事就是你大造化来了，一面又说，当一个督抚，表面不捞，但拐弯抹角又去大捞特捞，能哄得了谁？故而叮嘱，好好做官。雍正真是把人心都看透了。

对于官吏之间的关系，雍正也常常给予许多启示。如李卫的同僚鄂弥达在赴京拜见皇帝期间，李卫曾上奏请求雍正允许鄂弥达早日回到任所，并替鄂弥达讲了许多好话。雍正在读了李卫的奏折后，非常高兴，因此批道："尽心奉职之人，同城共事，焉有本彼此相惜之理。鄂弥达于驻防武臣中论，实一好将军，汝今奏伊约束驻兵之长，伊在朕前极口赞报汝之勤敏，亦出公诚。朕日览之甚悦，如是方好。"

为了使诸大臣能够和衷共济，雍正不遗余力地做他们的工作。如禅济布与丁士一共同被任命为巡抚台湾的御史后，雍正曾在他们的奏折中批道："和衷二字最为紧要，倘有意见不同处，秉公据实密奏。万不可匿怨而友，尤不可循友误公。"这就是说，雍正不怕他们产生不同的政见，但担心他们会因私废公，不秉公办事。

对于另外一些认真任职的官员，雍正对他们采取极力表彰的策略。如雍正在读到高其倬的请安折后批道："朕览高其倬此奏，字句之外，实有一片爱君之心，发乎至诚，非泛泛虚文可比。朕观之不觉泪落。故传谕嘉奖之，以表其诚。"

对于某些沽名钓誉的官员，雍正则毫不客气，严加训斥。比如，雍正召见河南禹州知州孙国玺时，问孙国玺的寡母年龄，孙国玺说母亲74岁。雍正说等孙国玺的母亲80岁时，叫孙国玺请御赐匾额。雍正六年，孙国玺任台湾道。因为这一职务按规定不能带家属，孙国玺就将老母寄居福建漳州，并将此情折奏皇帝。雍正为使孙国玺能够迎亲老母，又改任孙国玺为福建盐驿道，不令赴台。雍正十年（1732年），孙国玺的母亲80岁届满。孙国玺于是奏请皇帝赐匾额和诰封，雍正却大变自己的言行，说："朕初期望于汝之心实惟天鉴，岂料汝如是负朕深思也。今日不但汝母匾额无须启齿，汝若痛自悔改，仍循洁己沽誉，欺蒙隐饰辙迹，身家性命，目前难保，累及汝母，尚在未定。具何心胆面皮，辙敢冒请封典耶！观汝此奏甚属荒诞，可恶之至！"——孙国玺依仗皇恩，不思进取，反滋骄矜，以为皇上并不知晓，这可是咎由自取。看来在皇帝下面做臣子，是不能松懈的。

为了能收到警示官员的效果，雍正还作过长篇大论的批语。如当鄂尔泰向雍正奏报滇、黔两省大小文武官员的情况后，雍正就批道："治天下惟以用人为本。其余皆枝叶事耳。览汝所论之文武大吏以至微弁，就朕所知者，甚合朕意……贤卿之奏，非大公不能如是……朕实嘉之，但所见如是，仍必明试以功，临事经验，方可信任。便经历几事，亦可只信其已往，犹当留意观其将来，万不可信其必不改移也。"雍正这一批文不但肯定鄂尔泰的某些见解，而且还启发他为政要以用人为根本。并由此指出，在用人时主要要看属员有无实际经验，同时还要留意他们将来的一举一动。

通过上述做法，雍正给了下臣许多启示，并以此指导他们具体执行了许多政务。按雍正的话来说，密折所起的用人方面的作用是："通上下之情，以利施政；启示臣工，以利其从政。"密折制度的妙用，并不仅仅如此而已。且看雍正又是如何令贪官变廉洁的。当时的贵州布政使刘师恕奏陈兴同僚下属共同商议围剿苗族叛乱等事，其文如下："日与僚属共相策励，务期实心实政以仰酬高厚十万一。惟是黔处天末，历来未免废弛。而升任抚臣金世扬又惟主安静，诸事因循。臣于地方民生有关紧要者，力为争执，犹多回挽，至关题奏事件，全在抚臣主持，实不免于掣肘，即如收买水银，虽为筹补军需起见，然既动库银，自应据实陈奏，臣到任后详请两次始终不从。今亲抚臣毛文铨，具悉始末，实实奏明。"

雍正一看就知其中之诈，立马批道："此奏甚属巧诈。你陛辞时朕如何谕你来？金世扬在任既掣肘，不能行其志，彼时为何未奏？今督抚已将地方事件料理次第，而来贪他人之功以为己利，无耻之甚，为国家臣子其可怀如此权移（宜）之志以对君父也？若不因你居官尚能洁己，朕必严加处分。朕之前惟以真实二字方可保久长，若在如此作用上留心，不但自阻上进之路，抑且后必有殃。慎之。"雍正明察秋毫，勘破巧诈，说刘师恕"贪他人之功以为己利，无耻之甚"，对刘师恕之辈当头棒喝，实在是想拯救他。

雍正管人有一套，他能根据官吏的忠诚程度和政绩来施恩。对忠于他的有功之人当然大加赞赏，体恤备至，像田文镜、鄂尔泰、岳钟琪、李卫等；而对于一些不干实事、谎报政绩的官吏则严厉斥责，时不时地敲打。

在对贤人的选拔上，雍正看重德行，一再强调当官者必须不徇私情，不谋一己之私，竭尽全力为国家办事。依此标准，雍正指出："凡为人臣，但为讲求一身尽职之道，不必牵缠兄弟手足以及子侄亲友。此即营私之巢窟，不可不知。"意思是说，做大臣的，为了自己能尽职守责，就不能顾念手足兄弟之情——因为一旦牵连上这层关系，就必然会导致营私舞弊的发生。做人臣的不可不明白这个道理。

为了要求官吏能够大公无私，雍正不但力图打破满汉界限，而且还向自己的亲族开了刀——"一切需要刚果严明。属员中遇有世家子弟，权要亲族，丝毫不可瞻徇，宜先加教诫。如不知畏，怙恶不悔者，立即参处数人，则官方严肃，而蔑法妄行之人自必潜消默化矣"。雍正对云南布政使常德寿说："尔为鄂尔泰属员，得以亲炙其人，乃尔大幸，当竭力效法之。"一是效法鄂尔泰的"秉公察吏"，二是效法他的"竭力奉公"。

雍正一生都在惩贪反腐，整饬吏治，但对大臣也体现出了宽怀仁德的态度。

雍正元年（1723年），湖广总督杨宗仁因病奏请皇帝，让其子杨文乾到武昌服侍。雍正立即批准，为了使杨宗仁安心养病，特给杨文乾加按察使衔，又派御医赵士英赴武昌为杨宗仁治病，颇显仁慈。

雍正三年（1725年）七月，两广总督孔毓珣折奏："广东按察使宋玮才守兼优，宜进京提升。可惜有病。"恰雍正在接到孔毓珣的奏折之前，已下旨命宋玮赴京引见。看了孔毓珣的奏折，知宋玮有病，即命宋玮暂停来京，以免长途车马颠簸劳苦，并指示孔毓珣："转告宋玮，等病好了，可以走路了，再来北京，切勿任他勉强扶病而行，免得赶路把身体拖垮了。"到十一月，孔毓珣折上宋玮已痊愈，正要起程赴京，雍正很高兴。这都表现出他十分爱才怜才。

雍正八年（1730年），浙江按察使方觐调任陕西布政使，在赴任途中病倒了。雍正知道后，就命方觐回到家乡好好休养，等候自己派遣的御医去给他看病，并告诉他陕西之职已委派他人，要方觐痊愈后马上报告，另有重任安排。御医变成了出诊行医，雍正待大臣情谊可见一斑。

原河南开归道陈时夏在封丘罢考事件中被参留任，两年后又升为江苏巡抚。陈时夏是云南人，家中有八旬老母。陈时夏孝顺，奏请皇上，愿将母亲接到江苏。雍正就命云南督抚派人护送陈母到江苏，并特地指示："起身日期一听其母之便，在路随意歇息行走，不必因乘驿定限。"只此一言，足可令天下儿女感激涕零。当大臣问皇帝为何对陈时夏这么好时，雍正说："朕既擢用陈时夏，欲其宣力以报朝廷，自不忍令他垂白之母暌违数千里外，两相悬切。"

雍正对先帝康熙"天下大权，唯一操之，不可旁落"的政治主张显然是颇为赞同的，但康熙治国以宽，致使官场弊病积重难返。雍正登基后，铁腕治国，从而实现澄清吏治的目的，不愧为一代帝王的行事风范。

第三节　文字狱

雍正即位之初，就在养心殿西暖阁写了一副对联："唯以一人治天下，岂为天下奉一人"，这是他君权至上思想的表露。当时朝廷内部矛盾激化，为了打击政治上的异己势力，镇压反清思潮，雍正就制造文字狱来作为对反对派极端报复的首选手段。

雍正六年（1728年），川陕地区出了一个试图在"反清复明"的大案，这就是"曾静案"。

年羹尧被除掉后，接替他川陕总督之位的是他原来的得力部将岳钟琪。朝野上下传言他是岳飞的后代，要起兵替汉人报仇。曾静就给岳钟琪写了一封劝其谋反的"逆书"，但岳钟琪不为所动，立即将逆书呈报给了雍正以示忠诚。这封逆书在雍正的心里顿时翻起了波澜，引发出一连串的案情。

雍正六年（1728年）十月，雍正在给岳钟琪的信中写道："朕览逆书，惊讶坠泪。览之，梦中亦未料天下有人如此论朕也，亦未料逆情如此之大也！此等逆物，如此自首（即自投罗网之意）非天（意）而何？朕实感天祖之恩，昊天罔矣，此书一无可隐处，事情明白后，朕另有谕。"

能使雍正惊讶坠泪的"逆书"就是案发之后被总督岳钟琪查出的那本《知新录》了。《知新录》为曾静所著，其内容包括以下的几个方面：

一、指责雍正是暴君，并历数了他的十大罪状，即谋杀康熙、逼死生母、弑兄、屠弟、贪财、好色、嗜杀、酗酒、怀疑诛忠、好谀任佞。

二、反对满族统治者，主张"华夷之分大于君臣之伦"。曾静认为雍正虽是皇帝，但他不是汉族人，依照他的观点，臣民虽然应当绝对忠顺皇帝，但对满族人的皇帝却要进行反抗，这并不违背君臣之义。"管仲忘君仇事，孔子何故恕之而反许以仁？盖以华夷之分大于君臣之伦，华之与夷，乃人与物之分界，为域中第一义！所以圣人许管仲之功。"

三、希望拯救黎民于水深火热之中。由于曾静家道贫寒，缺屋少地，因此他能看到当时社会上贫富悬殊的情况，"土田尽为富室所有，富者日富，贫者日贫"。

如此等等，不胜枚举，从事实上来看，雍正的确蒙受了许多不白之冤。雍正是如何面对的呢？因为雍正自觉问心无愧，敢于直面，因此非但没有禁止这种传言，而且还认为曾静的这番言论没有隐讳的必要，即可以将这番言论公之于社会，由世人来评说。

雍正对曾静对他的攻击非常震惊，但又感到高兴。暴露出来更好，他正可以借此机会刷清朝野上下对他的议论，同时借机查清曾静这些消息的来源。经过严密审讯，曾静诬蔑雍正的话辗转来自允禩、允禟的太监。他们被发往烟瘴之地时，在路上沿途诬蔑雍正，被百姓听到而传播。同时查清了曾静的思想主要得之于吕留良。

整个案件基本调查清楚之后，雍正下令将论述这个案子的上谕与曾静的言行及口供整理成一个案件汇编，集成为一部《大义觉迷录》，加以刊刻，在全国发行，以使读书士人知道这件事的经过与详情。同时雍正还采取了强制措施，称假如读书士人不知此书，一经发现，就将该省学政、该州县学教官从重治罪——这就是说，读《大义觉迷录》一书是强制性的，作为中央文件，大家必须要读。其目的在于，因为在《大义觉迷录》中，不但有雍正本人的最高指示，同时还有曾静"弃暗投明"为雍正写的宣传文字，如称雍正至仁至孝、受位于康熙，兼得传贤传子二意；又说雍正朝乾夕惕、惩贪婪、一心爱民。所以《大义觉迷录》一书，由曾静现身说法，体现了他不明原由、听信流言冤枉雍正，到真正体会到雍正恩德，提高认识，进而歌颂雍正的思想转变，成了替雍正做宣传的工具了。

同时，雍正对曾静、张熙二人作了宽大处理，将其无罪释放，并称此二人是误信了奸佞之言。此外雍正还公开宣布，非但他不再追究他们的责任，"即朕之子孙亦不得以其诋毁朕身躬而追究诛戮之"。雍正认为留他们比杀他们的用处更大，雍正可以拿他们来现身说法，即利用他们来宣扬雍正的仁德爱民，如命曾静到江南、江宁、苏州、浙江、杭州等地宣传《大义觉迷录》，进行广泛演讲，然后再将其押送原籍，安排到观风整俗使衙门里当差。又命张熙到陕西及其他地方做类似的演讲宣传，然后送回原籍，在家候旨，以便随传随到。

雍正此案的处理，用他自己的话说是"一番出奇料理"。

雍正的"出奇料理"，奇就奇在敢于抓曾静的观点，公开辩论，敢于把不利于他的观点加以公布，敢于把曾静、张熙放到社会上，这个"奇"，表明他有政治气魄，善于料理重大政治事务。当雍正颁布关于曾静的上谕，鄂尔泰说："捧读上谕，坦然恻然，自问自愧，不为一曾静，而为千百亿万人，遍示臣民，布告中外，自非大光明，大智慧，无我无人，惟中惟正，固未有能几此者。"鄂尔泰说到了雍正心坎上，他是拿曾静做文章，争取舆论同情。由此可见，曾静这个案子是雍正在思想上打了一仗，被他用作宣传自己仁德爱民的工具了，即用作政治斗争的工具了。它是雍正嗣位和初年政治斗争的延续和总结，它的出现是雍正朝政治斗争的必然结果。

但雍正对吕留良等人的处分却很重，焚禁了吕氏的著作，吕留良和严鸿逵开棺戮尸，沈在宽与吕留良的一个儿子斩立决，其余子孙发宁古塔为奴，家产充公。案中牵扯人等，包括刻书人、藏书人皆斩。

因为吕留良和曾静的性质不完全相同。清初，汉族士大夫中一部分人具有强烈的反清思想，吕留良就是其中的一员，他是思想家而不是政治家，他宣传"夷夏之防"主要是认识问题，出家不仕虽涉及政治，然而是次要的方面。曾静的政治事件把吕留良株连上，他的思想被曾静接受并产生出政治行动，这应由曾静负责，已故的吕留良自不能成为这个事件的主谋，雍正把他作为元凶，处以戮尸酷刑，是按政治犯对待的——尽管吕留良本身非政治活动性质并不因人为的加以政治罪名而改变。吕留良、严鸿逵、沈在宽的获罪，在于他们具有和宣传反清思想，是文字之祸。这个案子搞得那么严重，是雍正处理曾静案的需要。他在曾静案辩嗣位问题中，是被置于被告席的，被告自然愿意把事情讲清，然而纠缠不休，总使自身处于被动地位，于己不利，雍正要改变这种状况，夺取主动权，就要放大视野，扩大事态，抓住吕留良，大讲华夷问题，扭转嗣统问题上的被动状态，所以吕留良案是掩盖曾静案的，是为解决曾案问题服务的。不难明了，吕留良案中人是无辜的受害者。这个冤狱，充分表现了雍正和封建文化专制主义的残暴，还反映了清朝统治者的民族压迫。

由此可见，曾静案和吕留良案是既有联系又有区别的两件事，不是一个案子。曾静案和吕留良案发生后，雍正和官员们更加注意对人们思想的控制，文字狱和准文字狱接踵而至。

雍正七年（1729年）十二月，湘抚赵弘恩折奏，浏阳县发现《朱姓家规》一书，有"侏僯左衽，可变华夏"二语。赵弘恩就此说："当此圣明之世，饮和食德，在在蒙休，乃敢肆其犬吠，狂悖亵慢。"以为朱姓是曾静一党，严加审讯，没有结果，遂将《朱姓家规》送呈雍正。"侏僯左衽，可变华夏"，是汉人观点，具有普遍性，《朱姓家规》所写，并没有反清的特殊意义，而且与曾静案毫无关系。因此雍正指示不必深究，但要对朱姓严加教育。

张熙往见岳钟琪时，说他听说广东有屈温山，诗文很好，亦不出仕，可惜没有见过，岳钟琪为引诱他上钩，说藏有屈温山集。雍正八年十月，署理广东巡抚傅泰看到《大义觉迷录》。因"屈温山"，想到广东著名学者屈大均号"翁山"，认定屈温山是屈翁山读音之误，遂查到屈翁山文外、诗外、文抄诸书，发现其中"多有悖逆之词，隐藏抑郁不平之气"，遇到明朝称呼之处俱空抬一字。这时屈大均已死30多年，其子屈明洪任惠来县教谕，自动到广州投监，交出所存其父诗文及刊版。傅泰以其为线索，进行严审，并上报雍正。刑部议请按大逆律问罪，屈大均戮尸枭示。雍正以其子自首，减等论处，终将他的后人流放福建，诗文销毁。

徐骏，江苏昆山人，刑部尚书徐乾学的儿子，中进士，选庶吉士。作诗有"明月有情还顾我，清风无意不留人"句，被人告发"思念明代，不念本朝，出语诋毁，大逆不道"。雍正说这是讥讪悖乱的言论，依据大不敬律，将他处斩，文稿全部焚毁。徐骏出身大官僚家庭，青年时骄狂暴劣，据说暗置毒药，害死其老师，因而为情理所不容。但他"明月清风"诗句，本为文人骚客所滥用的辞藻，与反清复明思想风马牛不相及。他死于文字之祸，不能不说是冤枉的。

雍正八年（1730年），福建汀州府上杭县童生范世杰读到《大义觉迷录》，向福建观风整俗使刘师恕投递呈词，斥曾静，颂雍正，刘师恕称赞他"忠爱之心可嘉"。等到福建学政戴瀚巡视到汀州，范世杰又上呈文，说曾静的话是"逆天悖命越礼犯分之言"，对曾静指责雍正的言论一一加以驳斥，说雍正在继位之前，"以子道事父母，以臣道事君父，授受之际，""三兄有抚驭之才，钦遵父命，让弟居之，而圣君不敢自以为是，三揖三让，而后升堂践天子位焉"。说明雍正同诸兄弟和睦，得位正当，没有弑兄屠弟的事。他还说雍正世道比三代还强，为生于这样的盛世而庆幸。他满以为会得到学政的赏识，岂料遭到拘禁审问。戴瀚问他"三兄让位"的话从何而来，是什么意思？范世杰供称，在汀州城里，人人都是这样说的。戴瀚很敏感，理解为这是讲诚亲王允祉有"抚驭之才"，应该当皇帝，所以严厉追问，并立即将范世杰呈词上奏。雍正认为他做得很正确，说地方大员若能对这样的事情不隐讳，范世杰之类的"棍徒匪类"必能尽除。遂命戴瀚会同督抚密审，认为范世杰是一个企图侥幸进身的小人，不会有多大背景，不必扩大事态。随后，戴瀚与福建总督刘世明、巡抚赵国麟密讯范世杰，重点审问三兄让位的话头。范世杰供述，他知道雍正序居第四，他即位，必是三个哥哥让位；说三哥有"抚驭之才"，也不是真知道，只是想天家的龙子龙孙自然都该是贤才，他们让位，更说明皇上聪明天纵。他将三兄解释为三个兄长，是为避允祉的实指所进行的诡辩，因为他听人说过："朝廷家有个三爷，虽然有才，乃是秉性凶暴，做不得人君。"不过他的原意还是说允祉尽管有才，做不了皇帝，雍正不是抢皇位，谦让再三才坐的龙廷。三位疆吏审不出什么来，只能说他造言生事，建议将他押交原籍地方官，严加管束，每逢朔望，令其宣读《大义觉迷录》，若再多事，即行治罪。雍正于九年六月同意了他们的处置办法。

范世杰写呈词时23岁，不甘于童生地位，想借指斥曾静、颂扬雍正为晋身之阶，哪知这是政治斗争，岂非儿戏。这是他利令智昏，也是咎由自取。颂圣是范世杰呈文的主旨，仅因三兄让位的话饱尝铁窗风味，可见雍正朝文字狱的凶残。范世杰说雍正推辞帝位的话，在其即位之初，遣使到朝鲜告康熙之丧，朝鲜接待人员就听说：雍正在康熙死后六七天才登基，是因"新皇屡次让位，以致迁就"。官方讲雍正推让，范世杰也讲这个问题，就有了错，真是只许州官放火，不许百姓点灯。

江南崇明县人沈伦，著有《大樵山人诗集》，于雍正十二年九月病故，该县施天一与沈家争田产，于是告发沈伦诗内有狂悖语句。江南总督赵弘恩查出沈伦在沈在宽案内，诗版藏在苏州沈苍林家，就命沈伦嗣孙沈自耕、沈苍林、施天一等人，彻底查究。雍正表示赞同，在赵弘恩的奏折上写道："凡似此狂妄之徒，自应彻底究惩，以靖悖逆风习。"此案如何结局，未见资料。施天一以诗句狂悖告诘仇人，则是文字之祸成风的一种表现。

吴茂育，浙江淳安人，官宛平县丞，著作《求志编》，被族弟、生员吴雨分告发，浙江总督程元章立即拿审，认为该书评论古今，"语言感慨，词气不平，肆口妄谈，毫无忌惮"。该书一种本子上的李沛霖序文，于纪年处只用干支，书"癸卯九月"，不写雍正元年，有违法纪。

雍正夸奖程元章办理的得体和用心，要求他"严加审究，毋涉疏纵"，并向他讲解这种"匪人"比盗贼有害的道理："盗贼有形迹外露，该管有司不想惩治也不可能，而托名斯文，借口著述的'奸匪'，尽可置之不问，所以除盗贼易，除思想犯人难。"《求志编》的另一种本子，有吴茂育的自序，就书写了清朝年号。究竟该书有无吴玢、程元章等人所说的狂悖文字，这也是人们理解的问题，当文字狱盛行之时，原是可以任意添加这个罪名的。

在雍正前期，也发生过几起文字狱案。

汪景祺是浙江钱塘人。此人颇有才华，但仕途却不顺利。因此才投到年羹尧门下。年羹尧在平定青海叛乱之后，汪景祺曾善意提醒过年羹尧不要居功自傲，并做了一篇《功臣不可为》上呈年羹尧。汪在该文中说：庸君听说兵荒马乱就惧怕了，因此他必须信赖得力大臣平息叛乱。但是，他认为能够平息叛乱的功臣一定就能作乱，仍然会威胁自己的统治地位，因此，功劳越大的人越会遭到庸君的妒忌甚至杀害。这样，不立大功反而更好……

在查抄年羹尧的府邸时，雍正偶然得到了汪景祺的这番言论，并查到了汪景祺对年羹尧的许多谄媚之词。诸如他称年羹尧是"宇宙第一伟人"，又说历代名将郭子仪、裴度等人的功绩"较之阁下威名，不啻萤光之于日月，勺水之于沧冥。盖有天地以来，制敌之奇，奏功之速，宁有盛于今日之大将军哉！"汪景祺甚至不惜以讥讽康熙来恭维年羹尧，说是"皇帝挥毫不值钱"，就是说皇上只不过动动三寸不烂之笔，会写一点诗文罢了，年羹尧比康熙帝还要有作为。

雍正在看到汪景祺的这番言词后非常震惊。当时他说："朕辗转思维，自古帝王不能保全功臣者，多有鸟尽弓藏之讥。然使委曲宽宥，则废典常而亏国法，将来何以示儆？"雍正内心虽欣赏《功臣不可为》一文，但他抓的却是汪景祺诽谤康熙的罪名——即汪景祺所言的"皇帝挥毫不值钱"。这样，汪景祺被定了个大不敬罪，被判处斩刑。

还有惩戒钱名世，也是冲着他的主子年羹尧来的。钱名世是江南武进人，康熙四十二年进士，与年羹尧原没什么瓜葛。年羹尧平定青海后，钱名世鼓吹为其立碑，并在一首赠年羹尧的诗中写道："钟鼎名勒山河誓，番藏宜刊第二碑。"意思是允禵进兵西藏康熙皇帝为他立了一碑，年羹尧平叛成功也该再立一碑。钱名世怕人读不懂，还作注解说："公（指年）调兵取藏，宜勒一碑，附于先帝'平藏碑'之后。"当时，钱名世不过是从五品的清闲翰林，发表"宜刊第二碑"的意见毫无政治影响，更何况以同年赠诗。但雍正反复斟酌，决定还是不能轻易地放过他。

雍正自有他的道理，惩处钱名世，是有意和他的所作所为代表的官场中一种恶劣的风气——妄自揣摩，趋附权贵做斗争。如果听任其蔓延，就会助长朋党之风，威胁皇权。就以年羹尧而言，他就借着受到皇帝眷宠，大肆招摇，而大小臣工竟以年大将军权势之所在，集于他的麾下，结成了一个盘根错节的"年党"。在这一群谄媚权臣的群徒中，雍正最为警惕的是某些"名士"。

钱名世才华横溢，有"江左才子"的美称。他早年师从浙东著名史家万斯同，万斯同请他做纂修《明史》的助手，每成一篇，就交给他，由他润色，可见对钱的器重。钱名世的诗名气更大，当时雄踞诗坛的王士祯，就曾对他的诗才大加赞誉。趋附年羹尧的大有人在，但是像钱名世这样的名士却不多，拿钱名世开刀，就可以震动士林，使读书人生畏，不再趋附权贵。

雍正认为，钱名世的这种行为是文人无耻钻营、志在干禄的表现，不配做儒门中人，但杀了他又于理不通。因而想出了一种"以文词为刑法"的手段——即亲书"名教罪人"四字并制成匾额，悬挂在钱名世大门上方，以警戒其他文人的谄媚行为。此后，雍正又命令所有进士出身的文官每人作一首诗讽刺钱名世的奴颜媚骨，并要求钱名世出钱将这些诗文刊印出来分发各地，以此警戒其他文人不要犯类似的错误。

汪景祺只是一刀便人头落地，而钱名世则要一世背着黑锅。不仅遭人辱，而且还必须自辱，其处罚真是生不如死，而这做法也只有雍正能做得出。

雍正前后期的这几起文字狱案是有所不同的：前期是政治斗争的一个组成部分，后期则是加强思想统治的问题，有着不同的性质和内容；前期遭祸的人，以及曾案中人，是政治斗争的牺牲品，后期蒙冤之人更多，多是无辜受害者。

雍正大兴文字狱，以之作为控制思想、打击政敌、提高自己权威的手段。从此以后，清政府经常因文字给人定罪，而且都以大逆不道论处，治罪重，株连广。乾隆朝，文字狱成为家常便饭，案件比康熙、雍正两朝合计增加4倍以上。雍正的文字狱，主要打击对象是具有反清思想的士大夫或政治上的反对势力，获罪的大多是官吏和上层知识分子，而且多少还抓了点治罪的理由；乾隆时的文字狱，则是望文生义、捕风捉影，硬加上莫须有的罪名，在知识分子中造成浓重的恐怖气氛，显示皇帝生杀予夺的专制淫威。

第四节　用人以疑

雍正执政初年，官场结党倾轧之风屡禁不止，人心难测，口是心非、阳奉阴违、被视为负恩者大有人在；政敌们故意添乱，搅乱视听，播散流言。这些都使雍正的疑心加重，以致形成一种职业性的病态心理。同时，雍正极有政治抱负，要成一代明主、尧舜之君，这就必须首先做到在用人上耳聪目明，避免大的闪失；其次还要明察暗访，对所用之人进行动态观察，进退取舍，基本趋于合理、公正。

雍正曾一度过于相信人，对宠臣过于依赖，说了许多过头话，办了一些过头事。年羹尧事件以后，他一度又过于怀疑人，深悔以前的幼稚，大有怀疑一切、打倒一切之势。他一度怀疑河南河北总兵官纪成斌和年羹尧关系暧昧，屡次试探，起初不相信对方的表白，直到纪成斌拿出实据，说明年羹尧不但不赏识自己，反而痛恨和压制自己时，雍正才明确表示："览此奏，朕心释然矣。"大体上说，雍正主政五六年后，用人上才定型化，得出"过疑则失人，过信则自失"的至理名言。他将不敢轻信别人一句话作为用人第一妙诀，声称"别人有一事见信，不可就信其百事皆实；一事见疑，也不可就疑其将来百事皆诈"。这表明他政治上越来越成熟了。

雍正是如何监视天下官僚的？野史笔记小说中的雍正，疑心很重，不相信任何人，常派侍卫等近臣暗中访查监视臣僚，说得神乎其神，多是捕风捉影的不实之词，自不必深信。不过，他对京师里的朝官监视，确实有过以心腹互相访查的现象，清宗室昭梿就有这方面的记载，大体可信。

对政敌们所散布的谣言，雍正都能及时予以辩驳，甚至允禩在府上偶尔发几句牢骚，雍正也能知道，究其原因，雍正确实建有一套监视朝官的情报网。更何况，他偶尔也自露一些已失去价值的秘密。譬如，他不放心自幼在藩邸侍奉的属人傅鼐，曾密令隆科多不时监视稽查，原因是二人住址相近，便于访察。后来，傅鼐不法诈骗财物事败，隆科多也因他事失宠，为罗织隆科多背地结党、不遵圣旨的罪名，雍正竟将这一秘密公布于众。至于公开安排某人监视某人的事，雍正也干过。傅鼐身败名裂后，本应发遣黑龙江，不久，雍正又别出心裁，令傅鼐去盛京，监视已经失势、正在接受审查的奉天府尹蔡珽，明令蔡珽所办之事都让傅鼐知道，但傅鼐只管监视，不需干涉。可见，雍正的权谋是多么阴森！

用举荐人监视被举荐人，主子监视奴才、为官尊长者约束族人亲戚，这是雍正惯用的控制官吏的权术。为广闻博采，周知人才，雍正明令内外大臣有荐人之责，大臣们闻风而动，纷纷举荐所知的属员，甚至跨省区推荐，我们在已刊未刊的奏折上很容易看到臣僚荐人及雍正择优录用的情况。不久，雍正发现徇私舞弊的荐人现象，明诚人们要公私分明，要求推荐人对被推荐人过失负有连带责任，发现被荐人有过，必须积极参劾，对被荐人要时时加以访查。田文镜主动揭发所荐的江西瑞州府知府刘元琦、山西汾州府同知杨飞熊有不法行为，得到雍正的谅解，没被追究误举过错。相反，年羹尧等滥举地方大吏，后又不查，终成日后的罪过之一。同样，雍正令诸王公旗主对放为外任的属人进行稽查，也起到了一定的效用。至于亲属间的监督，是寓监督于训诫之中的，雍正很提倡为官尊长者监督为官卑幼的，认为这不仅有利于卑幼者上进，进一步光宗耀祖，还可以使尊长者不为兄弟子侄和亲朋所累。在雍正心目中，他始终把大臣是否能约束家人亲友作为考察其人品行操守的一个视角。但也不强求，有些大臣的子弟出了问题，只要大臣不徇私情掩饰，他并不将罪过算在大臣头上。张廷璐为官名声不好，总有人打他的小报告，曾被夺职，但雍正并没有因此怪罪其兄张廷玉。

通过正常的制度建设，也可在一定程度上达到约束监督官吏的目的。都察院是全国的最高行政监察机关，雍正对监察御史和给事中寄予厚望，屡颁谕旨鼓励科道官下举参劾内外所有不职不法官吏，一度许给封章奏事的特权，对上可规谏皇帝用人得失。但是，由于体制、时代等各方面原因，这些"耳目之官"并没有起到其应有作用，雍正对此极为不满。对于中小官吏，主要有针对他们的"京察""大计"等考核制度，届时，可根据才、守、政、年四项标准，发现"卓异"贤才，罢革调罚贪酷、浮躁、年老、不谨、罢软、有疾、才力不及等劣官。但是，这种定期的考核制度早已形式化，所以，雍正便要求地方长官可随时题参贪劣属吏，并将"察吏"作为地方长官最重要的一项常务性工作，不需疏懈，否则要连带受处。

其实，雍正控制文武百官（主要是地方中级以上文武官员）的拿手秘密武器就是密折制度。地方官员密报皇帝公私事宜的文书制度即密折制度，并不始于雍正，但在清代，只有雍正把它运用得出神入化，发挥了多种功效。其中，密折制度最主要的功能，一是使皇帝不出宫门就周知、遥控天下事；二是造成了地方官之间互相监视稽查的效果。可以说，雍正仅仅运用一种文书制度，就在全国设下无处不在的监视网，大小地方官都难以逃出他的视野。

这张无形的监视网的编成，来源于雍正的勤政，根植于他对地方吏治的高度重视。为了整饬地方吏治，雍正重点抓的是地方人事安排，他认为，某县有个好知县，则全县受益；一个贤能的知府，必定使该府大治，以此类推，总督、巡抚的好与坏，与地方吏治民生休戚相关。所以，他不但在密折朱批中让督抚将军、布按提镇等文武大吏发表对属官的看法，而且，还向这个大吏打听那个大僚的情况，或向属吏探问其长官的情况。如此，源源不断的信息都集中到雍正那里，然后再经"信息处理"，几乎所有的地方高中官吏和部分低级官吏，都在雍正的"圣鉴"之中。当然，有的"巧宦"做官圆滑，密折信息也有失真的时候。譬如，谢旻早就为雍正所知，雍正继位后，将其从户部郎中提拔为湖南、河南的按察使、布政使，因其历任上司督抚都说他为官优等，再升为江西巡抚。但雍正发现此人在巡抚任上有许多虚伪可疑之处，遂密令各处访察，结果，"内外无有言其过者"。不得已，雍正将谢旻内调为工部右侍郎，放在眼皮底下亲加试看；同时，令继位巡抚常安留意调查他任期内所有不妥之处。结果，真相大白，谢旻在任期间，江西吏治废弛，官粮欠征，营伍旷废，社会治安情况很坏。这下把雍正气得暴跳如雷，对谢旻如何赢得一片赞誉大惑不解，立即撤销了他的职务。

不过，像谢旻一样能躲避密折监督的人不是很多。这种情况的发生，有如下三个原因：一是像鄂尔泰、田文镜等已有定论的一流宠臣，一般人不敢惹祸参劾，皇帝也认为没有再深入访查的必要，对于他们不利的密报很难产生；二是像谢旻这样的"巧宦"，他们善于八面讨好，虽无所作为，安于现状，却上不得罪长官、朝臣，下不苛求属吏、百姓，甚至土豪劣绅流氓无赖都是一片叫好声。这般人在任时能赢得多方称誉，离任时官民拦轿挽留，甚至罢市以抗朝命，他们实在是貌似忠诚谨慎，实际上却是一伙地地道道的欺世盗名之徒，对国家有害无利；三是边远省份的将军、督抚等大吏，狼狈为奸、沆瀣一气，邪气压倒了正气，西风压过了东风，到头来，使皇帝所得到的信息失真，但这种情况不会持续很久。譬如，雍正五年春以来，广东巡抚杨文乾先是请假，料理其父、湖广总督杨宗仁的丧事，同年八月，他又奉命去福建，调查该省仓库亏空大案，尽得实情。次年年初，杨文乾回广东后，发现米价暴涨，百姓流离，八旗兵偷窃成风，社会治安情况大坏，"盗贼横行"，广东已面目全非。更重要的是，广东将军石礼哈，署抚常赉、阿克敦，布政使官达，按察使方愿英等，串通一气，狼狈为奸，石礼哈怕官达告状，以兄相待；阿克敦又惧石礼哈密奏，故趋奉石礼哈并结为儿女亲家；常赉既畏石礼哈之狂妄，又惧官达之强横，迎合曲从于其间。杨文乾将此情况密奏于雍正，雍正一直比较信任杨文乾，览奏大怒，即传命总督孔毓珣与杨文乾会同调查审讯。不久，将阿克敦、常赉革职。但杨文乾没等看到案子结果，就因积劳成疾于当年七月去世。据说，杨文乾病故后，阿克敦、官达、方愿英等，演戏摆宴庆贺，气得雍正恼羞成怒，差点没把阿克敦处死！

其实，上述广东省的案子很具代表性，雍正要想获得真实情报，辨别真伪虚实，实际上必须费尽苦心。杨文乾之所以密参广东诸大员，也是有内情的。他与石礼哈向来不合，而石礼哈是一介武夫，经鄂尔泰推荐，雍正对其很器重，故一路升迁，所以，他敢于不把同僚放在眼里；常赉、官达都是雍正刻意培养的人，一般人不敢轻易触怒他们，特别是常赉，出于将门之后，正受宠信，只有不知深浅的石礼哈敢折冲他。常赉此前为福建巡抚，而杨文乾去福建查亏空，实际上查的就是常赉，常赉为先发制人，恶人先告状，疏参杨文乾招权纳贿。雍正向来相信杨文乾的操守，经此一事，反而怒责他也是个弄巧成拙的"巧宦"，警告杨文乾若不悔悟，"将名实俱败、噬脐莫及！"幸亏杨文乾在福建查案很卖力气，重新获得皇帝的信任；同时，常赉在福建的亏空案已有定论，在广东"讳盗"丑事也是路人皆知。所以，当杨文乾反戈一击时，才能一举成功，更因他死得适时，雍正才不便再追究往事，反而将他作为一个公忠体国的典型予以表彰。

雍正所掌握的情报，经综合印证，大多数是相当准确的。河道总督齐苏勒以近70岁高龄，奔走于治河第一线，此人操守颇好，但隆科多在雍正面前讲他的坏话，说他操守平常；年羹尧也数次对雍正说，齐苏勒不学无术，难以胜任河务。为此，雍正屡次密令察访，其中，刚任河南布政使的田文镜初次奉命访察"河臣齐苏勒其人究竟如何"时，曾顺着皇帝的口径说，齐苏勒确实像皇上评价的那样，冰清玉洁、一尘不染，对河务极其熟练；同时，也说"齐苏勒为人性格微躁，每多逞才自用，别人不能赞一言"。雍正看完奏折后，承认田文镜评价比较公道，但对齐苏勒还不放心，指示再加细访："齐苏勒一尘不染，果然乎？"可见，他对传言务必澄清后才罢手。后来，通过多方印证和齐苏勒个人的自我表白，雍正确认隆科多是在落井下石，齐苏勒果真是个清、慎、勤均具备的难得人才。

雍正时期，具有专折奏事权利的人范围大大扩充了。除了大学士、尚书、侍郎、科道等朝官，地方督、抚、藩、臬、提、镇等大员外，雍正还视亲疏关系及需要，特许一些道员、知府、同知、学政、副将、参领等中低职位官员专折密奏事务。当然，他这样做，并不是一定要形成以下制上的违反官常等级的效果，因为他常常告诫中下级官员中有密折奏事权的人，千万不要僭越！一次，雍正对鄂尔泰的侄子鄂昌说：今允许你们下僚也可以密折奏事，不过是想扩大耳目，"朕断未有不信督抚两司而专听信道员之理！"不过，他同时也说，对同省或别省的文武长官谁公谁私等等问题，不必一定有真知灼见时入奏，可以将传闻上奏。可见，雍正虽不专听下僚的小报告，但事实上，凡有密折奏事权的人，对上司，对属官，都具有一定的威慑力。雍正就利用这一点，把所有人都玩弄于股掌之间，那些拥有密折奏事特权的人，都成了皇帝一人直接操纵和控制的公开特务——他们一方面可以监督别人，另一方面又处在许多人的监督之下，谁都难以躲过皇帝的耳目，要想欺骗皇帝更难上加难。

雍正驾驭臣僚另一种常用的权术是使功不如使过，总让人在心惊胆战中过日子，这也是因为是雍正疑心重所导致的。

在雍正看来，天下人中才居多，上哲和下愚的人为少，用人不患人才杂，关键在于如何驾驭，使人尽其才，有一份才就能为我所用。雍正曾向鄂尔泰透露用人观点，说庸碌、安分的人，驾驭虽然省力，只恐误事；用那些有才能的人，要费一番心力，方可操纵，若遇不到有才能的大员，便不如用忠厚老成之人。他这段话，实在是自己的经验之谈。静态地看，雍正朝地方大吏像鄂尔泰、田文镜、李卫等干练之人，非常有限，当时多是一些维持性人物，其中不乏庸碌、安分、洁己、沽名钓誉之徒。动态地看，一旦因官吏平庸而使地方吏治废弛，社会不稳，雍正就思量用有才能的官员取代，待该地情况大局好转时，便以中材官吏代之。鄂、田、李等离任或死后，代他们治理云贵、河南、浙江等所属难治之地的，都不是雍正眼中的上等人才，而是属忠厚老成型的。对这些人，雍正总是不厌其烦地告诫其改掉优柔寡断、沽名钓誉等毛病，时而制造点"错误"出来，令其改过，使用起来反倒顺手。

雍正对尹泰、尹继善父子的驾驭，就含有浓重的权术在内。尹泰原为国子监祭酒，康熙末年因病罢职，闲居在锦州。雍正在藩邸时，曾奉命到奉天谒祖陵，过锦州，留住在尹泰家。那时，他正在网罗帮助自己争储的亲信，与尹泰交谈，觉得此人很有思想，更觉尹泰之子尹继善聪明有为。雍正继位次年，尹继善考中进士，同年，尹泰也被召回京，授内阁学士。自此后，父子俩官运亨通，尹泰以左都御史衔协理奉天将军，但因年已70岁，思想保守，精力不及，盛京吏治废弛，因而两次受处，雍正六年（1728年）时一度被夺官。正在这时，雍正发现尹继善是个人才，短期内可以培养成独当一面的封疆大吏，所以，同年将其放为外任，先以内阁侍读身份协理河务，不久即命署理江苏巡抚。与此同时，尹泰也官复原职。但是，雍正没有忘记使用权术，一方面告诫尹泰要改掉以前的毛病；另一方面，又明告尹继善：不要效法其父的老毛病，"负朕深恩"，此番之所以赦免其罪，一是怜其衰老，二是看你尚可造就，为国家效力。尹继善马上具折谢恩，感谢皇帝将父亲破格拔于泥淖之中，置于青云之上，并说乃父已寄信于地，除感激皇上再造之恩外，还勉励做儿子的要忠公为国，实心出力——最后，尹继善表示，"愿生生世世永效犬马微劳"，以酬报圣恩。雍正看到此折后，心中自然高兴，但是，他对尹继善不肯说心里话，朱批中说"朕从不枉法冤人，亦不违法宥人"，用人一本"公平"二字，并说尹泰原无罪过，谈不上什么宽宥。如此，尹泰父子只能在心惊胆战中恪尽职守，不敢疏怠了。由于日后父子俩互相勉励，像犬马一样供天子驱使，雍正自然予以回报，尹泰以70岁高龄授为东阁大学士兼吏部尚书，仕路平坦无波折；尹继善步步高升，最初虽做署官被试用，但云贵广西总督鄂尔泰于雍正九年内召后，雍正只让素来优柔寡断、性情平和的高其倬做一段过渡总督后，就令尹继善接替高其倬任总督。

通过尹泰、尹继善父子的例子，我们可以明显看出雍正使功不如使过的用人术。尹泰属于前朝废弃不用的人，而雍正观其可用，遂复其官。与尹泰情况大致同类的，并不少见，像多年只任小官不得施展的田文镜，因科举出事而在河工赎罪的才子李绂等，都是雍正大胆加以起用的，致使这般形同废人的人"柳暗花明"。不过，其中有的人经受住了考验，得以重用，有的则起落无常。总起来看，雍正对上述之人驾驭起来很方便，想治罪则他们俯首帖耳，想起用他们就感激涕零，很好摆布。尹继善则属新进之辈，是雍正刻意按自己的方式加以培养的人才，对于这些人，他往往量才任用，放在具体职位上试用观察，若其才可以造就，常常故意委派给他们繁难之事，亲加训诲，有过错但都宽恕了，但却常以此为话柄激励其上进，这实际上是一种善意的造就人才的权术。当然，如果其人才短心邪，雍正则毫不犹豫地去之。

对于一些特殊人物，雍正所运用的使功不如使过的权术，则明显表现出歹意来。众所周知，雍正在藩邸时曾拉拢过鄂尔泰，而当时做内务府员外郎的鄂尔泰正色拒绝了他。雍正实际上是一个比较记仇的人，他刚继位，就派鄂尔泰到边远的云南做乡试副考官；完成任务后，则派其到政治复杂的江苏做布政使，虽然是升迁，但其中暗藏着杀机，因为江苏乃是非之地，雍正随便就可找个借口治罪于他。实际上，鄂尔泰不仅因为从前拒绝雍亲王的好意而遭清算，而且，很可能当年排错了队，或后来钻营年羹尧的门户，总之，直到雍正二年底时，雍正还在责难他。从现存宫中未刊的江苏巡抚何天培的奏折及折批中，就可看出，雍正责难鄂尔泰"乱跑门路，寻倚仗"；鄂尔泰承认自己是"一介书愚"，是"庸才"，表示彻底悔悟。在此之前，鄂尔泰因其在京兄弟私看密折而遭严旨训诫，与犯有同类毛病的闽浙总督满保、山西巡抚诺岷、云南巡抚杨名时等人一起，被剥夺密折奏事的特权。雍正同时表示，日后有督抚大吏的折子被在京子弟亲朋私启者，一经发觉，定将私看之人正法。那么，雍正不久后的那次谴责，很显然与这次泄密有关，至于还有什么另外原因，不得确知。但前后联系一下，在鄂尔泰没有得宠前，雍正一直在考验他，其中不排除旧怨作祟的可能性，也有因年羹尧曾保荐他而怀疑其结党的因素。

雍正还善于分化和瓦解政敌和随时出现的被视为异己集团中的人。他所用甚至一度重用的人中，有许多人就属这种情况。对这类人的驾驭，其拿手的法宝就是"使过术"。到头来，一些人经不住考验，被排除到统治层之外了；有一部分人小心谨慎、任人摆布，受到信任，但即使身居显要，也不敢为非作歹；有的人数起数落，活得很累。两江总督查弼纳深知允禩、苏努、隆科多等人的内情旧事，雍正为挫败政敌，大肆罗织罪名，曾8次诏令查弼纳提供线索和证据。而查弼纳坚持不吐实情，雍正只好调其入京亲自审问，动之以情，晓之以法，终于得到所需要的重要口供。王公大臣们根据查弼纳涉身"邪党"的罪行，请将其正法，而雍正一方面表示，查弼纳既然已据实招供，岂能正法？另一方面则威胁查弼纳如不痛改前非，定行正法，决不宽恕。同时，改夺官为起用，后竟授为兵部尚书、征准噶尔蒙古的北路军副将军。雍正九年，北路军大败，查弼纳不愿再次面对狱吏，冲入敌阵战死。

至于雍正对藩邸旧人，除了对年羹尧大宠大恨外，戴铎、戴锦、博儿多等人因没有提拔价值而不再起用；其他如常赉、沈廷正、傅鼐等稍有出息的，都遭到罪谴或严责而后再起用，在此过程中，雍正也屡屡降旨训诫。这些人在主子做皇帝后，几乎都在心惊胆战中度日，反倒不如从前逍遥自在了。

第六章

安边

第一节　平定西北

清朝的陆疆问题远比海疆问题复杂。主要问题存在于西北和西藏两大地区，其中影响两个地区稳定乃至清帝国存亡的因素，一者来自外部沙皇俄国，再者来自于内部准噶尔蒙古，其间又夹杂着青海和硕特蒙古与西藏僧俗上层的矛盾。

康熙年间已将以吴三桂为首的地方割据势力、郑氏家族在"台湾"的统治、噶尔丹率领的准噶尔蒙古军都解决了，特别是在"雅克萨之战"中，打击了穷凶极恶的沙俄侵略者，与俄国签订了中国历史上第一个国际平等条约——《尼布楚条约》，规定了中俄两国东段边界。雍正在此基础上，于雍正五年（1727年）与俄国签订了《中俄布连斯奇条约》，达成了规定中俄中段边界的初步协定，并以此界约的原则精神，于第二年签订《中俄恰克图条约》，概括了中俄两国的各方面关系共11条，规定了中俄中段边界为：自额尔古纳河至沙毕纳依岭之间以北归俄国，以南归中国。与此同时又签订了具体勘分恰克图以东至额尔古纳河岸阿巴哈依图齐岭边界的《阿巴哈依图界约》，以及具体勘分恰克图以西至沙毕纳依岭边界的《色楞额界约》。

《中俄布连斯奇条约》，使沙俄取得了对外贝加尔到色楞格斯克以及安加拉河一带的控制权，从而获得了巨大的领土利益。尽管如此，这个条约及其由此而产生的"子约"，对中国仍然具有历史意义——因为它的签订，标志着清王朝多年希望解决的中国北部疆界问题终于画上了句号。此后，作为俄方签约大使的萨瓦曾向沙俄政府献策，声称将来把中国人从黑龙江上扫除干净，以便顺黑龙江出海，绕过朝鲜，打通向中国内地的航道。但事实上，此后中俄双方在东段和中段的边境上，并没有发生激烈的领土纠纷，维持了很长一段时间的相对和平。

对于雍正来说，他显然既看重与沙俄的关系，又将俄罗斯视为"外藩小国"。他之所以急于与俄国签约修好，目的很明显，主要在于解决西北的心腹之患——准噶尔蒙古问题。当时，蒙古四大部中，漠南蒙古早已臣服清朝；康熙初，漠北喀尔喀蒙古三部归附；后康熙亲征准噶尔部噶尔丹，青海诸部也倾向朝廷，漠南、漠北、青海三大部蒙古"混为一家"。只有漠西厄鲁特蒙古自恃荒远，居新疆北部，与朝廷分庭抗礼。原来，厄鲁特蒙古分为土尔扈特、和硕特、杜尔伯特和准噶尔四部分。

康熙年间，一代枭雄噶尔丹所率领的准噶尔部强大起来，危及到了清朝西北边疆的安全，康熙帝被迫亲征3次，终于大败噶尔丹。噶尔丹死后，其侄策妄阿拉布坦趁机复兴准噶尔部，于是便有康熙晚年派遣十四皇子允禵为抚远大将军率军亲征之事，其结果，只将准噶尔蒙古势力驱逐出西藏，威胁并没有解除。

雍正元年，固始汗嫡孙、亲王罗卜藏丹津不满朝廷对西藏平叛后的善后措施，企图恢复在西藏的政治利益，于是会盟青海诸蒙古部族首领，废除朝廷加封的爵号，自称"达赖浑台吉"来统治，其实质就是分离反叛清王朝的统辖。雍正得密报后，先礼后兵，遣人劝说不成后，即命川陕总督年羹尧为抚远大将军，驻扎西宁，命四川提督岳钟琪为奋威将军，参赞军务，终于于雍正二年春大败敌军，罗卜藏丹津只身逃走，投奔准噶尔，其母、弟、妹及大小头目均被生俘，斩敌8万。这是雍正时代第一个也是唯一一个漂亮的战役。年羹尧因此被雍正呼为"恩人"，晋封一等公，岳钟琪也从此地位变高。

但罗卜藏丹津逃往准噶尔部时问题就变得复杂起来。雍正既怕准噶尔部利用罗卜藏丹津再度反叛，又担心其乘虚侵入刚刚稳定的西藏，更怕策妄阿拉布坦联合沙俄骚扰西北边境。事实上，雍正与俄国修好签约不但使准噶尔失去了沙俄的公开援助，断绝了一旦兵败而逃往俄国的退路，同时，也使清王朝寻到了反击准噶尔蒙古的途径。和约签订前后，雍正曾遣使往俄国，联系早被策妄阿拉布坦逼走俄国的土尔扈特部，以期能得到配合或支援，最后得到了对方的友好承诺。策妄阿拉布坦于中俄签订和约的当年年底死去，其子噶尔丹策零更是狡黠好兵，不止一次地建议俄国人协助出兵中国，而对方以俄国"与中国皇帝陛下和睦"为由，拒绝了他的请求。这都说明，雍正在处理西北边疆复杂问题时，头脑清醒，很讲求策略。

雍正外绝准噶尔之退路，内而偷偷输运粮饷，调兵遣将，西、北两路布重兵，采取诱敌深入的策略，想一举歼灭准噶尔蒙古。但是，清军在前线连连吃败仗，特别是雍正九年夏季北路军主帅傅尔丹误听俘虏诳言，轻举冒进，结果几乎全军覆没，副将军巴赛、查弼纳以下都战死。幸亏次年秋额驸、亲王策凌大败噶尔丹策零于鄂尔昆河之侧的额尔德尼昭，才稍稍扭转了战局。只可惜，新任北路军主帅的马尔赛拥兵万余，坚持己见，拒不出兵援助，甚至副都统傅鼐下跪请求，仍无动于衷，坐视准噶尔残部逃脱。有人指出，假如马尔赛以数千兵追击，则可令敌人一骑不返。宁远大将军岳钟琪所统帅的西路军，不但无大战绩，反而屡屡败北。无奈，雍正只好将岳钟琪调京降罪，永远监禁于兵部。用查郎阿、张广泗为西路军正副帅。同时，大开杀戒，斩马尔赛等人于军前。西路军后稍有起色，但准噶尔蒙古自知不能再战，遣使请和，这正中雍正下怀。雍正鉴于两路兵丁和从役人员达20余万，数年来，耗费军饷数千万两，劳师动众，又不能速决胜负，只能见好就收，于雍正十二年（1734年）七月开始与准噶尔和谈，乾隆初年和议始成。

准噶尔战事的连连失利，也有雍正用人和战略上的失误。应该说，雍正一直将西北边疆的稳定放在头等的战略高度，积极备战，多方运筹，坚持诱敌深入歼灭敌人的策略，"来勿纵，去勿追，反对远涉绝域；叛则伐，服则舍"，在前线将士表示再战而敌方请和的情况下，不再穷兵黩武，不因好大喜功而空耗民财，能够适时掌握契机议和，也是明智之举。

雍正对于青海平叛后的处置和处理西藏问题时，则颇富有创意，对后世产生了深远影响。"蒙古之人，尊信佛教，惟言是从，故欲约束蒙古，则喇嘛之教亦不轻弃。""正所以帖服外夷，乃长驾远驭之意。"雍正在处理西藏问题时，兼顾准噶尔问题，具有全局观念。

青海与西藏是互相连带的两个问题。西藏，古称吐蕃，元明时称乌斯藏，当地人称"唐古特"或"土伯特"。唐古特原有四部：东曰喀木，相当于今四川昌都地区，因1939年建为西康省，故简称"康"；西有卫、藏二部，清时，卫的中心布达位于大昭寺一带，称"中藏"，后又称"前藏"，而藏的中心在扎什伦布，时称"后藏"，卫、藏二部相当于现在的西藏地区，故人们往往将西藏别称为卫藏。而青海湖、柴达木盆地一带的"青海部"，汉朝时为羌族所居，唐以前为吐谷浑部族占据，唐末并入吐蕃，其人崇佛成俗，明时曾设西宁、河州诸卫，用当地头目授以国师、禅师等名号分别以羁縻，明中后期，一度为蒙古土默特部俺答汗兼并，明末清初再为厄鲁特蒙古的和硕特部固始汗占据。固始汗与尚未掌握卫藏僧俗实权的黄教领袖五世达赖、四世班禅合谋，率兵入藏，推翻了黄教劲敌第悉藏巴地方政权，控制了大部分藏族地区，确立了法王达赖的政教首领地位，由"第巴"，即俗称的藏王代达赖总理政事，黄教寺院集团在政治、宗教、经济等诸方面取得绝对优势地位，喇嘛教的其他教派影响锐减。

清初顺治、康熙二帝都支持黄教首领，并确立了达赖、班禅须经中央政权册封的制度；同时，给固始汗及其后嗣以汗、亲王、贝勒、贝子等封爵，承认其在西藏、青海的统治权。这样，虽然可以笼络一时，却不能坚持长久，朝廷只能用平衡达赖、班禅、第巴、固始汗及其继承人的复杂关系，从中以某人为朝廷的代理人，以求间接遥控西藏。固始汗于顺治十一年病逝，其子达颜汗、达赖汗、拉藏汗相继袭位；固始汗的其他儿子多居青海，是青海的实际统治者。自固始汗入藏开始，至康熙五十六年（1717年）拉藏汗被准噶尔蒙古兵所杀，前后由其实际控制西藏达75年之久。这期间，发生了第巴勾结噶尔丹、策妄阿拉布坦企图驱逐固始汗系统的暴乱，以及第巴与固始汗子孙的火并。康熙末年，清军入藏，驱逐了策妄阿拉布坦势力，立即更改了西藏的地方统治方式，于康熙六十年（1721年）废除第巴职位，设立三名噶伦，共同总理西藏政务，这是清王朝对西藏实行有效管理的重大改革措施。

　　雍正平定青海罗卜藏丹津之乱后，年羹尧遵旨提出了一系列善后措施，具体措施基本在雍正二年（1724年）五月十一日所上的《条陈西海善后事宜折》内说到了。雍正认为年羹尧运筹周密，措置精详，与大臣等详议，形成了著名的"青海善后事宜十三条"决议，公布实行。根据这些措施，一改从前和硕特蒙古贵族对青藏地区独享的世袭政治特权，清王朝可以对诸部首领论功行赏，按罪降罚；将该地区蒙古编设札萨克旗29个，由西宁办事大臣召集诸部会盟，取消由某人做世袭"盟长"制度；青海诸王台吉要定期来京朝贡，以示尊崇朝廷，改变过去听其自便的松散措施；过去沿边藏族只知有蒙古，不知有朝廷，而今将沿边藏族改归朝廷控制的行政机构管辖，向其征收赋税。同时，通过修筑边墙、增设镇营等军事措施，杀马贸易定期定地、利用遣犯开垦屯种等经济措施，以及限制喇嘛教寺院势力等宗教措施，强化了对当时和硕特蒙古势力所及的以青海为中心的广大地区的管理，这些地区实际涵盖了今青海及甘肃、西藏、四川、云南、宁夏、内蒙古等省区的全部或部分地区。雍正主持对青海统治方式的重大改革，使和硕特蒙古在青海和西藏的强大势力锐减，以至一蹶不振。而青海等地由清王朝直接控制，不但有利本地区的稳定，使准噶尔蒙古不敢东进；同时，由于青藏通道掌握在朝廷手中，所以，从此清王朝便可更方便地控制西藏了。

　　对于西藏，雍正很重视达赖喇嘛的影响，但政务仍按康熙末年旧例，由几名噶伦共同掌理，以防个人专权而生事。雍正初年，除贝子衔的康济鼐、阿尔布巴、辅国公隆布鼐三人为噶伦外，又增任颇罗鼐、扎尔鼐二人为噶伦，形成以康济鼐为"总理"、阿尔布巴为"协理"的五噶伦联合理政的格局。但是，阿尔布巴自恃自己的名声和地位，不甘屈于人下，他与七世达赖的父亲索南达结和隆布鼐勾结，三人结成一党，排斥康济鼐、颇罗鼐。而康济鼐虽对清王朝忠贞不二，但却自恃此前助官军入藏驱逐策妄阿拉布坦势力有大功，近期又得新君宠信，位于首席噶伦，对比自己贵族身份高的阿尔布巴很轻视，显示出一种专横跋扈的样子，于是种下了祸根。雍正接到入藏钦差鄂齐关于众噶伦不睦的密报后，立即做出偏袒康济鼐一方的决策，令将隆布鼐、扎尔鼐二人以原衔解任，以孤立阿尔布巴，并于雍正五年正月遣派内阁学士僧格、副都统马喇前往西藏宣旨。

阿尔布巴事前探知了朝廷的意向，遂与隆布鼐、扎尔鼐及佛父等精心策划，于雍正五年（1727年）六月十八日在大昭寺谋害了康济鼐，以此造成既定事实，迫使朝廷承认并确立自己在藏的统治地位。颇罗鼐没有上当而漏网，事后逃往阿里，与康济鼐的兄长才旦扎西共谋复仇。

雍正得知初步情况后，立即做出迅速反应，令陕西各路和四川、云南各备兵马，听候调遣。他的意思很明显，那就是乘此机会把西藏事"料理清楚"，以求一劳永逸地解决从前不妥之处。但是，他最担心策妄拉布坦趁机插手此事，又怕万一藏中人挟制年少的达赖喇嘛出奔准噶尔则事情便难办。所以，雍正一直犹豫不定，备兵又止兵，其间只与怡亲王允祥、岳钟琪、张廷玉、鄂尔泰等少数心腹大臣计谋此事。

直到十二月，雍正综合各方面情报，以及西藏的目前战事状况，认为时机和火候都到了，下定决心出兵入藏。其理由主要有三：一是得到颇罗鼎与阿尔布巴战事大概已定，前者反败为胜，越来越占上风，而阿里是颇罗鼐的大本营，阿尔布巴等难以从此必由之路挟持达赖逃奔准噶尔，从前最担心的事不必过虑；二是请求和解，如此，准噶尔不能插手西藏事务可知；相反，雍正倒想乘人之危，欲派大兵声讨准噶尔，准噶尔与西藏事一起解决；三是出师有名，这以前，颇罗鼐、阿尔布巴等都请朝廷出兵援助自己，互相指责对方有罪；那么，朝廷出兵入藏，哪方都认为是支持自己的了，谁都不会阻拦，因为这中间雍正一直没有公开表态支持谁，只是在暗中告知驻藏钦差偏袒颇罗鼐，阿尔布巴并不了解内情。

雍正对西藏之事表现出出奇的冷静和老谋深算。他一直静观事态的发展变化，坐山观虎斗，任凭颇罗鼐与阿尔布巴两派内斗厮杀，迟迟不出兵。雍正六年（1728年）五月二十六日，颇罗鼐控制了对方的大本营拉萨，二十八日擒获阿尔布巴、隆布鼐、扎尔鼐等大小头目。而清军主力于七月二十九日才抵藏，大军未发一矢，未伤一人，难怪雍正称"如此大事，而成功之易"，绝非人力所能为！战争持续前后仅一年，其结果决定了日后很长一段时间内西藏政局的基本走向。

西藏战事平定前后，雍正亲自规划了善后措施，主要有四点：

一、汲取从前教训，派驻西藏相当数量的军队，形成三年一换防的驻兵制度，以资弹压，此制一直保持到清末。

二、加强中央政府对西藏政务的直接控制，于雍正五年（1727年）始，在西藏设驻藏大臣，此后，清王朝更实行定职、定员、定期地向藏地派遣办事大臣、帮办大臣，此制度到乾隆末年完善化，一直延续到清亡。驻藏大臣的设立，标志着清朝治藏政策步入一个新阶段。

三、将西藏东部的打箭炉（今四川康定县）等地划归四川管辖；南部的中甸（今云南香格里拉）等地区划归云南管辖；赐拉孜、昂仁、彭措林等归班禅专管，从而使西藏地方政府所辖之地缩小，实力有所削弱。同时，内乱平定后，阿尔布巴、隆布鼐、扎尔鼐等均被处以极刑，而总理全藏事务的职责交给颇罗鼐，结束了众噶伦共同执政、分管前后藏事务的体制。

四、将七世达赖迁至离拉萨较远的康定之北的噶达地方，修建惠远庙供其居住，派重兵防守，以防准噶尔及别有用心的人利用达赖喇嘛而制造事端，直到准噶尔不再成为清王朝的首要问题时，才将达赖礼送回布达拉宫。同时，对达赖之父索南达结恩威并重，调京斥责认错后，赐以辅国公爵。

雍正在阿尔布巴事变后所采取的一些善后措施，以实力作后盾并加以施压，加强了中央政府与地方政府的联系，多为日后清王朝所效仿，成为中央王朝治藏的转折点，有利于统一的多民族国家的巩固。

第二节　改土归流

雍正时代，在西南广大边疆地区所实行的"改土归流"的重大改革措施，其历史意义尤为重大；同时，对黔东南和湘西等"生苗"地区，实行设治管辖，使那些从前与中央政府联系最薄弱的千里"苗疆"步入了一个社会发展的新阶段，这是雍正执行西南边疆政策的一个重要方面。

中国西南地区居住着苗、瑶、侗、彝等许多少数民族，由于地理和历史等方面的原因，这个广大的多民族聚居区，社会发展水平低而缓慢。所以，中央政府对之一直实行松散的羁縻式的统治方式。元朝以来，开始实行一种新的地方政治制度，即土司制度，设宣慰司、宣抚司、土知府、土知县等，以当地各族的首领为各级"土官"。到明代时，制定了有关土官的承袭、等级、奖惩及对朝廷的义务等各种制度，土司制度完善化。同时，从明初开始，就在个别地区实行废除世袭土官而代之以朝廷统一任免的"流官"，此即所谓的"改土归流"。雍正时期的"改土归流"，是明清时期规模最大、最彻底的一次。

土司制度是元明清历代中央政府对西南少数民族地区实行的带有权宜性的特殊统治制度或方式。随着时间的推移，土司制度越来越成为历史发展的障碍物，消极作用占了主导地位，有些大土司辖地上百里，拥兵数万乃至数十万，在其世袭领地上成为一个实际的土皇帝，经常抗拒朝廷命令或拥兵反叛，中央集权与土司的独立性、封闭性的矛盾日趋尖锐；土司与土民、土司之间的矛盾激化，土民反抗土官的风暴此起彼伏，土司之间的械斗连连发生，严重影响了国家的稳定。因此，清初尤其是康熙中期以来，朝野上下"改土归流"的呼声日渐高涨，为雍正下决心实行"改土归流"奠定了舆论基础，因此，这一重大举措有其历史的必然性。

雍正四年（1726年），云贵总督鄂尔泰奏请"改土归流"，雍正立即表示支持，从此至雍正九年，在皇帝具体指导和支持下，鄂尔泰全权主持了湖广、贵州、云南、广西、四川等省的"改土归流"事宜。鄂尔泰提出的"改土归流"总方针和具体的实施策略、措施，以及他的进取精神、远大的政治抱负、经邦理边的卓越才能，都是保证这项改革大业能够顺利进行，最终获得成功的重要因素。必须指出的是，在鄂尔泰正式提出"改土归流"之前，广西、云贵等地大员韩良辅、石礼哈、高其倬、毛文铨等人，已相继奏请，雍正都予以否决，但他为何最终同意并坚持支持鄂尔泰的建议呢？这是因为：一是雍正登基之初，主要的问题是解决皇位稳固问题，政敌不解除，就难以考虑"改土归流"这个带有极大风险性的问题；二是雍正一直在物色能够胜任西南边疆重任的得力大臣，鄂尔泰此前在江苏这个繁难之区时，政绩突出，被雍正看中，很快调往云贵。在雍正看来，以前奏请者难当此重任。三是雍正每做出一重大决策，都习惯考虑周详，一旦时机成熟，便迅速决断。就是说，他对"改土归流"的利弊得失是有一个认识过程的。

雍正时代仅县级以上的土司被改流者就达60多个，涉及湖广、云南、贵州、广西、四川等广大西南地区，对这些地区的土民而言，摆脱了昔日受土官野蛮压迫和剥削的悲惨境遇，而成为国家的编户齐民后，毕竟减轻了许多负担，很多人还有了土地，生活有所保障；土民不再受土官的限制，可以读书科考入仕，大有重见天日的感觉；昔日土司叛乱和彼此间互相仇杀，最为受害的是土民，而今，土民们可以过上相对安生的日子了。所以，土民们是拥护"改土归流"的，这也迫使大多数土官情愿不情愿地交出世袭特权，改流运动付诸武力的时候较少，比预料的要顺利。对于国家而言，"改土归流"后，中央政府对西南广大边疆地区改间接控制为直接统治，消除了地方割据势力，稳定了边疆地区，巩固了西南边防，增加了政府的财政收入，尤其有利于日后对这个广大地区的经济开发、民族融合、社会进步，其现实意义和历史进步作用不容低估。

再说对"生苗"地区进行设治管辖。在西南边疆地区，有的早已设流官管辖；有的是土流兼治；有的则在雍正时大规模地进行"改土归流"；而有的地区在雍正以前，既没设置流官，也无土司统辖，称"生界"，或"苗"，或"生苗"。这种中央政府并没有建立起实际统治的"化外"之区，主要集中在黔东南和湘西。在鄂尔泰主持改土归流的同时，对广大的"生苗"地区也给予了充分的注意，用招抚——征剿——招抚的方式，即恩威并用的办法，将其纳入中央政府的统一管理之内。招抚之后，清王朝一方面安营设寨，建立军事据点，派重兵防守，以资弹压；另一方面，设与府、直隶州平行的直隶厅，或与散州、县平行的"散厅"等，进行有效的直接管辖。直隶厅隶属省，散厅隶属府，设流官通判或同知为其长官。用一种与内地有别的特殊机构"厅"来统辖边疆少数民族地区，是一种因地制宜的新举措。一定程度上说，拥地几近贵州全省的一半、人口多达数万户的黔东南"生苗"地区，纳入中央政府的直接统辖之内，无论对于边疆地区的经济文化及民族发展，还是对于清王朝的财政收入，边疆地区的稳定，西南国防的安全，都具有重大的历史意义。

雍正在"改土归流"的政策，打击了土司等地方割据势力，加强了中央政府对边疆的统治。政体的统一，有利于社会秩序的安定，其实质是通过一种集权措施实现一定程度的统一和解放。

第三节 以和为贵

雍正时期，清朝对于周边国家和地区，并没有多大的危机感，一般只以"天下之主"的大国君主的架子，接受朝贡，回赐并不丰厚的物品。东部的朝鲜和琉球王国，对清王朝比较恭顺，除害怕中国内乱而殃及自身外，对清王朝并不构成威胁。倒是雍正一方面用削减贡米等方式对朝鲜加以笼络；另一方面动辄对李氏国王进行品评、训诫，吓得他们赶忙解释。当然，雍正对海疆不是不重视，他除了屡次整饬沿海和加强军备，尤其是水师外，还特设天津水师营，以弥补满洲兵丁只注重骑射而轻视水上作战的弊端，同时借以加强近京海防。日本对中国虽有威胁，但只要加强稽查，严防内地"匪类"与之勾结，没有必要用停止贸易的手段迫使对方改善通商状况。事实上日本确实不是当时中国的海上威胁。

雍正时期沿海地区基本上没有遇到外敌的侵扰，但这并不说明没有隐患。除日本外，东南海域的菲律宾已被早期殖民者西班牙所占领，而中菲只是一水之隔的邻邦，沿海地区的商人、农民等早在明朝末年就开辟了从泉州经台湾南部去菲律宾的新航路，私自出海贸易、定居于此者很多。清初为防范沿海地区的反清势力，厉行"海禁"，康熙时统一台湾后，一度松弛海禁，百姓到南洋贸易合法化；但因出洋者半数左右不回来，康熙末年又做出禁止国内与南洋贸易及华侨限期回国的决定。雍正继位后，得知此法既行不通，又影响关税收入，所以，除坚持华侨限期回国的禁令外，再度开放与南洋贸易。实践证明，雍正的做法比康熙高明，可惜这一办法没有被下一位君主乾隆所继承，华侨被沦为海外孤儿，"化外之民"，苦不堪言。雍正开放南洋海禁后，并没有引起东南沿海的紧张局势，相反，菲律宾南部的苏禄国摆脱西班牙殖民者的阻挠，于雍正四五年间首次向清朝遣使入贡，大受雍正君臣的欢迎。这表明，早期的西方殖民者对中国沿海地区还不能构成威胁。

其实，对中国沿海地区最大的隐患是英国等新兴的西方殖民者。但是，当时中国对西欧各国已经和继续发生的历史剧变并不了解。英国确立资本主义制度后，率先向印度洋和南洋等地区推进，其船队已来到广东海关。雍正虽然昧于外情，对西方殖民者东来目的不甚了解，但他有很强的求知欲，曾专门向两广总督孔毓珣等人打听海洋情形，承认自己对此一无所知，故令其"代朕博访广询"，务得实情。

雍正在位期间，对东南海疆强化了内部的治理，尤其重视对台湾岛的治理和开发。康熙时统一台湾，设一府三县及兵备道、巡台御史等文职进行管辖，隶属福建省；另设总兵官、水师副将、陆路参将、游击、守备等分兵防守。雍正继位初，正是台湾朱一贵大起义刚被镇压下去之时，所以，他很重视台湾的内外防务，升台湾镇总兵为挂印总兵官，添设城守左右两营，改北路营为三营，汛地和兵员各有调整增设，台湾驻兵达到1万余人。文职官员，又增设彰化知县、海防通判及巡检若干，完善了建制。与此同时，雍正汲取康熙时任人不当而激起民变的教训，特别注意驻台官员的选用、奖惩，时时加以赏赐，多方加以笼络。特别应注意的是，雍正一改康熙时"为防台而治台"的政策，放宽内地人民移台的禁令，首次准许台湾民众搬移家眷，既解决了海峡两岸家分两地而不得团聚的问题，又改变了台湾有史以来地旷人稀、男多女少等状况，岛内顿增数十万劳动大军，土地得到全面性开垦，所产稻米不但可满足岛内之用，还被源源不断地运往大陆，大陆的货物也大量涌入台湾。有人说，雍正采取一系列开发利用的得力措施，为日后清王朝治理台湾奠定了基础，这话是可信的。可以说，雍正时代对台湾的开发和利用，大大增强了东南沿海的防务能力，是雍正治理东南海疆的突出新政。

雍正即位之初，鉴于西方传教士在华活动猖獗，教徒人数已达30万人，传教士又与朝廷争"礼仪"，甚至参与皇族内部斗争等原因，严令禁止其传教，改各省天主教堂为公所，传教士限期驱往澳门，可暂住在广州。这样，广东既有粤海关与外通商门户，又有一批传教士集聚在此，再加上早为葡萄牙人租占的澳门为多事之地，雍正自然对广东格外重视。那时外交主动权掌握在中国方面，雍正严令广东地方官稽查外国商船，不允许夹带违禁物品出洋，不准将内地人带出国外，这些都能轻易做到；在广州城的传教士有30余人，不听禁令，继续传教，"煽惑愚民"，地方官于雍正十年下令将其全部逐往澳门，没费吹灰之力。应该指出的是，雍正曾听两广总督孔毓珣之请，定澳门"夷船"数目为25只，各编列字号，发给印票，地方官对其出入严行稽查，不准有身份不明的西洋人居留。同时将香山县城移至前山寨，以便就近管理。如此一来，广东海疆一直比较安宁。

另外在西南边疆，曾引起一场轩然大波的中越边界纠纷案。雍正时，在西南边疆陆路接壤国中，南掌国（今老挝境内）是清初以来首次通贡，成为保护国的；所谓的"八百息妇国"（今泰国北部）人受缅甸攻击，求通贡中国以自重，被云贵总督鄂尔泰"疑而却之"；而与云南有着数千里边境线的缅甸，自清初以来一度"不臣不贡"，不通中国达六七十年，虽有隐患，但此时没有骚扰边境的大事。只有与广西、云南接界的安南国（今越南），一度为边界纠纷事，险些发生不愉快的边境冲突。雍正三年（1725年），云南总督高其倬发现，云南开化府与安南交界处，自开化府马伯汛外40里至铅厂山小河内，有逢春里寨等6个地方，在康熙时被安南国侵占，证据相当充分；同时，据《云南通志》所载，自开化府南240里至赌咒河与安南为界，而今，自开化府南至马伯汛，止有120里属中方，即使到铅厂山下小河，也只有160里，可知尚有大量的土地原属云南旧境，这些国土在明朝时被安南侵夺。因此，高其倬一面折奏皇帝，一面咨照安南国王，双方各遣人定期到边界会同查勘。雍正指示高其倬：对失在明代的土地，不予追究；铅厂山下小河以内40里之境，另议立界。但是，当安南使臣与中方官员勘界时，无视中方所提供的地方志、钱粮征收册、寨人的衣饰风俗等充分证据，硬说那40里之地也属自己的国土，谈判陷入僵局。

雍正四年（1726年）初，鄂尔泰就任云南巡抚，以接管云贵总督事。鄂尔泰对安南君臣贪得无厌甚是气愤，以为中方只清查回40里之地，而将其余明显属于中方的80里被侵之地，全数赏给安南，已是天朝的浩荡之恩，所以，对安南索要那40里之地的奢求，态度非常强硬，在致安南国王的咨文中，略带威胁之意。而安南在复柬中，巧言抵赖，声称中方所提供的证据不足为凭，反把责任都推给此前的中方勘界官员，雍正看过其柬文，批道："不通欠理，朕未料其如此痴迷。"鄂尔泰得到雍正的支持后，一面以严词回复安南国王；一面遵旨在铅厂山对面立界建关，破土动工那天，树旗鼓吹，放炮示威，大大渲染了一番。雍正收到折子后，称赞此事的处理方式，大出意料之外，"大笑览之"，但仍表示不敢相信安南就此罢休。正如雍正所料想的那样，安南并没有被大国威势所吓倒。雍正五年春，鄂尔泰又接到彼方公文一份，其中无非是重申前说，不肯让步。为此，鄂尔泰一面将事奏闻，一面表示调兵兴师，直取安南，两国空气骤然紧张起来。雍正一直以为，安南事并不难办，只要以皇帝名义颁敕谕一道，便可摆平。所以，当他收到鄂尔泰奏折后，立即命人代写谕旨，寄鄂尔泰差人转送。但是，当敕谕转送关口时，安南方面把关头目声称没有国王的指令不敢擅接，并扬言，凡是云南公文一概不收，只有仍旧从广东方面递交才行。而此前，雍正已明令鄂尔泰全权处理勘界事，一切外交公文、圣旨都由广东改为云南关口交接。为此，边疆将士非常气愤，声言要兴师问罪；鄂尔泰受此影响，虽认为用兵是下策，但因事关天朝国体和脸面，决不能坐视不理，建议给安南两个月期限，如到期仍执迷不悟，必兴兵问罪。同时，他表示已准备一万余兵力，一旦需用，即刻命所属将帅赶赴边界线待命。

雍正立即做出了反应。他在给鄂尔泰雍正五年八月十日的奏折上，批示用兵"使不得，使不得"，"不但下策，不可"；即使两月后安南仍不悔悟，也不可用兵。他表示："备其不虞之逆为，则可；若进灭其国，以复汉唐旧制，朕不忍也。"还说："朕生平乐天知足，苟无害于生民之事，朕不敢起好大喜功之念也，凡事小不忍则乱大谋……"雍正对安南这个属国一再容忍的道理很简单：一者由于云贵正在实行"改土归流"，这是当时西南边疆的主题，不容分散精力和兵力；二者是因为此时西藏已发生阿尔布巴事件，而西藏安危关系重大，被雍正视为"肘腋之患"；相比之下，因40里之地而与安南意气用兵，则必将顾此失彼，拾小弃大了，这是主要原因。对于安南，雍正并非不重视，也不是不想用兵。当鄂尔泰得到西藏内乱发生的消息后，认为皇帝既然想遣使安南讲和，则已预备一万兵力就没用了，请示抽调三千赴西藏，雍正则说："近日滇省新定，地方事甚多，兼有安南之备，兵力不足弹压不行，万不可轻易将就。"可见，他还是预留一手的。对态度强硬的安南，雍正料定他们必不敢顽固到底，故于雍正五年底指派左副都御史杭奕禄、内阁学士任兰枝往安南宣谕，以观其动静。但没等使臣到，安南国王就上表谢罪，并欢迎使臣到来。于是，雍正便自找台阶，见好就收，于雍正六年正月三十日颁发安南国王敕谕一道，以前此40里之地赐给安南。并说：安南国王既然已悔过尽礼，那么，就可加恩赐给其地，更何况安南是本朝属国，此40里之地在云南则属内地，"在安南仍为朕之外藩"。杭奕禄等钦差，便带着雍正的浩荡恩典敕谕，出使安南，用40里的国土争回的是安南国王的三跪九叩大礼，中越边界勘分案就这样结束了。

放眼历史，打开清朝的画卷，"康熙盛世"和"乾隆盛世"耀眼夺目，是所谓"双峰"现象。相比于前后两个超过60年的盛世王朝，雍正王朝只有短短的13年时间，表面看来，雍正名声远不及自己的父亲，也不及自己的儿子。然而正是他，开创了一个过渡期，建立了一个政绩显著的雍正王朝。雍正对清朝的最大贡献就在于：使康熙开创的盛世由后期的停滞再度走上发展之路，并为乾隆鼎盛局面的到来奠定了雄厚的基础。所以，正确的称谓应是"康雍乾盛世"。